1999 年，朱永新开始在江苏常州湖塘桥中心小学讲学，新教育实验由此萌芽

2000 年，朱永新在《我的教育理想》中提出新教育实验最初的思想与理念

2002年 9 月第一所正式挂牌新教育实验校——昆山玉峰实验学校（储昌楼摄影）

2003 年 6 月 18 日，新教育官方网站“教育在线”正式成立（论坛截图）

2003 年 7 月，新教育实验西部支教行

2003 年 11 月，新教育实验研究中心正式成立（储昌楼摄影）

2009 年，新教育研究院北川支教

2013 年，新教育教师成长学院于江苏海门正式成立（薛晓哲摄影）

2016 年，《朱永新教育作品》16 卷英文版全球首发式（薛晓哲摄影）

2010 年，新教育年度研讨会（第十届会议现场）（薛晓哲摄影）

2015 年，新教育国际高峰论坛（第五届会议现场）（薛晓哲摄影）

2015 年，新孩子阅读公益行等公益活动持续开展（薛晓哲摄影）

新教育

朱永新／著

漓江出版社
·桂林·

图书在版编目（CIP）数据

新教育 / 朱永新著 . —2 版 . —桂林：漓江出版社，2021. 4（2023. 9 重印）
ISBN 978-7-5407-8638-0

Ⅰ . ①新… Ⅱ . ①朱… Ⅲ . ①教育工作—文集 Ⅳ . ① G4-53

中国版本图书馆 CIP 数据核字（2021）第 042949 号

新教育
XIN JIAOYU

作　　者　朱永新

出 版 人　刘迪才
策划组稿　文龙玉
责任编辑　文龙玉
封面设计　石绍康
责任监印　黄菲菲

出版发行　漓江出版社有限公司
社　　址　广西桂林市南环路 22 号
邮　　编　541002
发行电话　010-85891290　0773-2582200
邮购热线　0773-2582200
网　　址　www.lijiangbooks.com
微信公众号　lijiangpress

印　　制　大厂回族自治县聚鑫印刷有限责任公司
开　　本　710 mm × 960 mm　1/16
印　　张　18.5
字　　数　300 千字
版　　次　2021 年 4 月第 2 版
印　　次　2023 年 9 月第 5 次印刷
印　　数　27 001—35 000 册
书　　号　ISBN 978-7-5407-8638-0
定　　价　45.80 元

目录

《新教育文库》总序

教育实验是一项细致而长久的工程，需要通过一代人去影响另一代人，不能急于求成，不能固步自封，一定要学会等待，一定要耐得住寂寞。

新教育实验更不例外。

中国教育有许多弊端，但仅仅是怒目金刚式的斥责和鞭挞，虽然痛快却无济于事。对于中国教育而言，最需要的是行动与建设，只有行动与建设，才是真正深刻而富有颠覆性的批判与重构。

新教育实验就是寓重构于行动之中，寓批判于建设之中。

新教育要做的，就是给教师和学生一种幸福完整的教育生活，一个开阔无垠的精神视野，让他们对人的内心的复杂性有更为深切的体验，不但要了解生命的伟大和宇宙的博大，而且要感受生活的丰富与人性的丰厚。

从 2000 年《我的教育理想》的出版，新教育思想悄然萌芽，到 2014 年《新教育文库》的第三版重订，此时此刻的中国大地上，2000 多所学校的 200 多万新教育师生，正走在新教育的路上。

以追寻理想的执著精神、深入现场的田野精神、共同生活的合作精神、悲天悯人的公益精神，埋首耕耘，成就我们的人生、我们的教育、我们的民族。这就是新教育精神的本质内涵。

新教育追求高度，但永远不会高高在上；新教育培养卓越的教师，更关注普通的教师；新教育不是一个精英俱乐部，而是一个宽容开放的团队。新教育始终敞开胸怀，永远等待、拥抱理想主义者。真实的新教育，永远在田野中，在千千万万默默无闻的普通老师的教室里。

新教育人，就是这样一群有着共同梦想，遵守共同标准的志同道合者。彼此为对方的生命祝福，彼此珍惜生命中偶然的相遇，彼此郑重做出承诺，共同创造一间又一间完美的教室，共同书写一篇又一篇生命的传奇。

新教育不求无懈可击的理论体系，而是强调行动起来，在实践中思考，在实践中提升，在实践中成长。帮孩子成为自己，让我们成为自己，一个完整的幸福的自己。我们不是人类文明的创始者，但人类文明可以通过教育的伟大理想穿越时空，通过我们今天的行动变为现实。

当然，我们也知道，只有对新教育的认识从“概念”向“信念”推进，由“理想”转向“思想”引领，激发出人们深沉的情感，执着的意志，从精神世界的积淀表现为主题的自觉行动时，新教育实验才可能真正成为人生力量和教育智慧的策源地。

新教育文库，正是总结、梳理、传播新教育人的所行所思所得的一种努力。无论是经验还是教训，这一路跋涉的足迹，将成为指向明天的路标。在这套文库中，不同书系有着不同定位：我们希望用“通识书系”积淀下新教育的根本书籍，用“蒲公英书系”及时总结一线教育经验，用“萤火虫书系”全力搭建家校沟通的平台……我们并不准备用一部部书籍堆砌功名的城堡，但我们盼望这一部部心血凝成、行动书写的图书，能够成为一块块砖石，铺就一条通往彼岸的桥梁。

那么，新教育的彼岸是什么模样？

我想，彼岸是一群又一群长大的孩子，从他们身上能清晰地看到：政治是有理想的，财富是有汗水的，科学是有人性的，享乐是有道德的。

亲爱的新教育同仁，我们正在这条通往彼岸的船上。让我们同心同行，过一种幸福完整的教育生活。

行动，就有收获。

坚持，才有奇迹。

朱永新
2014 年 3 月 12 日于北京滴石斋

心灵的建设

（代序）

亲爱的新教育同仁：

在这个千门万户曈曈日，总把新桃换旧符的日子里，愿屠苏美酒带去我的祝福，祝福您，亲爱的新教育同仁，健康，平安，欢喜，吉祥。

2000年，在《我的教育理想》一书中，我描摹了我理想教育的蓝图，新教育作为一种教育思想，从此萌芽。14年来，我与新教育同仁每日耕耘。

可是，直到今天，我们新教育实验的课题体系还没有研发完毕，在刚刚过去的年会上，我们才梳理出新教育的课程体系。当然，我一直觉得新教育做得还很不够。

可是，新教育之外，很多朋友对我们赞誉多多，说我们从事了一项伟大的事业，说我们有着惊人的生命力，说我们是中国民间最大最成功的教育实验。赞叹之余，有许多人曾经对我表示不解：新教育的影响波及海内外，取得了如此巨大的成功，你为什么还不知足？

我想，所谓“成功”，特别是世俗意义上的“成功”，其实是一个误解。如果我能代表新教育共同体，我想说，新教育期待的成功，不是世俗意义的“影响”，而是心灵世界的美好。

两年前我曾说过，新教育的彼岸，是一群又一群的孩子，待他们长大为一代新人，走向世界大舞台，我希望，我们能从他们身上清晰地看到：政治是有理想的，财富是有汗水的，科学是有人性的，享乐是有道德的。这也是十年前媒体把我们的事业评价为“新希望工程”的原因。与致力于失学儿童重返课堂的“希望工程”不同，“新教育工程”致力于“心灵的建设”。

心如宇宙，其间万物流转。建设心灵，是一项无法竣工的工程，我们始终是个建设者。在新教育的工地上，我愿意日复一日地进行我的人生的建设，肩负一个公民对这个国家的使命，履行一个新教育人对这个世界的责任。白发只会警醒我岁月之流转，人生之短暂，使命之维艰，白发只会警醒我不要因为世俗意义上的成功而止步。所以，我，和各位同仁一样，始终在路上。

前不久，在南通，新教育理事们济济一堂，谈到2014年新教育建设的要点，我谈了三大建设：

新教育理论体系建设。说理论体系建设，不是好大喜功，而是希望我们能够超越形而下的经验，扎根于中华传统文化的沃土上，朝向世界，在理论的探索中，把蓝图逐步绘制为地图。

新教育基地学校建设。办学校不是我们的目的，但我们需要"基地学校"，践行我们的理论，检验我们的成果，创新我们的实验，从而更好地服务于更多实验学校，为之提供临摹的蓝本和创造的坐标。

新教育组织能力建设。我们是一个NGO，一个非政府组织，作为一个社会企业，组织能力的好坏强弱，直接关系到我们履行社会责任能力的高低上下。

过年，本应是报喜不报忧，你好我好大家好的季节，与各位同仁，提出我们的问题，不是泼冷水，而是探讨我们的建设，期待新教育能有姿态良好的第二次出发。

各位亲爱的新教育同仁，我不知道，你们是否认同这些建设的急迫性。于我，是感觉到这些建设的刻不容缓。这种紧迫感，并非来自我日益增多的白发与皱纹，而来自人们沉郁的心声，来自这些手足同胞们越来越渴切的呼吁和呐喊！

一个个新的日子如期而至，一个个新的生命正在诞生。在我们这个近14亿人口的国家里，在这片广袤又拥挤的土地上，好的教育，会让庞大的人口成为财富，差的教育，却会让庞大的人口成为包袱。

亲爱的新教育同仁，生命是无法重来的历程，而教育是涵养生命的唯一可能。我们的建设早一天完备，我们的行动多一分力量，就有可能多一个生命得到这份新的滋养。

而我相信，我们每个人的生命，都将能通过建设新教育的行动而更加完整，我们每个人的心灵，都将会通过践行新教育的行动而日益丰盈。最终，我们会在此完成人生的建设，那不是来自外界的奖赏，而是我们终将微笑着对自己轻声说一句：我没有辜负此生。

新的一年已经到来了，让我们继续行动吧！祝福新教育，祝福大家！

朱永新
2014年1月30日于北京滴石斋

第一章　走进新教育

新教育是什么？

新教育是什么？这是许多人经常问我的问题。

这个问题，80 多年前，陈独秀曾经回答过。他说："旧教育的主义是要受教育者依照教育者的理想，做成伟大的个人，为圣贤，为仙佛，为豪杰，为大学者，新教育不是这样，新教育是注重在改良社会，不专在造成个人的伟大。"① 与他同时代的蔡元培、陶行知、陈鹤琴等也都回答过这个问题。

80 多年后，新教育是什么？在许多新教育人看来，新教育首先是一个变革的梦想，一种成长的激情。"教育是一项崇高的事业，其崇高建立于对每一颗稚嫩生命的呵护和关爱，对每一份生命尊严和质量的扶植，对每一颗纯真心灵的理解和尊重。当教育被世俗的功利污染时，许多学校的课桌有了，精神却没了；楼房高了，思想却矮了。纯粹、人文、博爱——这些教育的本真被滚滚红尘淹没了。而这些属于梦想的人生价值，新教育坚持了，呼唤了，并且行动了。新教育的理想让人崇高，让人有一种宗教般的

---

① 陈独秀：《新教育是什么？》，原载于《广东群报》，1921–01–03，后刊于《新青年》，1921 年第 8 卷第 6 号。

情怀……我对新教育的理解是：新教育其实就是教育的本真，是应该被还原的教育梦想。”这是浙江苍南县教育局原局长梁峰先生为《苍南新教育文丛》撰写的总序里的一段话。

是的，新教育实验的确要求它的参与者对教育和生命怀有一种宗教般的虔诚、激情、期盼与信任。它用不断唤醒人们的方式，滚雪球般地推动着实验的进展。通过用激情点燃激情，用梦想推动梦想的方式，新教育在各地寻找着“尺码相同的人”，然后，通过授予卓有成效的课程，让这些有梦想有激情的人获得可见的教育教学成就，成为新教育实验的榜样。而实验管理者则不断地言说榜样，让榜样们言说自己的历程，就这样，新教育实验唤起了越来越多从教者的激情。所以，旗帜鲜明地重申教育乌托邦、理想主义，强调激情与梦想，强调职业认同，这是新教育实验最鲜明的一个特点，舍此，便无新教育实验。

也有媒体曾经用“心灵的教育”来概括他们对于新教育的理解。他们认为，相对以分数为主要导向的应试教育，新教育注重与人类的崇高精神对话，强调一个人的精神发育史就是他的阅读史，并且通过晨诵、午读、暮省的儿童生活方式，让学生拥有一颗博爱而敏感的心灵，重塑他们的精神世界的蓝图。

而我们在学理的层面界定新教育的时候，则提出新教育实验是一个以教师的专业发展为起点，以十大行动为途径，以帮助教师和学生过一种幸福完整的教育生活为目的的教育实验。

我们认为，教育当然应该面向未来，但是教育同时更应该面对当下。教育本身就是生活，教育就是生活的方式，是行动的方式。教育在作为促进美好生活的一种手段的同时，它本身就应该是目的，应该让所有的与教育发生关系的人过一种幸福完整的生活。

新教育认为，教育生活应该是幸福的。教育既然是努力地去促进每一个人过一种幸福完整的生活，它本身就应该是幸福的。我们强调过一种幸福完整的教育生活，不仅仅有对教育终极意义的思考和追求，当然还有对当下某些教育问题的担忧和不满。我们遗憾地看到，许多地方的教育，使孩子已经失去童年，他们的学习充满了失败。很多孩子已经失去了凝望世界的明眸，失去了追求理想的激情和冲动，失去了尝试成功的勇气和感恩的情怀。我们不禁要问，如果我们的孩子和老师们没有幸福和快乐可言，这样的教育还有必要吗？

我们在“幸福”后面加上“完整”两个字，因为我们知道，如果仅仅强调幸福，很容易让大家过分重视情感的体验，甚至会误认为感官的享受很重要。尤其在当下的教育中，我们的教育是单向度的，是畸形的，是片面的，是唯分数的教育，其中最大的问题是缺乏做人的教育，缺乏德行的教育。其实，教育的使命在于塑造美好的人性，进而建设美好的社会。人的完整性首先是建立在善的基础之上的。人应该是完整的，包括他（她）自己个性的完整性。让人成为他（她）自己，一个完整的自己，这才是教育的最高境界。当然，这也是我们新教育人追求的最高境界。所以，在这个意义上，我们赞成把新教育命名为“心灵的教育”。

我一直认为，任何教育理论，大致有三个最基本的要素，第一是它的本体论，第二是它的价值论，第三是它的方法论。本体论是反映我们对教育的理解和认识。从本体论上来说，新教育是一种特殊的生活方式，这就是所谓的教育生活。从价值论来说，我们所追求的教育生活，应该是幸福而完整的，可持续发展的。从方法论来说，我们主张通过营造书香校园的行动，以及通过新公民新生命的项目，来实现过一种幸福完整的教育生活。所以“幸福完整的教育生活”这句话，从本体论、方法论和价值论上都能够反映我们基本的观点。

新教育的另外一种解读

什么是新教育？这是一个不断被提及，不断被追问，也不断被思考的问题。在上一节“新教育是什么”的部分，我对“过一种幸福完整的教育生活”做了比较具体的解释。这里，我想再借一些与新教育的“新”字发音相近的汉字，从一个新的角度对新教育做一些新的解释。这个创意，来自新教育研究院卢志文院长在石家庄市桥西区新教育年会上的一次讲话，我当时进行了补充，后来又看到江苏海门的一位老师从新教育的有关论著中提炼了一些解释和说明。现在，我在这个基础上尝试再补充完善，用另外一种方法解读新教育。

（一）新教育是“新”教育

新教育，当然首先是“新”教育，是相对于传统的旧教育而言的“新的教育”。新教育的“新”有三个基本含义，第一是作为名词的“新教育”之“新”，表示新教育的传承意义。1889 年，教育家雷迪在英国德比郡的一个风景优美的小镇上，建了一所新教育学校——艾伯茨霍姆学校。这样一个小小的学校，后来成了影响整个欧洲新教育运动的一个起点，后来也成了影响整个世界、特别是美国的进步主义思潮的一个起点，甚至也成了影响中国 20 世纪 20 年代、30 年代教育改革的一个重要哲学起源。以雷迪创办的艾伯茨霍姆学校为标志的“新教育运动”，其精神和传统一直没有中断过，我们向往的许多伟大的学校都是属于新教育派系或者与新教育运动有着密切的联系的，如夏山学校是新教育的一个代表人物尼尔创立的；巴学园是日本的新教育学家小林宗作创建的；美国的芝加哥实验学校是进步主义教育的代表人物杜威创建的。教育史上许多响当当的人物都是和新教育有关的，从罗素到佩西 · 能，从蒙台梭利到皮亚杰，从怀特海到杜威，一百多年来，我们敬仰的那些最伟大的教育家，许多都与新教育有关。而且，新教育运动一开始也是自发的、源自草根阶层的一个实验。120 年前，雷迪恐怕不会想到，他在小镇上建立起的这样一所学校，后来会影响整个世界。他的学校的很多老师以这所学校为模型，到世界各地创办了这样的学校，渐渐地就成了影响整个世界教育思想史和教育实践运动的一个重要来源。

所以，21 世纪初叶在中国产生的新教育，可以视为“世界语境”中新教育在当代中国的一个“回响”。我们的新教育与历史上的“新教育”之间有一些共同的特性：都旨在对现实的教育进行反思、批判和重构，都建立了一批实验学校，都试图对当时的教育和社会进行革新和改良，都是民间自发的改革和创新。在这个意义上，我们的新教育是历史上“新教育”的一段新的“链接”和“延续”。

第二是作为形容词的“新”教育，是指我们的新教育并不是历史上新教育的简单重复，而是在新的历史条件下进行的“新”的教育实验和教育革新运动，是建立在中国文化基础上的新的教育。柯林 · 坎贝尔在《求新的渴望》中认为，人们是在三种不同意义上使用“新”这一术语的。一是新鲜的或新近创造的“新”（fresh or newly created），它与磨损的、用旧的或过时的等意义相对，如一轮新月、一个新生儿、玫瑰丛中的嫩芽。二是改革的或革新的“新”（improved or innovative），它更多地涉及效率和技术能力，而非纯粹时间上的新，在这里“新的”东西是指经过改良的、创新的或系列产品中最新的产品，多年来为满足特定需求而制造和提供的待售产品。三是作为不熟悉的或新奇的“新”（unfamiliar or novel），坎贝尔认为尽管新奇的或许在新近创造的意义上也是新的，但不是必需的条件，比如陈旧的事物对于初次见到它们的人来说仍有可能是不熟悉的。[①] 所以，对于新教育来说，它的五大理念、十大行动、系列课程等，既有上述三方面内容的特点，又有自己鲜明的创新性个性特征。

第三是作为动词的“新”教育。这个意义上的“新教育”，应该是创新、改革与革新意义上的“新”，与“大学之道，在明明德，在新民……”中的“新”一样，用具有新教育鲜明特征的理念、课程、教材和方法，培养未来社会的栋梁之材。所以，成为中国素质教育的一面旗帜，打造中国本土的新教育学派，是新教育人努力追寻的愿景和梦想。

（二）新教育是“心”教育

新教育也是“心”教育，是相对于以分数为主要导向的应试教育而言的“心灵的教育”。中央电视台《新闻调查》曾经用近一个小时的时间报道新教育，提出了新教育关注人的心灵的这个根本的特征。记者谭芸指出：“新教育注重与人类的崇高精神对话，强调一个人的精神发育史就是他的阅读史，并且通过晨诵、午读、暮省的儿童生活方式，让学生拥有一颗博爱而敏感的心灵，重塑他们的精神世界的蓝图。”所以，唯分数的教育是单向度的教育，是畸形的教育，是片面的教育，是漠视人的心灵成长和丰富的教育；而新教育提倡完整的教育，是身、心、灵统一的完整的教育。新教育认为，人应该是完整的，包括他（她）自己个性的完整。让人成为他（她）自己，一个完整的自己，才是教育的最高境界，也是新教育人追求

① ［英］柯林 · 坎贝尔：《求新的渴望》，孟登迎译，载罗钢、王中忱主编《消费文化读本》，266 ~ 284 页，北京，中国社会科学出版社，2003。

的最高教育境界。正是在这个意义上，《南风窗》杂志把新教育实验命名为中国的新希望工程：“希望工程是一项增添书桌的工程，侧重于物质；新希望工程是一项有了书桌后塑造一个什么样人的工程，注重于精神。”

（三）新教育是“行”教育

新教育更是“行”教育，是相对于坐而论道的“学院派”，主张建设与行动的“行动教育”。新教育实验旗帜鲜明地提出“行动，才有收获；坚持，才有奇迹”的口号，把行动哲学和田野精神作为自己的重要追求。

因此，新教育不但是梦想，更是实实在在的行动，即营造书香校园、师生共写随笔、聆听窗外声音、培养卓越口才、构筑理想课堂、建设数码社区……新教育不但有十大行动，更有以十大行动为基本方法的系列课程。其中以“晨诵—午读—暮省”为核心的儿童课程，力求恢复儿童生活的幸福完整；以“专业阅读＋专业写作＋专业发展共同体”为核心的教师课程，则力求将教师从彼此割裂的埋头应试的桎梏中解放出来，发展专业水平，恢复职业尊严和自信；以有效教学为基础，以发掘知识魅力为核心，以追求知识、生活、生命共鸣为最高境界的理想课堂，力求让师生在课堂上感受到求知的愉悦和幸福。系列课程彼此促进，共同构成一种追求幸福完整的教育生活的新教育课程观。

马克思在《关于费尔巴哈的提纲》中曾经明确地指出，哲学不应当单纯满足于“解释世界”，根本问题还在于“改变世界”。其实，新教育的最高理想，也不是“解释”，而是“改变”。新教育一开始就明确提出了自己的四个追求：改变学生的生存状态，改变教师的行走方式，改变学校的发展模式，改变教育的科研范式。新教育不断对实验学校的优秀教师们说，不要满足于写文章做讲演，而要把自己的根深深地扎在教室里，扎在学生的心坎里，努力让自己“开出一朵生命的花”。

杨东平教授在评价新教育的时候说：与一些洋化、“学术化”的理论相比，新教育是不玄奥、不复杂的，难以写成许多可供核心期刊发表的论文；然而，就改变教育现实、解决实际问题而言，新教育却是大为可观、魅力无限的。其实，教育的真理古今中外相通，大致是质朴无华、晓畅明朗、直抵人心的。新教育的诚实、朴实、感性、动人，也许正是一种好的教育理论所需要的基本品质。杨东平教授的这段话，是对新教育最好的褒奖，也是对我们真诚的期待。

（四）新教育是“幸”教育

新教育还是“幸”教育，是相对于当下的教育缺乏幸福、快乐而提出的“幸福的教育”。在 2006 年新教育实验第六届研讨会上，我们正式提出了新教育让师生“过一种幸福完整的教育生活”的目标追求。新教育认为，教育生活应该是幸福的。教育要努力地去促进每一个人过一种幸福完整的生活。新教育提出这个命题，不仅仅是对教育终极意义的思考和追求，还有对当下某些教育问题的担忧和不满。现在有许多孩子已失去了凝望世界的明眸，失去了追求理想的激情和冲动，失去了尝试成功的勇气与感恩的情怀。

新教育旗帜鲜明地反对那种以牺牲学生的当下幸福为代价，追求所谓“未来的幸福”的理论。用幸福和不幸福、现在和未来为矩阵来分析，可以看出有四种组合，即现在的幸福和将来的幸福，现在的不幸福和将来的幸福，现在的幸福和将来的不幸福，以及现在的不幸福和将来的不幸福。新教育追求的是第一种境界。其实，如果一个人在童年没有幸福、快乐的体验，他的整个人生就会永远蒙受阴影。而一个教师如果不能够体验职业的尊严和幸福，就不会有真正的教育成就。

所以，新教育努力通过自己的理念与行动，让教师和学生在日常的教育生活中，享受教育的诗意，享受智慧的快乐。我曾经参加过河南焦作新教育实验区的一次现场会，有一位叫作“麦苗青青”的新教育教师吟诵了一首根据歌曲《幸福在哪里》的歌词改编的诗，表达了她对于新教育的感受：

幸福在哪里，
朋友啊告诉你，
她不在教鞭下，
也不在分数里，
她在诗意的晨诵中，
她在美妙的午读里，
啊，幸福就在你闪光的暮省里。

幸福在哪里，
朋友啊告诉你，
她不在灯光下，
也不在题海里，
她在温馨的共读中，
她在快乐的共写里，
啊，幸福就在咱共同的生活里。

幸福在哪里，
朋友啊告诉你，
她不在霓虹下，
也不在酒杯里，
她在理想的愿景中，
她在田野的行动里，
啊，幸福就在你芬芳的果实里。

幸福在哪里，
朋友啊告诉你，
她不在名利下，
也不在地位里，
她在悲悯的情怀里，
她在合作的精神里，
啊，幸福就在这全新的教育里！

安徽省五河县实验二小校长王羽在接触新教育以后曾经写下这样的文字：“这一路，这些曾经的陌生人，这些可爱可敬的教育精灵，他们的思想，他们的激情，深深感染着我及同伴。教育是美丽的，教师的生活应该是幸福的。有人说这是传说。可爱的新教育毛虫们，用她们真实的经历告诉我，这不是传说。”而一位网名叫做“大杨树”的老师则深情地说：“接触新教育，走进新教育，我们就过上了一种全新的幸福完整的教育生活。从晨诵，到午读，再到暮省，没有了往日的埋怨，没有了今日的唠叨，没有了以后的忧虑，只有对现在教育生活的把握。一切繁杂，我们都让它归于平静；

一切匆忙，我们都让它归于安宁。静静地做着一份让自己沉醉的教育工作，是我们现在最大的幸福。”

在这个意义上说，新教育又是“欣”教育和“馨”教育，是欢欣之“欣”，温馨之“馨”。的确，教育的本意是能够让人幸福快乐的，所以孔老夫子早就说：“学而时习之，不亦乐乎！”如果我们的教育带给教师和孩子的是痛苦和折磨，这样的教育还要它干什么？

（五）新教育是“星”教育

新教育也是“星”教育，对于新教育而言，这个“星”有三层意思。第一层意思，这个“星”，是天上“星星”的星，是“擦星族”的“星”，表示新教育人像一群仰望星空的孩童，从不抱怨星星又旧又生锈，只是拿着抹布和水桶，一路踉跄，擦拭盖在星星之上的蒙蒙灰尘。新教育人自称是“擦星族”，是一群为了理想而活着的纯粹的人，他们知道，这个世界需要一群擦星星的人，他们愿意把自己的青春和智慧奉献给这个世界。

第二层意思，“星”教育的“星”也是明星的“星”，新教育就是民间教育的“星工场”，全力打造有教育梦想并一心逐梦的草根明星。她的能量就在于汇聚民间教育的力量，发现一线教育的奇迹。在新教育的世界里，每个人都是目光卓越的星探，每个人都有机会成为教育明星。孩子、老师、父母，大家携手同行，彼此温暖，一路坚持，永不言败。于是，在“农历的天空”下，走出了草根名师常丽华；在读写绘的世界里，飞出了一群星光闪烁的蝴蝶……这些明星美丽而质朴，在新教育的天空下绽放光芒，让每个平凡的人在仰望夜空时，都会相信：只要行动，就有收获。

第三层意思，是“星星之火，可以燎原”的“星”。新教育实验从2002年正式起航，从一所实验学校发展到今天拥有38个实验区、1511所实验学校，150万教师和学生参加实验。新教育网络师范学院从2009年创办，至今已经拥有近千名学员。[①] 国家没有投资一分钱，讲师都是义工，也没有正式的国家认可文凭可以颁发，甚至连许多地方还不承认它是“继续教育”，但是仍然如火如荼。新教育的确像星星之火，燃烧了大半个中国，唤醒了万千教师，没有行政的命令，没有上级的文件，完全是学校和教师

---

① 以上数据截止到2012年7月。

的自发选择。杨东平教授评论说："放眼世界，古往今来，真正意义上的教育家和教育创新，从不是来自政府规划或批准，而是来自薪火相传的教育家的理想，来自实际的社会需求，来自生生不息的草根力量。"[①] 他认为，在今天，我们特别需要认识"学在民间"的传统，相信"学在民间"的伟大力量。我想，这也是对新教育的"星"教育特征的一种认同。

在这个意义上，我们也可以说，新教育是"兴"教育，是给中国教育带来"兴旺"发展的教育。

（六）新教育是"信"教育

新教育也是"信"教育，这里的"信"是信心，是信任，更是信念。新教育的心理学基础之一，就是"无限相信教师和学生的潜能"。唤醒潜能，激发力量，促使教师和学生走向成功，这是新教育实验的一个重要观点。我们相信，孩子和老师身上的潜力怎么去评估都不会过分。我们认为，对于教师和学生来说，给他们多大的舞台，他们就可以演绎多大的精彩；给他们多大的空间，他们就可以创造多大的辉煌。所以，新教育实验所要做的，就是使蕴藏于人体内的潜能充分地释放出来，产生一种神奇的力量；就是要启动教师与学生的心理自信系统，让师生在自信中不断地追求成功，设计成功，撞击成功。

新教育认为，面对教育的各种问题，批评与指责是很容易的；在经历重重困难之后，成为一个愤世嫉俗者，也是很容易的。但是，要成为一个仍然心怀梦想，怀着根本信念的人，则是艰难的，而这正是教师的使命所在。罗曼·罗兰曾经说过："我看透了这个世界，但我仍然热爱它。"这正是教师应该具有的智慧和勇气。一个真正的教师，应该让学生，也让自己，在跨越重重困难以及怀疑之后，仍然能够建立起对于世界，对于人类，对于自我，对于存在的根本信任乃至于信念。这种信任、信念乃至于信仰，是成为一名教师的基石。

新教育人喜欢说：相信种子，相信岁月。如果说种子意味着希望、愿景，那么岁月就是坚守，就是意志。这两个词里边都用了信任，它表达了我们新教育人对这个世界，对于我们生命的一种根本的信任，对于我们自

---

① 杨东平：《新教育：变革的力量》，载《教育研究与评论》，2010（4）。

己职业的一种最终的认同。我们要相信自己从事的这个职业最终将会如草木萌芽，花儿开放，成为宇宙创造力中的重要组成部分。有了这样一种信任，这样一种信仰，那么，我想无论职业生涯中经受什么样的磨难，无论经受冬的寂寞还是夏的严酷，我们都能从容地应对，从容地承受。

新教育在哪里？

新教育在哪里？

当初次接触新教育的人们一次次拿这个问题来询问我时，这个问题也一次次地叩击着我的内心。在教育科研、课题总被许多人视为“折腾教师”的语境里，新教育是不是参与其间？新教育能不能用自己确凿的脚步，证明自己值得当初追随它的人们继续去梦想、去守卫？

新教育是在新闻媒体的报道里吗？无论是《南风窗》的“新希望工程”，还是中央电视台的“心灵的教育”，这些报道无疑是对新教育人所走过的道路的高度肯定。但是，新教育人从来把报道和荣誉看成是追求生命意义的事业中所偶然遭遇的“额外的奖赏”，除非我们有与之相符的事实，除非我们在新教育事业中获得了真正的成就感、意义感，乃至幸福感。所以，仅仅是报道和奖项，并不能够回答什么是新教育，以及新教育在哪里的问题。

新教育是在新教育人的著作里吗？是的，近十年来，或者最近的一年中，冠以新教育之名，或者由新教育人撰写的文章和书籍，是当前教育著作热潮中的一股有生力量。那些记录着新教育人梦想与激情、行走与思考的著作，可以依稀看到新教育的风采。通过这些文字，我们可以看到新教育想要改变中国教师的行走方式、中国学生的生存状态、中国学校的发展模式、中国教育的科研范式的承诺以及尝试。但是，除非我们已经拥有一批沉甸甸的，可以与《给教师的建议》《把整个心灵献给孩子》《民主主义与教育》《孩子们，你们好》《教育诗》等相媲美的教育著作，我们才可以说，新教育实验真正有了自己的硕果。我们知道，这样的著作是无法躲在学院的象牙塔里抽象地演绎出来，或通过摘抄整理而编辑出来的，它只能秉承新教育一贯的田野精神，在教育的土壤里深度扎根，深度描绘，深度思索与反思，才能够在足够长的时间之后，被岁月创造出来。从一开始，新教育就确立了自己的草根属性和行动品质，真实的新教育，永远在田野中，在千千万万默默无闻的普通老师的教室里。

新教育是在新教育实验学校或者实验区里吗？是的，38 个新教育实验区，1511 所实验学校，参与实验的 150 多万师生，论规模应该算足够大了。我们也拥有像罕台新教育小学、昆山玉峰实验学校、常州湖塘桥中心小学、运城新教育学校、清华大学附属小学、吉林第一实验小学等一批名校，但是，我们能够拿出诸如杜威的芝加哥实验学校这样纯粹的实验学校吗？我们拥有像苏霍姆林斯基的帕甫雷什学校一样经典的课程吗？我们遍及各地的实验学校，能够像在全球散落的华德福学校一样拥有一个明确的共同理念和教育色彩吗？没有在实践上全面地呈现出新教育的魅力，没有能够在一所学校里凝聚起新教育最主要的理念和梦想，没有一所学校的校园生活是全部烙上新教育色彩的，我们也许不得不认识到，新教育尚在未来。也许，真正的新教育品牌学校，完全用新教育的理念和文化锻造的学校的出现，还需要时日。

那么，新教育在今天能够给我们以明确的线索和确凿的证据，告诉我们它究竟在哪里吗？答案是肯定的。

我们已经看到，在 2008 年，新教育一度出现在北川的八一帐篷学校里。在汶川大地震发生的十天后，新教育人带着精心准备的童话音乐盒，带着美轮美奂的绘本、速写本和画笔，带着新教育的儿童课程，走进了八一帐篷学校，和孩子们一起晨诵，用诗歌为孩子们疗伤，和孩子们一起读书，让他们逐步走出心理上的阴影。在这里，我们不仅能看到新教育悲天悯人的公益情怀，更能够看到新教育儿童课程的专业力量。不仅如此，北川县已经成为新教育实验区，新教育人不但在北川开始了大规模的教师培训，还将在此后数年坚持与北川教师一起，重建北川教育，履行最初对北川教育人的承诺。新教育在四川灾后，将实验开发的“晨诵、午读、暮省”儿童课程，与实验正在研究的儿童心理治疗结合起来，用丰厚的儿童心理学、叙事理论，以及儿童文学研究，开发出一套较为独特的“童话叙事治疗（课程）”，事实证明，这一课程不仅对灾后的孩子具有积极的治疗意义，而且它还具备进一步阐释的前景，它可能会在进一步完善之后，成为新教育儿童课程方面的整合性理论。

我们还看到，新教育同时也在山西绛县几十所农村小学充满乡土气息的教室里。在那片古老的黄土地上，在那些外观上与其他西部农村地区的学校没有多少区别的校园里，我们嗅到了浓郁的书香，看到了润泽的教育。我们看到了农村孩子对于成长的渴望，看到了乡村教师眼里的自信与从容。这是真正的新教育。正如多次前往考察的新教育研究中心的干国祥老师所说："绛县的新教育，还只是冬天里新生不久的麦苗，还不能说这里有完全的芬芳与果实，但是，这是我第一次看到有人如此真诚地在整片的土地上播种，让大片的黄土地如此麦苗青青，生机孕育。"绛县新教育的领军人物是陈东强局长，他以他的行动告诉我们，一个智慧而坚韧的教育行政领导人，可以把一个区域的教育带到多远。

我们还能够在常丽华老师"农历的天空下——新教育晨诵课程之古典诗词部分"这个小小的课程里，嗅到新教育浓郁的气息。这个网名叫做"芷眉"的老师，带着她的30多个孩子，在近五年的时间里读了500本左右的图书，其中许多书是与父母亲共读的。我读过常老师每天给父母们写的便笺，我把它看成是老师写给教育的情书。2007年冬天的农历冬至日开始，她领着孩子们用唐诗宋词、音乐图画穿越了整整24个节气。用一年的时间，在小小的教室里，他们一起走过了春夏秋冬，感受着诗词的温暖和气息，触摸着诗词背后一个个伟大的灵魂，在农历的天空下，他们唤醒了唐诗宋词，唤醒了中国文化，也唤醒了自己。新教育研究中心的老师惊喜地宣布："它本身是一首伟大的教育诗，它让我确凿地看到，在这片大地上，也有教育，并不亚于任何一本伟大的教育著作中所曾描绘过的。"而常丽华，一个在新教育理念熏陶和滋润下成长起来的年轻教师，也成为《中国教育报》评选的2008年度中国十大读书人物。其实，在新教育人心目中，芷眉是一个代表，一个象征，还有无数个卓越的实验者，在各自的教室里践履着新教育的梦想。他们中有一些默默无闻、不善言语、不喜喧哗，有一些精明强干、雷厉风行，而共同的一点，是他们对事业、对生命、对新教育之梦宗教般的信赖。事实上，这个名单如果要一一写出，它本身会比这篇文章更长。

新教育还在新教育人默默研读过的心理学著作和哲学著作里。正如新教育先驱杜威所说，在最终的意义上，一切哲学都将是教育哲学，或者说，教育哲学指的实际上是一切伟大的哲学著作。几年以来，新教育研究人员以掌握全部心理学核心理论、理解主要哲学观念为新教育的理论基础，视野所及，已经达到一个相当可观的宽度，以及一定的深度。我们相信，这些静默的修炼，这些用生命来印证哲学的生活方式，以及直接把心理学原理运用于实践的努力，在很久以后，会对什么是新教育，以及新教育究竟在哪里，做出一个更完美的回答。

我知道，新教育从1999年萌动、2002年启动，走过了10多年的时间。其间酸甜苦辣、坎坷艰辛，冷暖心知。但是，新教育人自称是“擦星星”的人，所以坚信行动的力量。新教育人自称是“犟龟”，所以坚信只要上路，就一定会遇到庆典。新教育人最常说的一句话就是：相信种子，相信岁月。那么，我们可以对中国教育说一句：相信我们，相信新教育。

新教育精神

很多时候，很多人，包括我自己，都在问：是什么鼓舞着新教育实验这样一个民间组织，为了他们所提倡、所信奉、所追求的幸福的教育生活，不顾一切地“擦星星”？是什么支撑着新教育人，仰望星空，向着山的那边踽踽而行？

我只能用平日挂在嘴边的语言回答说，是一种精神在引领着我们。

于是，别人会问：是一种什么精神？

我皱皱眉，说：是一种血一样流淌于新教育共同体的理想主义精神。

别人没有再问。我知道，理想，精神，这些同义反复的语言，其实并没有消解问者心头的谜团。

我陡然发现，语言是无力的，语言只是一种方便，我没有办法借助这种方便一语道破新教育的真实。然而，我不能无语，我不能舍弃这种方便，因为真实的答案必须通过语言才能开显，新教育也必须借助语言的可闻、可感、可触，而抵达别人的内心。

于是，我开始硬着头皮，在修辞的泥沼中，任由逻辑的纠缠，盘点属于我所理解的新教育精神。

执着坚守的理想主义

新教育实验是一个理想的教育实验。

新教育人是一群为了理想而活着的纯粹的人，是为了帮助人类不断地走向崇高从而也让自己不断走向崇高的人。他们知道这个世界需要一群擦星星的人，他们愿意把自己的青春和智慧奉献给这个世界。所以，他们执着，他们坚韧，无论碰到什么样的困难、什么样的挫折、什么样的打击，他们仍然会坚定地往前走，从不在乎个体的力量有多渺小。他们相信，再渺小的一份付出，也会悄悄影响世界，增益理想的善。

我曾编写过一本小书，里面选了章太炎先生的一篇文章《“我”有多大》。章太炎先生特立独行，有人称他为疯子，他不但不生气，而且很开心。他认为，大凡有创造性的人，往往有点“神经病”；否则，遇到艰难困苦，断不能百折不回。为了这个缘故，他承认自己有“神经病”，也愿意各位同志都有一两分“神经病”。

醉心于新教育，也有人称我为疯子，说我们新教育实验是一群傻子跟着一个疯子。我像章太炎先生一样乐于承认自己有“神经病”，我也希望新教育人乐于承认自己是个傻子。我觉得，只有执着的人，坚守的人，理想主义的人，才能成为这样的“神经病”，这样的疯子，这样的傻子。

没有执着坚守的理想主义，是不能将新教育坚持到底的。所以，新教育最后必然是大浪淘沙，几百所学校也许最后留下的只有几十所、几所。没有关系，我说，只要有一个人在坚守着新教育，新教育就能成功，因为执着是一颗神奇的种子，坚守是一株顽强的野百合，理想主义是一片丰沛的土壤，当执着坚守的理想主义拼合在一起，我们就可以看到妙不可言的教育的春天。

深入现场的田野意识

有一天，我收到一个朋友的电子邮件。他说，当下中国有三种人：官人、学人、农人。他说，新教育如果只有官人和学人，永远不能成功，新教育需要农人，需要把两条腿深深扎到泥巴里的人，需要每天深入课堂与孩子们进行心与心交流的人。

我非常认同这个观点。我有一个非常好的朋友，是个有名的特级教师，前一段时间，我跟他说，我希望他能少出去讲学，甚至少写一点文章，能够沉下心来。他问为什么？我说，只有真正走进课堂，认识课堂，认识孩子，才能认识自己。一个真正有所成就的大教育家，必定是一位能深深地、认真地、努力地、时刻地认识课堂、认识学生的教育工作者。

你看，历史的星空下，那些熠熠生辉的伟大教育家，几乎都是行动家。我读过梁漱溟先生的一篇传记，叫《孤寂与落寞》，有感而发，写了一篇读后感。我说，我根本不是学问家，我是行动家。在教育史上能够留名的教育家，大部分都是行动家，或者说，他们都是学问家加行动家。

所以，我一直欣慰于新教育人与生俱来的田野意识。我们的团队喜欢深入现场，热爱田野作业的工作方式。我们要小心翼翼地珍藏，大张旗鼓地发扬深入现场的田野意识。关起门来写文章，高谈阔论做研究，最后是做不出多大名堂的。

曾经看到一篇文章说，很多印度的知名教授不满足于出来搞讲座，坐飞机，满天讲学，而是实实在在地走进“田野”。这篇文章提到了甘地，说当年的甘地或许就是一副苦力的样子，为了心中的理想，布衣赤脚地奔波于“田间山野”。

这是我们新教育人需要学习的。新教育一定要走进课堂，我们评论文也好，搞活动也好，一定要强调真正来自“田野”的东西。我们提倡师生共写随笔，其初衷不是去培养作家，而是培养认真生活、热爱生活的人。你只有做得精彩，才能写得精彩。

我期待每个新教育的参与者都沉下心来，在现场，在课堂，在孩子的悲欢中，倾听自己的内心，思考每天的教育生活，培养自己的田野意识。

共同生活的合作态度

今天，共同体的概念已经是新教育实验非常显著的标志。如果说执着代表我们的理想，田野代表我们的行动，合作就代表新教育的一种新型的人际交往态度。

新教育共同体中，所有的人都是平等的，“老师”成为新教育人在任何场合下共同的称呼。只有平等了，我们才不会盛气凌人，我们才不会俯视这个群体中的其他人，才能平等地交流，真诚地“吵架”。我们是一个只问真理的团队，不屈从于任何一种庸俗的关系。

新教育实验是求真的事业，平等是求真的前提。我经常说，现在的这个世界，不是一个人做事业的时代。任何一个人，你再能干，也是走不远的。我们要将共同体的概念融化为团队意识，牢记心头。须知，我们这个团队是基于一个共同的愿景走到一起的，虽然我们生活在天涯海角，甚至素昧平生，然而，仰赖于共同的理想和追求，我们在另一重意义上，又是“共同生活”在一起的。

这就是我们的团队，有组织结构，但没有行政压力；有激烈辩论，但没有党同伐异；有坚持己见，但没有挖墙拆台。只有在这样平等的、求真的、合作的团队里，我们才能够成长。

我始终希望，新教育的历史上留下的是新教育群体的足迹。如果未来的历史仅仅记住了朱永新一个人，那我就是一个堂吉诃德，一个孤独的舞者，一个刹那间从天际消逝的流星，虽然不乏诗意的美，但就我们的事业而言，则是失败的。

悲天悯人的公益情怀

“我们也可以改变世界。”

这句话，我过去经常讲。未来，我还会继续讲。

不要小觑我们之于世界的意义。很多情况下，改变世界的都是我们这样极其普通的人。我曾向大家推荐过一本书——《如何改变世界》，主人公不是普通的教师就是普通的律师，或者普通的医生。在美国，这群普通的男人和女人，有的发展了一种以家庭为基础的艾滋病护理模式，改变了政府的卫生医疗政策，有的帮助发展中国家数以万计的边远农村的居民用上了电，保护了无数大草原。

他们都是普通工作者，他们关注的就是那些最普通的人。他们的精神叫作公益精神，他们的情怀叫作公益情怀。

新教育从一开始就具有悲天悯人的公益情怀。这是我们非常宝贵的财富，我们不仅要保值，还要增值。

我曾经写过一篇文章叫《大爱让世界亮起来》，盛赞台湾“慈济”的公益情怀。这是一个非常了不起的组织，他们的宣言是这样说的：我们的理想是以慈悲喜舍之心，起救苦救难之行，予乐拔苦，缔造清新洁净的慈济世界；我们的方法是以理事圆融之智慧，力邀天下善事，同耕一方福田，同造爱的社会。它是一个宗教组织，与我们不同，但我觉得它的这种公益精神是值得我们学习的。我们需要走向边远的乡村，那是最需要帮助的地方，只有那里发生了好的变化，才能说中国的教育在向好的方向转变。

总之，我期待，所有现在的或未来的新教育人，能以执着的理想、合作的态度，扎根于田野，做一番公益的事业，成就我们的人生，成就我们的教育，成就我们的民族。这是我们的使命，也是新教育精神的本质内涵。

新教育实验的创新特征

许多人经常问我，新教育实验“新”在什么地方？是不是新教育意味着对以前教育的全面否定？其实，我们认为，新教育实验的“新”，并不是赶时髦，也不是强标榜，而是一种传承，一种呼唤。我们可以说：

——当一些理念渐被遗忘，复又提起的时候，它就是新的；

——当一些理念只被人说，今被人做的时候，它就是新的；

——当一些理念由模糊走向清晰，由贫乏走向丰富的时候，它就是新的；

——当一些理念由旧时的背景运用到现在的背景去继承、去发扬、去创新的时候，它就是新的……

不管怎么说，教育科学研究不仅要寻求理论与实践的统一，还要寻求一种历史与逻辑的统一、继承与创新的统一。新教育之“新”，实际上是让教育返璞归真，回到教育的原点。真正的教育不仅有着现实的关怀，还有着终极的关怀。事实上，新教育实验构建的是一种“新”的教育话语，不是一种话语霸权，而是借助于这种言说方式激励我们对当下的教育进行反思，对历史的教育进行怀想，对未来的教育进行前瞻。

从“学术认祖”的角度来看，早在20世纪二三十年代的时候，以陶行知、黄炎培、梁漱溟、晏阳初四位为代表的教育家们就已经为我们树立了光辉的典范。他们对当时中国教育存在的问题进行了深入的探讨和反思，在借鉴和运用西方教育理论的基础上进行创新和发展，投入到轰轰烈烈的教育改革实验中去，以自己的亲身实践为基础，分别创立了具有中国特色的“生活教育理论”“职业教育理论”“乡村教育理论”和“平民教育理论”。他们的活动方式以及所留下来的这些理论是中国教育的无价之宝，无疑是新教育实验的重要思想资源。

当然，必须明确的是，每一个时代的“新教育”都有自己的特征。新教育实验中所提到的这个“新教育”与我国20世纪纪初的“新教育”并不是一种“断代后的承续”关系，也绝对不是欧美历史上的那个“新教育”的继续和发展，“复兴论”的解读是不妥当的。

新教育实验中所提到的这个“新教育”有自己特定的实际内容，它更多的是一种哲学的解读和表达，“新”就新在它是一种“理想的教育”，是对“旧教育”的批判和重构，或者说是对当下教育的改造和革新。这个“新”是在对当前教育发展的现实状况和社会发展的基本方向进行分析之后建立起来的，它将随着社会的进步和教育实践的不断发展而处于一种动态生成之中。那些落后于时代、不再适应时代发展的教育就是“旧教育”，而那些顺应时代发展，不断改革、不断完善、面向未来的教育就是“新教育”。基于以上认识，我们可以说，新教育实验中所提到的这个“新教育”有两个基本特征：一、它是一种富有辩证法精神的教育。二、它是一种动态的、面向未来的教育。

新教育实验对于教师、学生的引导，不仅在于促使他们发现自我生活中丰富的美丽人生，还在于寻找将他们推入“思考”之中的力量，给予他们“情感”之中的智慧，促使他们在学习的改善、尝试和冒险中建构内心的生命之帆。可见，新教育实验不仅是对教育一般意义上的敞亮，也应该是观念、思维和方法的刷新，而通过浪漫精神的引导来塑造个性的心灵、通过理想信仰的生成来积淀人性的底蕴则是第一位的。对于新教育实验的种种言说，事实上也就等于在发表一个个关于理想教育的宣言，教育现在要做的，就是给教师和学生们一种开阔的视野，让他们对人的内心的复杂性有更为深切的体验，不但要了解生命的伟大和宇宙的博大，而且要感受生活的丰富和人性的丰厚。

在这个意义上说，新教育实验主张回到教育的原点，主张让教师和学生与人类的崇高精神对话，强调教育应该培养美好的人性，让学生拥有美好的人生，从而建设一个美好的社会。无论是新教育的十大行动还是每月一事，都是把这样一个根本性目标作为出发点的。另外，新教育实验强调田野精神，强调行动哲学，新教育研究院一直办在小学之中，每日研课是我们新教育研究中心的日常工作，与一线老师“相约星期二”的共同阅读，也是新教育研究中心的必修课程。这些，与许多学院派的教育相比，无疑也是“新”的。

新教育实验的历史渊源

新的时代总是要呼唤新的教育，一个时代理应有一个时代的教育特征。进入21世纪，中国的教育如何发展，如何建构具有时代特征的“新教育”，已成为众多有识之士深切关注的重大论题。

从教育的起源、演变和发展来看，今天的教育是为了明日的世界。随着人类社会的不断进步，教育总是处于不断发展之中。今天的教育与昨天的教育不同，明天的教育比今天的教育更新。新教育与旧教育相比，不仅有量的扩充，而且有质的飞跃。这迫使我们不断地去思考、研究教育的本质和规律，这迫使我们对“理想的教育”——“新教育”进行深思熟虑。也只有如此，我们才能够把握现象与本质的矛盾运动，不断地拓宽视野，不断地破旧立新，日益走向教育领域的新天地。

从哲学的角度分析，广义的、泛指的“新教育”，是作为“旧教育”的对立面而存在的。为此，就必须明确判断新旧事物的客观标准，这个标准首先是看其是否符合客观规律，有没有强大的生命力和远大的发展前途。任何事物都有一个产生、发展、灭亡的过程。新事物与旧事物是相比较而存在的，并且会随着具体的时间、条件的变化而变化。事物处于产生、发展的阶段，是新事物，而进入衰亡阶段时，就成了旧事物。因此，绝不能以一成不变的眼光，看待新事物与旧事物。早在20世纪初，姜琦先生在《何谓新教育》一文中说：“新教育之对于旧教育，非破坏的，乃改造的。非反对的，乃加工的。”[①] 这样的话，关于“新教育”的讨论，就变成了“教育创新”和“创新教育”的问题，也就是教育的“自新”“常新”和“全新”问题。陶行知在《试验主义与新教育》中说：“新教育与旧教育之分，其在兹乎？夫教育之真理无穷，能发明之则常新，不能发明之则常旧。有发明之力者虽旧必新，无发明之力者虽新必旧。故新教育之所以新，旧教育之所以旧，亦视其发明能力之如何

---

① 姜琦：《何谓新教育》，载《新教育》，1919年第1卷第4期。

耳。”[①] 因此，那些落后于时代、不再适应时代发展的教育就是“旧教育”，而那些顺应时代发展，不断改革、不断完善、面向未来的教育就是“新教育”。

基于以上认识，我们可以说：一、“新教育”是一种富有辩证法精神的教育。“辩证法对每一种既成的形式都是从不断的运动中，因而也是从它的暂时性方面去理解；辩证法不崇拜任何东西，按其本质来说，它是批判的和革命的。”[②] 对过去的和现实的教育进行自我反思、自我评价和自我批判是新教育实验保持其活力、保证其沿着科学道路前进的根本条件。旧的认识与实践不断地让位于新的认识与实践，这是新教育实验全部力量的源泉。二、“新教育”是一种动态的、面向未来的教育。在这样一个改革的年代，在这样一个社会变迁如此迅速的年代，教育只能面向未来进行选择。澳大利亚未来研究委员会主席埃利雅德博士曾经说过：“未来不是一个我们要去的地方，而是一个我们要创造的地方。通向它的道路不是人找到的，而是人走出来的。走出这条路的过程既改变着走路的人，又改变着目的地本身。”因此，开放性、创造性、全面性和发展性是“新教育实验”自身发展过程中必须始终坚持的基本原则。如果从哲学的角度来审视新教育实验的话，可以说，“与时俱进，求真务实”是“新教育理论与实践”所追求的哲学境界；新旧世纪的时空转换、新世纪全球化时代中国改革开放的大格局是“新教育理论与实践”的历史地平线；“批判与重构”是“新教育理论与实践”迎接新世纪、走向未来的根本条件和出发点。

在中外教育史上，狭义的、特指的“新教育”则要追溯到“欧洲的新教育运动”“美国的进步主义教育运动”、中国新学校的创建与发展以及20世纪初的“新教育改革运动”。通过文献检索我们发现，在具有时空背景差异的同时，这些具有特定意义的“新教育运动”也具有一定的共性，即都旨在对当时的教育进行反思、批判和重构，都建立了一批实验学校，都试图对当时的教育和社会进行革新和改良。

欧洲“新教育运动”肇端于19世纪末的英国，以后扩展到了德国、法国、瑞士、比利时、荷兰和奥地利等国。在一定意义上说，从19世纪末到20世纪50年代，西方占据主导地位的便是新教育思想，其代表人物有被

---

① 陶行知：《试验主义与新教育》，载《新教育》，1919年第1卷第1期。

② 《马克思恩格斯选集》第2卷，218页，北京，人民出版社，1972。

称为“新教育之父”的英国教育家雷迪，以及巴德利、怀特海、沛西·能等，此外还有德国教育家利茨、法国教育家德摩林、比利时教育家德可乐利、瑞典教育家爱伦·凯。他们主张建立符合现代社会需要的教育，在各自的国家建立“新学校”，最著名的便是雷迪创建的“艾伯茨霍姆学校”。雷迪认为，学校的任务主要是促进儿童的自由发展，即身体和心灵的健全发展，而不是用书本知识去压抑儿童的发展。

应该说，西方的“新教育”当时是为了适应第二次工业革命和资本主义发展对人才的要求而产生的，因为它兴办了许多学校，所以又叫“新学校运动”。“新教育运动”有着复杂的社会历史背景，它是欧美国家经济、政治和科学文化发展的一个综合反映。当时的工业和经济迅速发展，新的科学技术得到了广泛运用，整个社会生活发生了巨大变化以至于矛盾重重。于是，人们寄厚望于教育，企图通过教育来改良国家和社会。教育改革家们尖锐地批判了传统的教育理论和教育实践，提出了新的教育观点和教育主张，在他们看来，只有新型学校、新教育才能适应新的时代要求，才能适应人类社会生活的新方式。

19世纪末20世纪初，当欧洲新教育实验蓬勃发展的时候，美国掀起了一场“进步主义”教育实验运动。作为现代美国的第一次教育改革运动，以“进步教育之父”帕克的昆西实验学校（1875—1880）为开端，“进步教育”（Progressive Education）一直持续到20世纪50年代，在教育史上被称为“进步主义教育运动”（Progressive Education Movement）。在这场运动开始不久，美国的实验主义教育家杜威（John Dewey，1859—1952）成了它的灵魂人物。欧洲的“新教育”与美国的“进步教育”，包括杜威的实用主义教育在内，在理论上有很多相似之处。它们都反对传统的形式主义教育，反对片面强调教师的权威，极其重视儿童的心理特点以及让儿童在活动中进行学习和自我创造的表现。通过文献检索，我们发现，美国的进步教育实验运动是在欧洲新教育实验运动影响下发展起来的。杜威在“进步教育之父”帕克的影响下，产生了发展教育科学的愿望，并决心在学校开展科学实验。他放弃了实验室的研究方法，而把真实的学校生活作为研究对象。他认识到，实验室研究出来的规律应用于日常生活时必须考虑很多具体条件。1896年，杜威在芝加哥创办了实验学校，并把这所实验学校作为“实验室”，以验证他的实用主义哲学思想。在这里他搞了6年实验，写作出版了《我的教育信条》《学校与社会》《儿童与课程》等论著，表明他的实用主义教育思想体系已经形成。

杜威曾经对进步教育运动的发展和成就予以充分的肯定。在他看来，进步教育运动是对传统教育的诘难和批判，新学校的各种实验是对陈腐的学校制度的不满和抗议。杜威始终认为，进步教育运动使学校生活发生了根本性的变化。面对着进步教育运动以及进步学校的发展，杜威满怀希望地说："如果从各种进步学校那里提出一些倡议，传播到其他学校，使它们的工作有生气，并赋予活力，那么我们就会感到满意。"①

当然，我们需要强调的是，杜威在对进步教育运动表示肯定、赞扬以及为之辩护的同时，也对实验过程中的各种缺陷、不足和问题提出了一针见血的批评，更对进步教育运动的衰落和失败进行了深刻的反思。他明确地指出：在一些进步学校中，"连续不断的外加的活动，即使是那些杂乱、没有联系性质的活动也被看成是实验"，"实际上，每一个真正的实验都包含一个问题，即在实验中发现某种东西，而且在明显的活动中，必须有一个观念作为指导，把这一观念当作进行工作的假设，这样才能使活动具有目的和宗旨"。② 因此，他极其重视进步教育运动过程中的科学方法，并反复强调进步教育运动应该清醒地认识到自身危险的存在。在他看来，不仅要关注来自外部的各种干扰、责难和攻击，内部成员工作方法的陈旧、积极性的降低以及在思想意识上的分歧和冲突等，都有可能会削弱甚至瓦解整个运动。他说："新教育的道路并不是一条比老路容易走的道路，相反，新教育的道路是一条更艰辛和更困难的道路。除非新教育得到大多数人的支持，否则，新教育的处境将会依然如故，而要达到大多数人支持的地步，那就需要新教育的信奉者们在这方面进行许多年的严肃认真的同心协力的工作。"③

在某种程度上，教育的历史总是表现为课堂演变和学校办学的历史，教育的发展往往表现为教育内容和教育方法的变化。中国的"新教育"肇端于鸦片战争后的洋务运动，以同文馆等一批学习西文、西技为主要

---

① ［美］杜威：《杜威教育论著选》，赵祥麟、王承绪译，251页，武汉，华东师范大学出版社，1981。

② ［美］杜威：《我们怎样思维·经验与教育》，姜文闵译，304～305页，北京，人民教育出版社，1991。

③ ［美］杜威：《我们怎样思维·经验与教育》，姜文闵译，156页，北京，人民教育出版社，1991。

内容的新式学堂为发轫。其间经过戊戌维新，改革科举制度，兴办三级学堂，到民国时期才有了较大的变化和发展。我们发现，从“洋务教育”“维新教育”到20世纪二三十年代的“新教育改革运动”，人们执着追求的其实就是一种“适合中国国情和民性的现代教育”——“中国新教育”。

那么，从特定的历史角度来看，“新教育”实际所指的究竟是什么呢？如前文所述，一般认为，“新教育”是指发生在19世纪后期和20世纪前期的欧美反传统教育思潮。在美国又称“进步教育”，时间跨度是1876年至1957年，其中1896年到1926年又被公认为“进步主义时代”。“新教育”或“进步教育”改革家们通过举办各种实验学校来实现自己的教育主张。尽管各家侧重点不同，流派繁多，但反对知识灌输、崇尚个性发展、提倡科学民主、注重学校的生活化和社会化则是他们的共性。①

在中国近代教育领域里，从1919年2月开始，以《新教育》杂志的创刊为标志，掀起了一场持续六年的轰轰烈烈的新教育改革运动。核心是培养学生个性、尊重学生人格、训练学生民主能力。这场“新教育”改革运动是教育改革者们从西方近代教育模式中，选取了与中国社会改造目标相一致的美国自由教育模式而展开的。这一美国教育模式就是当时贯穿于美国教育中的“进步教育”或称“新教育”，中国教育改革者们所展开的改革也因此而得名“新教育”改革运动。②

从实践的角度来看，在现代教育历史上，蔡元培、陈独秀、毛泽东、陶行知、黄炎培、晏阳初、梁漱溟等都曾经为新教育呐喊奔走，做出了各自特有的贡献。早在20世纪初，毛泽东便对旧教育的弊端进行过异常猛烈的抨击，在中国共产党成立后还创立了湖南自修大学。李石曾在《祝湖南自修大学之成功》一文中称该校创立了“新教育制度之纪元”。到了1949年，毛泽东在阐述新中国发展的教育方针以及一系列教育问题时，也明确提出：“建设新教育要以老解放区的新教育经验为基础，吸收旧教育某些有用的东西。”1912年，蔡元培以“新式教育学”的面貌活跃于历史舞台，其“五育并举”体现了对人本身的肯定和尊重，是新教育精神的主要内容。1918年7月，他在天津中华书局直隶全省小学会议欢迎会上的演说《新教

① 参见黄书光：《陈鹤琴与现代中国教育》，上海，上海教育出版社，1998。

② 参见崔运武：《舒新城教育思想研究引言》，沈阳，辽宁教育出版社，1994。

育与旧教育之歧点》一文发表。该文认为新教育异于旧教育的要点是:“教育者非吾人教育儿童，而吾人受教于儿童之谓也”，新教育须“深知儿童身心发达之程序，而择种种适当之方法以助之”。另外，陈独秀也曾经多次撰文批判“孔教”，反对旧教育，主张用“民主”和“科学”的精神来改造中国的传统教育，使中国富强起来。他把教育改革作为“新文化运动”的一个重要方面，在1915年发表的《今日之教育方针》中系统地阐述了他对当时教育改革的基本主张。陶行知先生也曾明确提出“新教育”的概念，他在1919年发表的《试验主义与新教育》中讲了这样一段话:“夫教育之真理无穷，能发明之则常新，不能发明之则常旧，有发明之力者虽旧必新，无发明之力者虽新必旧。故新教育之所以新，旧教育之所以旧，亦视其发明能力之如何耳。”此外，陈鹤琴先生把活教育作为旧教育的对立面，他没有明确提出新教育，但是活教育实际上就是一种新教育；黄炎培先生也在他的很多论著中多次使用新教育的概念。

总体看来，在20世纪初我国新教育创建之始，“五四”一代的知识分子、思想家、文学家、科学家等无不身体力行，以极大的热情投身于教育改革之中。历史表明，“五四运动”在精神、价值层面上引进了新的思想文化资源，一大批从西方回国的知识分子身体力行地投身于新教育建设，并在此后的教育实践中极大地更新了学校教育的面貌。在那个时代，知识分子与教育改革、文学革命具有天然的、有机的紧密联系，“新文化运动”与新教育的重建浑然一体。作为现代化动力集团的知识分子参与了所有重要的教育决策，成为教育改革的中坚。事实上，当时的教育改革，包括所有重要的教育议案，有关的教育制度、政策、法规等，几乎都出自这些教育家团体和组织。

每一个时代的新教育都有自己的特征。在民国初年中国的教育语境之中，“新教育”往往指“西方教育”“受近代欧美教育影响的教育”。但更确切地说，应该指以陶行知等为代表的一大批教育家在借鉴和运用西方教育理论的基础上，进行创新和发展，通过各种教育改革实验所建构起来的中国教育（即生活教育、职业教育、乡村教育和平民教育等）。

在今天中国的教育语境中，“新教育”再度成为一个响亮的字眼。“新课程”“新基础教育”“新教育实验”已经成为中国教育改革过程中备受关注的三个关键词，它们都在积极地探索着新时代的新教育之路，呈现为“三足鼎立”之势，共同为世纪之初的中国教育支撑起了一片新的天空。目前看来，这三大教育实验改革，都遵循着一个“从理念到行动”“理论先行，理论与实践紧密结合”的“集体行动的逻辑”。“理论主体”“政策主体”“实践主体”并肩作战且经常召开“圆桌会议”，是一个不争的事实。在“新基础教育”、“新课程改革”、“新教育实验”这三面旗帜下，“教育共同体”这样一个日渐清晰的概念格外引人注目。就实验主体而言，“新基础教育”由华东师范大学教育科学与技术学院部分教师和华东师范大学普教研究中心的部分成员组成的课题组联合承担，表现为一种明显的专家主导模式。其中除从事教育基本理论、儿童发展心理学和比较教育研究的人员外，大部分是从事中小学学科教学研究的成员。他们对中小学教育实际比较了解，不少人都担任过中小学的教学和科研工作，有的还从事过行政领导工作。就“新教育实验”而言，则是一种自愿参加与行政推动相结合的组织形式，一直以中小学教师和地方教育科研机构的研究人员为实验主体，在向组织化迈进的过程中，总课题组、项目组和子课题组一直充分发挥实验学校教师的科研积极性和科研主动性，围绕不同的主题，经常召开多级联席会议，进行探讨和交流。就“新课程改革”而言，则是一种行政主导下的教育改革模式。“三级培训”轰轰烈烈，有目共睹，政府官员、教育专家、一线教师在“课改”的旗帜下一次又一次地进行着“讨价还价式的交流”和“建设性对抗”。

当然，这三大教育实验改革的理论依据和具体行动路径是各有侧重的。事实证明，在具体的操作过程中，这三者各具特色而又并行不悖、相辅相成，成为建构新世纪新教育的积极尝试和有效途径。“新基础教育”以课堂为起点，《教育研究》1997 年第 9 期上叶澜教授的《让课堂焕发生命的活力》一文，可谓其明确的行动宣言。“新课程改革”的立意明显在“课程”，试图以“课程”为“阿基米德点”来培育我们民族的创新精神和实践能力，2001 年 6 月正式颁布的《基础教育课程改革纲要（试行）》可谓这一轮教育变革的行动指南，《为了中华民族的复兴，为了每位学生的发展——基础教育课程改革纲要（试行）解读》则进一步表达了这一轮教育变革的基本精神。而“新教育实验”的逻辑起点则显然在“教师”。应该说，分别于 2000 年和 2002 年出版的《我的教育理想》《新教育之梦》这两本书的核心价值，就在于启发和唤醒了教育者的“教育理想”“教育激情”和“行动自觉”。教师发展的真正价值和意义就在于它是促进学生发展的必要条件，没有教师的发展就没有学生的发展，“改变教师的行走方式”是新教育实验的一个基本立足点。

也许，近百年来关于“新教育”的一系列理论和实践，只是人类教育史上的一段又一段可歌可泣的链接，但足以让我们为之孜孜不倦地奔走，去迎接任何挑战。我们不是人类文明的创始者，但人类文明可能会通过教育的伟大理想而穿越时空，通过我们今天的新教育实验而变为现实。当然，只有对新教育实验的认识从“概念”向“信念”推进，由一种“理想”转向“思想”引领，激发出人们深沉的情感、执着的意志，从精神世界的积淀表现为主体的自觉行动时，新教育实验才可能真正成为人生力量和教育智慧的策源地。

新教育实验的缘起

新教育实验的缘起应该追溯到 1999 年。当时，我在《管理学大师德鲁克》中读到这样一则故事：德鲁克父子去看望另一个管理学大师熊彼特。熊彼特当时已经处于弥留之际，他对德鲁克父子说了一段足以让我铭记一辈子的话。大意是：我到了这样一个年龄、这样的状况，我知道仅仅凭自己的著作流芳百世是不够的，除非我能够改变和影响人们的生活。应该说，熊彼特的这段话给我很大的心灵震撼，因为我多年从事心理学、教育学的研究，也出版了很多著作，但是，坦率地说，我并没有真正走进教育生活，更谈不上影响和改变我们教师的生活。所以，我就决定真正地去走近教师，走进我们的教育。

但是，从一个学者过渡到一个行动者，并不是件容易的事情，其中要找到一个中介，不仅是理念上的转变，更重要的是一种情感上的转变。我用了很多心思去琢磨、思考。正在这时，常州的湖塘桥中心小学邀请我到学校去指导。到了这所学校，我把多年来对学校的理解、认识、思考与那里的教师进行沟通，得到了很大的认同。我还在这所学校带了一个徒弟，叫庄惠芬，那时她还是一个毕业时间不长的黄毛丫头，现在已经成为数学特级教师了。他们的校长奚亚芬，也成为在全国有一定影响的校长，人民教育出版社专门出版了她的著作《一所好学校是怎样炼成的》。

2000 年的时候，我出版了一本小书，叫《我的教育理想》。这本书阐述了我的理想，如我心中好的学校应该是什么样，好的老师应该是什么样，好的校长应该是什么样，好的父母应该是什么样，等等。这本书出版后，受到了教育界的广泛好评。很多教师跟我讲，这本书点燃了他们心中沉睡已久的教育理想和教育激情。但是，也有老师看了这本书以后很困惑，说："朱老师，你讲得很好，我们看了以后很振奋很激动，但是现实的教育生活不容乐观，我们只要一回到学校，沸腾的热血就冷却了，在应试教育的环境下，我们在戴着镣铐跳舞。"我想，既然大家认为我这些理念是对的，我的这些理想是值得我们追求的，为什么又那么困惑，为什么又无法去做呢？

我一直认为，在任何状况下、任何制度下，教育都是有空间的，都是可以探索的，只不过我们没有找到真正的空间在什么地方，没有找到有效的行动方式。教育的智慧，就在于能否在制度中间寻找生存和发展的空间，所以我在继续思考，这些好的理想和理念到底怎样去变成行动。

到 2002 年时，我找到两个很好的契机。

第一个契机，是教育在线网站的开通。2002 年 6 月 18 日，教育在线网站正式开通。这个网站的建立也有一段佳话。一开始我的博士生李镇西和苏州的一批年轻教师鼓动我上网。当时我是一个反对上网的人，对李镇西，我经常批评他应该要花时间好好读点书，不要花那么多时间去上网。但是他们对我说，在现代社会，一个好的教师、一个好的学者如果不懂得利用网络传播自己的理念，如果不懂得利用网络学习先进的思想，就不是一个现代型的教师。后来，我被他们感动了，办了一个网站，叫教育在线网站，网址是 www.eduol.cn。教育在线网站从 2002 年 6 月 18 日开通至今，远远出乎我们的意料，很快成为中国教师的精神家园，成为中国最大的教师培训学院，一大批优秀教师在网络上成长起来，很多过去平凡的，甚至平庸的教师被点燃理想后，快速地成长。

2002 年 7 月，我在网上写了一篇文章《朱永新成功保险公司开张启事》。我说老师们要成功吗？来我这里投保，保约只有一条，即每天上网写自己的教育故事。十年以后，如果你不成功，可以拿着 3600 篇文章来找我赔偿，以一赔百。可喜的是，一大批老师开始投保，很多老师在短短的几年时间内快速成长起来。例如，江苏盐城一个农村小学的数学老师，在一年多的时间里，几乎每天在网上记录自己的生活，发表了八十多篇文章。沉甸甸的收获让我看到：网络是让我走近教师的非常重要的渠道。我一直认为，我不是最有学问的学者，但我是与教师们走得最近的学者，近到可以听到他们的呼吸声。每天早上当我打开教育在线网站，很多短消息就会跳出来；打开我的信箱，很多老师的信就会发过来。我知道老师们在想什么，知道老师们的感受，知道他们生活的困境、他们的喜怒哀乐。我找到了这样一个走近教师生活的管道。

网络是一个虚拟的世界，尽管它在很大程度上是真实的。理想的实现，还需要实体的学校。2002 年 9 月，我在苏州的昆山市找到一所学校，即玉峰实验学校。当时我一直在想，这些教育理念中到底哪些理念最可能变成行动？一开始提出了五个行动，我把这五个行动做成五件事，放到玉峰实验学校来做。玉峰实验学校是 2001 年创办的一所公办民营学校。当时我没有选最好的学校，也没有选贵族学校，因为好的学校可能本身基础就很好，再去做锦上添花的工作，不能证明新教育理念。也没有选最差的学校，因为选最差的学校也面临很大的风险，往往缺乏有激情想做事的校长。新学校如一张白纸，好画最新最美的图画。于是，2002 年，我们走进昆山的玉峰学校，开始了新教育之旅。

为了推动实验，我在玉峰学校跟老师们开座谈会，跟学生家长开座谈会，在全校的大会上进行动员，我讲我们的理想，讲我们想做什么事情。我在玉峰说的时候，昆山教研室的副主任储昌楼老师把我说的东西同时发到网上。后来许多校长看到了，他们说："朱老师，你为什么只在玉峰学校做，不在我们学校做，你这几件事情特别简单啊，不就是读读书吗，不就是在网上写自己的故事吗，不就是聆听窗外的声音吗？这些事我们都可以做啊。"我说："那好啊，大家一起做吧。"就这样，几十所学校加入新教育团队中，尽管当时还是松散式的联络。

2003 年 7 月，我们在玉峰实验学校召开了全国新教育实验的第一次研讨会。这次会议，来了 500 人。当时有一篇报道说这是一次"中国教育的丐帮会议"。因为这是一次民间的会议，以农村的困难学校为主，一批有激情、有理想的学校参加了这次会议。

2004 年，新教育实验第二次研讨会召开。经过前一段时间的努力，我们的课题得到教育部教育科学研究重点课题的批准。所以，我们在张家港高级中学和常州武进湖塘桥中心小学召开了课题开题会。来自海内外的专家给予新教育实验以高度评价。当时，中国教育学会常务副会长、知名教育家陶西平先生说："新教育实验会像一条鲇鱼，把中国教育这缸水搅起来！”应该说这些年的历程，在一定程度上证实了陶先生的预言。

2004 年暑期，我们在翔宇教育集团召开了新教育实验第三届研讨会。从此以后，每一年的暑假，召开新教育实验的大会成为我们的惯例。

2005 年 7 月，在四川成都召开了新教育实验第四届研讨会。这次会议的主题是新德育。

2005 年 11 月，在吉林第一实验学校召开了新教育实验第五届研讨会，本来我们预备每年开一届，这一次是应吉林一小强烈要求增加的，这次会议是讨论新教育实验最关键的问题——“教师的专业发展”，因此把它作为第五届。

2006 年，在北京清华附小、中关村一小和六一中学召开了新教育实验的第六届研讨会，媒体把我们这次研讨会称为“新教育实验的进京赶考”。这次会议得到了社会广泛关注，全国人大常委会副委员长许嘉璐同志，致信给予了很高评价和支持。这次会议正式提出了新教育实验的核心理念——“过一种幸福完整的教育生活”。

2007 年 7 月，由山西运城新教育集团承办，在山西运城人民路小学、新教育小学、新港学校召开了新教育实验的第七届年会，会议的主题是“共读、共写、共同生活”。2007 年 11 月，中央电视台《新闻调查》栏目以“心灵的教育”为题，专门介绍了新教育实验。

2008 年 7 月，全国近千名新教育人聚集浙江苍南县，在苍南一小召开了新教育实验第八届年会，就新教育的理想课堂进行研究，提出了“知识、生活和生命的深刻共鸣”的观点。

2009 年 7 月，全国新教育实验第九届年会在江苏省海门市举行，主题是“书写教师的生命传奇”。来自全国 23 个新教育实验区，700 多所实验学校的 1300 多名代表齐聚江海门户，共话教师发展。江苏省教育厅厅长沈健先生和美国马萨诸塞州立大学教育管理学院院长严文蕃先生出席会议并做了讲话。年会吸引了国内多家媒体的目光，《人民日报》《光明日报》《新华日报》《中国青年报》《中国教育报》等十多家省级以上媒体派出 20 多名记者参与报道大会盛况。

2010 年，全国新教育实验第十届年会在河北省石家庄市桥西区举行，主题是“文化，为学校立魂”，来自全国 28 个实验区的 2000 余名新教育人，共同讨论新教育的学校文化。

2011 年，全国新教育实验第十一届年会在内蒙古自治区鄂尔多斯市东胜区召开，主题是“以人弘道，治出中国文化的根本精神”。

2012 年，全国新教育实验第十二届年会在山东临淄召开，主题是“缔造完美教室”。会议评选了全国十佳新教育完美教室和九个新教育完美教室缔造者，华严集团向新教育基金会捐赠了 100 万人民币。

新教育实验已经走过 10 年历程，全国 24 个省市自治区的 1511 所实验学校、38 个新教育实验区，150 万名教师和学生参加了新教育共同体。

在新教育事业蓬勃发展的同时，新教育实验在理论上也不断地成熟。新教育实验得到了全国许多重要媒体的关注，如中央电视台、中国教育电视台、《人民日报》《中国教育报》等，甚至很多非教育的媒体，如《南风窗》《21 世纪经济报道》《北京青年报》等，几乎有影响的媒体，都对新教育给予了前所未有的关注。有人说新教育不仅仅是一个教育的现象，而且也成为中国的一个新闻现象。

新教育实验重建设，重行动

教育，作为社会的一个子系统，充满了矛盾和两难。理想和现实之间总是有一定的距离，理论的东西要运用于实践从来都不是一件容易的事情。任何新事物的发展都会遇到这样那样的问题，这是正常的事情，关键是我们要保持清醒的头脑，及时地发现问题和解决问题，需要在行动的过程中不断地总结、反思、批判、提高。同时，从某种意义上来说，我们需要问题，问题的不断发现与新教育实验发展空间的不断拓展应该是正相关的，没有问题的发现就不可能有实验的进步。教育实验改革是一项长久的工程，需要通过一代人去影响另一代人。对于“新教育共同体”而言，当然不能急于求成，不能满足于暂时的成功，一定要耐得住寂寞，一定要学会等待。

任何一项教育实验改革都不是轻而易举、一蹴而就的事情。新教育实验之所以蓬勃发展，很快在全国范围内推广开来，说明中国教育界，尤其是基础教育界还有很多人没有泯灭理想，这是实验进一步发展的根本动力所在，也是我们的信心所在。我们今天生存的这个社会处在一个转型时期，面临着一场深刻的变革。对于一个国家和一个社会的发展而言，教育具有先导性、基础性作用，也必然要顺应这场变革的需要进行自身改造。我们应该有一种历史责任感，应该有所作为。不管怎么讲，问题总会不断地出现，这是不可避免的。但是，问题是阻力也是动力，是对共同体智慧和意志力的一种磨炼，同时也就意味着新教育实验会找到更大的发展空间。边行动边思考边总结，在做的过程中及时地发现问题并解决问题，从而形成教育科学研究的新机制，这也是实验研究的一个重要方面。我们的探索肯定不会一帆风顺，但我坚信：只要行动，就有收获。

对于新教育，对于新教育实验而言，按照一个理念开展行动，永远比抽象地理解和懂得这个理念更重要。总之，作为一项综合性、整体性、长期性的改革实验，新教育实验的出发点在于进行“教育共同体及其生活世界改造”。青山有待，岁月催人。新教育实验还只是刚刚起步，还不够成熟。但我坚信，只要一如既往地重建设，重行动，我们的实验就能成功。重建设，就是以积极的姿态多做建设性工作。中国教育现在是有许多弊端，也应该抨击，但仅仅是怒目金刚式的斥责和鞭挞，虽然痛快，却无济于事。不如通过建设来进行批判，只有建设才是真正深刻而富有颠覆性的批判，新教育实验就是要寓批判于建设之中。重行动，就是不空谈，就是“用事实说话”。新教育实验不求无懈可击的“理论”体系，而是要先行动起来再说，在实践中完善思考。江苏邳州八义集中心小学的老师们说：自从参加了新教育实验，自己对孩子的表情都不一样了！是的，让我们一起在做中思考，在做中提升，在做中成长。一个个普通的日子、一个个教育的日子，将从此变得灿烂！

新教育实验的愿景

教育，是一项为未来的事业；教育研究，是一项为未来教育开辟道路的事业。未来并非一个现成的完美天堂在等待着我们前往，而是一个有待我们创造的地方。

新教育实验的未来，就在我们所有新教育人和关注新教育的朋友们的“愿”中。

我们将致力于新教育自己的教育哲学和理论体系的建设，我们将用漫长的探索、认真的实践，来逐渐地明确、丰富“新教育”这一理想教育模型的内涵。

我们将致力于理论研究队伍的建设，打造一支既有专业的教育理论素养、掌握专业的教育科研方法，又有深厚的实践经验的新教育研究团队，他们将成为新教育实验的研究主体。

我们还将在行动中进一步明确和完善新教育实验的研究方法和实践模式。对“新教育十大行动”如何有效地促进教师专业发展、学生生命成长和学校学习型组织的构建，需要做进一步的观察和研究。在这个过程中，我们既要明确十大行动作为新教育实验的方法、途径和武器是如何促进教师、学生和学校发展的，又要认真研究如何将十大行动做进一步的改进，使它更具体，更易于一线实验学校操作。

譬如“营造书香校园”项目，我们已计划将它细化为“儿童阶梯阅读研究”“教师专业阅读研究和理想的教师知识结构模型建构研究”“阅读节与书香社会”等若干具体的子项目，从而更有效地解决不同年级、性格和性别的学生，不同水平和学科的教师分别该读什么和怎么读的问题。

再譬如“构筑理想课堂”，我们计划对其作“有效课堂研究”“对课堂的多元理解”和“个性与风格的课堂教学研究”三个层次的研究。“有效的课堂研究”将用量化研究的方法，对课堂的基本要素、基本结构做一梳理；“对课堂的多元理解”将从心理学、伦理学、对话理论、教育社会学等不同的角度，观察、透视、理解一个具体的课堂，从而对已经实现了科学有效的课堂，再作一次多元文化的考察；“个性与风格的课堂教学研究”，则是在前二者的基础上，研究一个教师的风格和个性，将之与具体的教学活动结合起来，从而创造出一种艺术的课堂效果。

其他各大行动，我们都将做这样的细化。在这个过程中，我们将以田野研究的精神和方法，长时间地追踪每一项目的若干案例，考察新教育如何在改变教师的成长方式、改变学生的生存状态、改变学校的发展模式上产生作用，以及它本身在这个过程中还存在哪些问题，需要做哪些改进。

在“十一五”期间，新教育将进一步壮大完善我们的研究队伍，打造一个真正有着共同精神追求、共同理论原点的“新教育共同体”，并为以后“新教育学派”的形成播下种子，打下基础。

在继续壮大新教育原有项目实践团队的基础上，我们还将形成一支由新教育研究中心、各个具体的项目负责人、各实验区骨干研究团队、各中心实验学校的实验骨干组成的“新教育实验研究主体”队伍。未来的新教育实验教师，将得到更多的来自专业研究团队的支持和服务。当然，这也将意味着实验学校将要接受更严格的实验方法的培训。具体地说，无论是在数据的采集、案例的记录、场景的描述还是理论的归纳上，新教育实验都将做进一步规范。

在“十一五”期间，我们将增加新教育公益事业的内容。西部支教作为传统项目要保留下来，而且一定会越做越深入、扎实、持久。

我们还将配合其他基金会（譬如灵山慈善基金会），在教育公益上开展各种人道的、义务的活动。这是一个美好的心愿，我们相信它将得到更多热心人的支持，我们也相信新教育共同体有能力把教育公益事业做得更好。

“新教育实验”理想的四重教育境界是：（1）成为学生享受成长快乐的理想乐园。（2）成为教师实现专业发展的理想舞台。（3）成为学校提升教育品质的理想平台。（4）成为新教育共同体的“精神家园”和共同成长的“理想村落”。成长着并且快乐着，这是新教育实验所追求的教育境界。追寻理想，超越自我，这是新教育共同体的人生价值追求。

“新教育实验”理想的“四重境界”是一种诗意化的表达，为了具有可操作性，“四重境界”也可以具体地表述为“六项目标”：（1）进一步丰富和发展“新教育”理论。（2）形成区域性开发和推广教育科研新成果的动态机制。（3）促成教师在更新教育思想，提高教育技能基础上的专业化发展。（4）促进学生在健全人格、学有所长基础上的个性化发展。（5）让教育者与受教育者共同成长，让“研究者”与“被研究者”共同发展，形成教育发展的良好生态环境。（6）开拓一条推动我国教育，尤其是基础教育改革、创新、发展的理想道路。

具体来说，在未来的发展中，新教育实验的这六个目标可以归结为两大愿景，这是我们新教育人的共同梦想：第一，我们要努力成为中国素质教育的一面旗帜；第二，我们要全力打造植根于本土的新教育学派。

第一个愿景：努力成为中国素质教育的一面旗帜。

素质教育讲了多少年，但依然是讲起来轰轰烈烈，应试教育做起来扎扎实实。究其原因，我认为素质教育缺的不是理论，而是扎扎实实的行动。尽管对素质教育是什么有不同的论述和标准，但是有三个标准是大家公认的。第一个标准是，素质教育是面向全体学生的教育，这与我们新教育实验“为了一切的人”是完全一致的。第二个标准是，素质教育是全面发展的教育，这与我们倡导的“为了人的一切”，与我们的发展论、崇高论是紧密联系的。第三个标准是，素质教育是可持续发展的教育，这与新教育实验强调的“教给学生一生有用的东西”也是紧密相连的，所以我认为素质教育需要的是扎扎实实的行动。

新教育实验就是素质教育的一种尝试、一种探索。更加重要的是，新教育实验为素质教育打下了最重要的基础。大家知道，人最基本的素质是人的精神成长，而一个人的精神发育史就是他的阅读史。所以素质教育应当从阅读开始，阅读应该成为素质教育的基础工程。我认为，我们中国人口众多，要从人口大国走向人力资源大国，从人力资源大国走向人力资源强国，如果没有阅读，是不可能实现的。所以，我们如果离开了阅读，就谈不上素质教育。过去我们的素质教育为什么走了弯路？因为我们理解的素质教育就是简单的吹拉弹唱，是片面的特长教育，所以走了偏路、弯路。

由于新教育实验的内涵与素质教育高度契合，新教育实验应当成为有影响力的素质教育的一面旗帜。我们希望有更多的学校加入新教育实验的团队中来，我们一起努力探索素质教育，一起努力打造中国素质教育的品牌。

第二个愿景：全力打造植根于本土的新教育学派。

我们知道，中国教育目前对世界教育的贡献是远远不够的，在世界教育史上我们能看到的大概只有孔子、陶行知等少数教育家。现在我们的教育基本上是言必称西方，我们讲建构主义，讲认知理论，讲人本主义，讲多元智能，我们讲杜威、布鲁纳、巴班斯基、苏霍姆林斯基、马卡连柯，但是我们很少讲中国自己的东西。中华民族如果不给世界教育以惊喜，不为世界教育贡献自己的理论，那将是我们民族的巨大遗憾。我们新教育人希望，在扎根本土行动的时候也能够探索自己的理论，形成自己的风格，形成自己的品牌，为整个世界教育贡献智慧。

我们的愿景不是不可企及的目标。从学派产生的几个条件来看，应该是可以做到的。一是实验基地的问题，我们目前虽然没有杜威的芝加哥实验学校、苏霍姆林斯基的帕甫雷什学校，但是我们拥有 1400 多所实验学校，有 3 所新教育研究团队直接参与管理的新教育基地学校。二是理论的代表人物，新教育研究院的专家们正在健康地成长着，实验学校的优秀教师正在健康地发展着，在他们中间，未来一定会产生能够写在中国教育史上的人物。三是代表性理论著作，有了第二条作为前提，这个目标也是完全可以达到的。

我觉得，与其抱怨教育的这也不是那也不是，与其不断地批评应试教育让我们戴着镣铐跳舞，我们为什么不可以跳出精彩的镣铐舞呢？我们为什么不利用每一个人的能量，行使每一个人的权利，在每一堂课上，在和孩子交流的每一分钟，用心去发现，用心去行动，探索中国教育的未来？

第二章　新教育的学理基础

与本体论、价值论和方法论相对应，新教育实验具有自己的哲学、伦理学和心理学基础。新教育实验的哲学基础是发展论、行动论，也可以说新教育实验有自己的发展哲学、行动哲学；新教育实验的心理学基础是状态论、潜力论和个性论，也可以说是新教育实验的基本路径；新教育实验的伦理学基础是崇高论、和谐论，也可以说是新教育实验追求的境界。

发展论：为了一切的人，为了人的一切

新教育实验的哲学基础就是发展论和行动论。

发展论是以马克思主义的人的全面发展学说为基础，吸收了苏霍姆林斯基关于人的教育的思想而提出来的。“为了一切的人，为了人的一切”，最初曾经作为新教育实验的核心理念来阐述。

我们知道，在中国的许多学校中，都有这样的标语：“为了学生的一切，为了一切的学生，一切为了学生。”新教育实验为什么讲“为了一切的人”，而不是“为了每位学生”？因为，我们觉得教育实际上是一个大的概念，是包含了人类生存、生活、发展的全部过程的一个概念。我们不仅要关注学生，而且要关注教师，关注校长，关注父母，关注一切和教育相关的人，无论他是贫困的还是富有的，是愚昧的还是睿智的，是健全的还是残疾的。

为什么是“为了人的一切”而不是“为了学生的一切”？因为，我们觉得没有教师的发展就没有学生的发展；没有父母的发展也不可能有孩子的发展。当前，社会发展应由“以经济建设为中心”逐步过渡到“以人的发展为中心”上来，人的发展才是硬道理。为了一切的人，为了人的一切，这是我们的核心理念。

我们主张以人的个体生命为本位，根据个人发展的需要确定教育的目标并实施教育。我们希望从知识的人本化和学习的人本化出发，引导教育圈中每一个人发展个性，舒展自我，在教育中将人提高到“人”的高度，最终把人“还原”为“人”，达到人的“自我实现”。

需要说明的是，为了一切的人，为了人的一切，这是新世纪新教育的根本性选择，也是必然选择。它是新教育实验对于现代教育使命的一种概括性的表达。“为了一切的人”，这里的“人”当然是一个个“具体的人”，表达的是一种“全民教育”（education for all）的理念，而从全球范围来看，“全民教育”正在逐渐成为一种不可抗拒的历史潮流。“为了人的一切”，这里表达的是一种“全人教育”的理念，教育旨在“成人”，旨在培养全面发展、和谐发展的人，而非“一只受过良好训练的狗”。爱因斯坦说：“人们将学校看成是向正在成长中的一代人传递尽可能多的某种知识的工具。这是不对的。知识是死的，而学校却为活着的人们服务。学校应该在年轻人身上培养那些对于公共福祉来说有价值的品质和能力。……学校教育的目的一方面应该是使年轻人成为有独立行动和思考习惯的人，另一方面，应该使他们将为集体服务当成是自己最高的生活目标。”

教育的根本目的应是使人“文化”进而“人化”。在某种意义上说，教育决定着人的未来生活方向。如果说教育是社会政治、经济正常运行的有效手段，那么新教育实验所展现的就是要提升人的精神境界，拓展人的可持续发展的生存能力，给人以安身立命之本。回首柏拉图“真正的教育”是“促使灵魂的转向”，教育的根本目的就是“使心灵的和谐达到完善的境地”的断言，新教育实验更主要也更重要的精神就在于，它要求教育真正地深入精神世界，实现智慧的交融，把人自身的灵魂与生命联系起来。新教育实验目标的深远性和内容的深刻性决定了在这样一个文化转型的时代，当代教育必须以一种崭新的整体且生态的视野关注自身，关心人的生存、生成和可持续发展，关心人与他人、人与社会、人与自然生死与共、唇齿相依的共生关系。

行动论：只要行动就有收获，只有坚持才有奇迹

行动论，是新教育实验的又一哲学基础。

新教育实验强调行动，而且把行动作为实验的价值取向，我曾经想将“新教育实验”更名为“新教育行动”，明确提出新教育实验的价值取向是“只要行动，就有收获”，“只有坚持，才有奇迹”。我们很多美好的教育理论，常常是理论与实践两张皮，而新教育实验的行动，其主旨不是创造多少深刻的教育理论，而是改变我们的教育行为，是一种追求教育行为改变的努力。新教育实验与过去许许多多的实验有诸多的不同，“行动性”是其中很重要的一条。我们不能说过去的实验不强调行动，但是往往使教师们难以行动，而新教育实验的行动，是群众性的、可操作的，是人人可以乐而为之的。

就教师教育行为的改变而言，新教育实验主要是通过倡导教师撰写教育日记、教育叙事、教学案例、教育案例、教育随笔等实现的。反思是教师专业发展的自我觉醒，反思是教师专业发展的主观追求。通过多种教育写作形式加强对教育行为的自我反思，是教师专业发展的必经之路。反思，是教育科研的本质，也是教师专业发展的关键。撰写教育日记，将教育中活生生的故事原生态地记录下来，写下的不仅仅是文字，收获的是专业发展，是教育的智慧，是教育的幸福。要想写得精彩，就要活得精彩，这也正说明写作对于教师专业状态的影响。在新教育实验的众多学校中，我们的教师正在有意识地撰写他们的课堂实录，记录他们的课堂，反思他们的课堂教学。在这样的反思中，他们的实践能力与日俱增，他们的专业发展与日俱进。当然，在追求行为改变的新教育行动中，我们也需要系统的理论学习，需要先进理念的指导。

陶行知先生对于“行动”也十分重视，他说“‘行动’是中国教育的开始”，他把“在劳力上劳心”称为“有思考的行动”，他在《育才二周岁前夜》一文中写道：“人类与个人最初由行动而获得真知，故以行动始，以思考终，再以有思考之行动始，以更高一级融会贯通之思考终，再由此而跃入真理之高峰。”对行动与反思之间的关系阐述得极为辩证。行动

在反思中进行，读书与写作无疑是一条光明大道，无疑是一条走向深刻幸福的道路。新教育实验以其独有的与以往的教育研究迥然不同的魅力进入中小学，其人文性、情感性让人激情涌动，其行动性、实践性，舍弃浮华与虚假的可行性，给教育实践和教师实践带来巨大的冲击与推动。教师们在新教育理想的鼓舞下，唤醒了沉睡的激情，觉得自己要努力了；在新教育行动的召唤下，一线教师很快投入其中，并收获着教育的快乐与幸福。

新教育实验是一个开放性的行动，因为新教育实验是基于对教育理想的探寻，而在探寻理想教育的过程中，每一校、每一人都可以有自己的创造。于是，新教育实验在追寻理想中不断地超越自我。“追寻理想，超越自我”，在这样的过程中绝不是一句空话，而是在行动中不断地实现着！我相信，每一所新教育实验学校都会有自己独到的创造，可以推出自己的品牌项目。在新教育实验的过程中，教师可以有教师的创造。在推进新教育实验的过程中，处处是创造的天地，因为新教育实验瞄准了人的巨大潜能，激起了人的巨大热情。

新教育实验倡导的是一种新教育共同体的集体行动。打造新教育共同体是新教育实验的一个理想。“教育共同体”这一概念，已经引起了一些教育理论工作者的关注，应该说它是“教育行动研究”“教师发展学校”“新课程改革”以及“走进中小学进行教育科研”的必然结果。但是，目前大多数人还只是从“教育科研团队”这样的角度来理解的。其实，“教育共同体”有着丰富的内涵，它涉及教育活动主体的层次和形态问题，至少可以包括“学校共同体”“教师共同体”“学生共同体”“师生共同体”“教育科研共同体”等。拿新教育实验来说，我们可以从两个维度来理解“教育共同体”这一概念。其一是指物态化的组织机构，包括不同层级的、在一定程度上参与了新教育实验的科研单位和新闻媒体等，如新教育实验学校、新教育实验总课题组、项目组、子课题组、教育在线及其各级论坛机构等。二是分属于不同组织机构、不同单位的“新教育人”，包括在一定程度上参与了新教育实验的理论工作者和实践工作者，以及在一定程度上参与了新教育实验的校长、教师、家长和学生等。

当然，行动论的关键在于“坚持”。新教育实验的过程也是一个大浪淘沙的过程，一些曾经参与的学校后来退却了、离开了，又有一批新的实验学校加盟进来。其中有一些是人事的变化导致的，也有一些学校是没有真正地坚持下去。所以，我们在强调行动的同时，也特别强调坚持的意义。行百里者半九十，真正能够出成效的，真正能够产生奇迹的，应该属于那些坚持不懈的人。

状态论：重视精神状态，倡导成功体验

新教育实验的心理学基础是状态论、潜力论和个性论。

在行动的过程中，新教育特别重视精神状态，倡导成功体验。我曾经说过，死人与活人的差别在于一口气，活人与活人的差别在于状态。有良好精神状态的人，就会“不用扬鞭自奋蹄”，就会自强不息，就会坚持不懈。

一位诗人说过这样的话：世界上许多事情都可以等待，唯有孩子们的事情不能等待，因为孩子的名字叫“今天”。如果孩子的“今天”是失魂落魄，是萎靡不振，是痛苦难熬，是得过且过……那还有什么启碇的索，还有什么鼓风的帆，还有什么定向的舵？还有什么健康，还有什么快乐，还有什么自信，还有什么向上可言？还有什么理想，还有什么未来？苏霍姆林斯基在他的博士论文《全面发展的人的培养问题》中有这么一段：“培养全面发展的人的技巧和艺术就在于：教师要善于在每一个学生面前，甚至是最平庸的、在智力发展上最有困难的学生面前，向他打开他的精神发展的领域，使他能在这个领域里达到顶点，显示自己，宣告大写的‘我’的存在，从人的自尊感的泉源中汲取力量，感到自己并不低人一等，而是一个精神丰富的人。”所以，培养一个人积极的态度非常重要。学校教育要努力让学生在教育中获得成功的体验，而后在成功的体验中确立新的目标，求得更大的进步。学校教育要培养学生能够不断地感受成功，不断地体验成功，从而能够不断地相信自我，不断地挑战自我。学生的“成功”，不能再停留在“一考定终身”这样一个层面上，要倡导教育的“新成功主义”思想，让学生从成功中得到激励。

潜力论：无限相信学生与教师的潜力

唤醒潜能、激发力量、促进教师和学生走向成功，这是新教育实验的一个重要观点。我们相信，孩子和老师身上的潜力你怎么去评估都不会过分。现代医学心理学认为，由于各种复杂的内部和外部原因，人的大脑机能存在着一种抑制现象，使得人们长期难以察觉自己的能力，但是，在恰当刺激的条件下则可以解除这种抑制，从而使蕴藏于人体内的潜能充分地释放出来，产生一种神奇的力量。

科学家指出，人的能力有90%以上处于休眠状态，没有开发出来。如果我们能多挖掘自己的一些潜能，那将会创造一道亮丽的人生风景线。这一点，"皮格马利翁效应"以及"期望值与孩子成长正相关"的心理学实验是最好的说明。就学生的发展而言，教师应该通过各种方式向他传达"你很优秀"的信息，使其感受到教师的关注。这样，就能够产生一种激励作用，促使其学习时加倍努力，进而取得好成绩。对少年犯罪的研究表明，许多孩子成为少年犯的原因之一，就是不良期望的影响。他们因为在小时候偶尔犯过错误而被自己、家人或老师贴上了"不良少年"的标签，这种消极的期望引导着孩子，使他们越来越相信自己就是"不良少年"，最终走向犯罪的深渊。

人们通常这样来形象地说明"皮格马利翁效应"：说你行，你就行，不行也行；说你不行，你就不行，行也不行。要想使一个人发展更好，就应该给他传递积极的期望。期望对人的行为有巨大影响。积极的期望促使人们向好的方向发展，消极的期望则使人向坏的方向跌落。在我们的家庭教育中，父母如果能灵活运用"皮格马利翁效应"，也必将受益无穷。人的大脑是一个动态的"创造物"，只要善于开发，就能够启动"心理原子弹"的按钮，使智慧迸射出绚丽的光彩；相反，人的大脑又呈现出天生的敏感性和脆弱性，伤其神经，抑其中枢，潜能就会沉而不流，甚至成为一潭死水。

长久的社会暗示，自然形成一种评价定式。你想激励一个学生，就不断地对他说"你行你行你真行"，这样，再差的学生也会逐渐变得越来越行；

你想毁灭一个学生，就不断地对他说“不行不行你真笨”，这样，再好的学生也会变得越来越笨。只有自信，才能使学生的潜能充分开发，才华得到充分展示，从而获得“高峰体验”。所以，教师非常重要的任务之一就是启动学生的心理自信系统，让学生在自信中不断地追求成功，设计成功，撞击成功。一个停止撞击成功的学生，就意味着对自己失去了自信。教师一旦给予学生充分的自信，就会产生意想不到的奇迹。潜能在有效开发并结出硕果之时，孩子们所感受到的绝对是一种前所未有的幸福。

学生潜能的开发，是对学生生命价值的体认。但是我们强调的是师生共同发展，而不是以牺牲教师的生命价值为代价。我反对所谓的蜡烛精神。不是将教师的精神与身体透支殆尽，而是应当与学生一样得到呵护。甚至，教师的发展比学生的发展更为重要。因为没有教师的快乐，哪来学生的快乐？没有教师潜力的开发，哪来学生潜力的开发？所以，要对老师说：说你行，你就行，而且不是一次两次地说，而是千万遍地说；不是一天两天地说，而是天天说。让这一信息根植于教师的心里。教师一旦拥有了这份自信，就有了无穷无尽的创造力。

建立在潜力论的基础之上，我们就必须无限地相信教师和学生的潜力，必须为他们的成长和发展搭建舞台、创造空间。新教育实验相信，我们给教师和学生多大的舞台，他们就可以演绎多大的精彩；我们给教师和学生多大的空间，他们就可以创造多大的辉煌。

个性论：强调个性发展，注重特色教育

新教育实验崇尚的是个性，崇尚的是品牌，我们希望每个学校都办出特色，每一位老师都拥有自己的个性，都拥有自己的特长，让每一个人成为他自己。新教育实验一直认为，特色就是卓越。什么是最好的？最好的就是最有特色的。这是新教育实验的第三个心理学理论基础。

个性发展是指个人在禀赋、气质、兴趣、情感、思维等方面的潜在资质得到发现，心灵自由和精神世界的独特性得到尊重，思考的批判性、思维的独特性和思想的创造性得到鼓励。一句话，在心理方面存在的个别差异性得到正视和发展。在教育从培养造就“接班人”走向“使每一个人都

能成为他自己”的今天，不仅学生，而且教师也要走个性发展的道路，要由“个性化的教师”来培养“个性化的学生”。而个性发展的至高境界就是前面所说的精神发展。至于特色教育，特色并不意味着圆满，但特色就是卓越。企业如此，学校如此，凡事莫不如此。美国《时代周刊》评选世界九大新兴科技城市，苏州是唯一入选的亚洲城市。那么，能说苏州就是亚洲最好的城市吗？当然不能。但苏州有它的特色。它的特色是什么？它把古老的文化和现代科技非常完美地结合在一起，它的一体两翼的城市格局，它的精细秀美的工作方式，它的深厚的历史文化积淀与现代文明的结合，它距金融中心、港口中心上海很接近，一个小时的路程。很多人把苏州当作投资的首选。

特色是在发展过程中逐步发展壮大起来的，特色是在学生和教师个性张扬下发展起来的，特色是在学校、社会共同呵护下发展起来的。关于学校特色，我们能做的事情太多了。把戏人人会演，各有巧妙不同。特色必须对学生的终身发展有用。每个学生都有个性，这不与学校的特色矛盾了吗？比如一个不喜欢音乐的孩子，为什么一定要让他喜欢音乐呢？一个不喜欢美术的孩子，为什么一定要让他喜欢绘画呢？有时候，我们的教育讲究顺其自然，但有时候，我们的教育也要讲究引导。谁知道你的天性是什么呢？我们看《傅雷家书》，傅聪小时候学钢琴不知流过多少泪！如果没有这样的坚持，傅聪不可能成为一名音乐大家。只要是让学生终身受益的，我们就可以做。

特色的构建与发展需要环境。学校的特色是所有人都必须参与的，不是学校某位老师或者校长一个人的事。开始的时候必须有一些强制性。当然，在强制之中，要尊重孩子的个性。你可以不喜欢一件东西，但你一定要有自己喜欢的东西。你喜欢读书也好，喜欢制作也好，总得有一项爱好。特色能给人自信，特色能张扬个性！大一统的教育，用一种模式来教育全体学生是害人的教育，也是没有生命力的教育。片面追求升学率的学校，虽然有很高的升学率，但无法使学校成为一流的学校，特别是世界一流的学校。有人说日本有“考试地狱”之称，但他们不是片面追求升学率，从东京大学、早稻田大学等世界一流大学的办学特色可以看出，从日本的许多中小学特色教育也可以看出。世界上任何一所一流学校都有着特色，都有着他校没有的东西。这些学校的特色行为不仅启迪一代人，唤醒本校师生，更重要的是影响着社会乃至影响着世界。

苏霍姆林斯基一直说要培养大写的人。有了特色，我们的孩子就是一个大写的人。你考试考得好，我跳舞跳得好，他写字写得好，谁也不比谁差。这样，我们的人格才不会分裂，我们的精神才不会萎缩。一个人有特色，就有了许多深层次的东西，他的社会行为也会相应地有了自我规范。所以，人无特色不立，校无特色不兴。

特色是一种自然的形成和积淀，特色也是一种预设和养成。自然形成需要我们珍惜和发展，特别是对一个学校而言，有了一定的特色后，要善于及时地总结、提升、创新，使萌芽的生长更快，使朦胧的越发清楚，使暂时的变得久远。而那些有目的地推进的学校特色工程，更要注意计划性、可行性，不能人云亦云，不能好高骛远，不能不切实际。要认真地分析研究，找到学校特色建设的抓手，并要有长期抓的思想准备，不能搞短期突击，短期行为不会形成学校的特色，只能成为一个插曲。通过坚持不懈的努力，每个学校都会形成自己的办学特色，都应有自己的一席之地。

崇高论：与人类的崇高精神对话

新教育实验的伦理学基础是崇高论、和谐论。

教育的目的是什么？这是教育伦理学首先必须解决的根本问题。

德国教育家赫尔巴特认为，教育目的可以分为两种，即“可能的目的”和“必要的目的”。所谓“可能的目的”，是指与儿童未来所从事的职业有关的目的，也就是“学生将来作为成年人本身所要确立的目的”。所谓“必要的目的”，是指教育所要达到的最高和最为基本的目的，这就是教育的道德或者伦理目的。赫尔巴特指出：“道德普遍地被认为是人类的最高目的，因此也是教育的最高目的。”“教育的唯一工作与全部工作可以总结在这一概念之中——道德。”

如果用这样的标准来看，我们的教育是有问题的。近些年，国家对教育的重视和投入是前所未有的，但是，似乎全社会对教育的满意程度，并没有得到相应的提高。素质教育的问题，减轻中小学生课业负担的问题，讲了许多年，似乎一直没有找到解决的途径。

为什么呢？一个非常重要的原因，就是我们的方向还不明确，我们不知道教育是什么，不知道教育要干什么，不知道什么是好的教育！这样一个看来简单其实决定着教育全局的根本性问题，也就是教育的伦理目的，被我们忽略了。

新教育实验认为，教育是一项培养人的事业，是一项通过培养人，让人类不断走向崇高，生活得更加美好的事业。教育最重要的任务，就是让教师和学生与人类的崇高精神对话，就是塑造美好的人性，培养美好的人格，使学生拥有美好的人生。因此，判断教育的好坏，应该从这样的“原点”出发；推进教育的改革，也应该从这样的“原点”开始。

如今，我们的教育似乎有点本末倒置，分数和就业倒成了我们整个教育的“原点”——分数成为衡量教育品质的标准，大学生就业成为判断大学最关键的指标。这也是造成中国教育许多问题的最初原因。

西方有句谚语，说一个人可以变成一个富翁，但是三代人才能造就一个贵族。文明、文化的发展和延续，是人类发展和延续的根基。在第二次世界大战时，有一个记者问英国首相丘吉尔：“莎士比亚与印度哪个更重要？”印度当时是大英帝国在海外最大的殖民地，人口最多，土地最广。丘吉尔首相回答：“宁可失去50个印度，也不能失去一个莎士比亚。”的确，人类之所以伟大，现在看来，不是因为他能够征服世界，主宰世界，而是因为他拥有文化，拥有精神。如果说我们的教育对人的问题已经开始注意，那么我们对于人类的命运，对于人类文化的发展延续，对于人类文明的进程，我认为还没有引起足够的关注。文明不应该在我们这一代人身上，或者说，不应该在我们这一代教育者手里失落。“一个真正的人应当在灵魂深处有一份精神宝藏，这就是他通宵达旦地读过一两百本书。”（苏霍姆林斯基语）我们要让我们的孩子、我们的老师在阅读中亲近大师，拥有思想，直抵精神；我们要让我们的孩子、我们的老师带着强烈的社会责任感、使命感、正义感融入社会，而不是逃避现实，逃避责任。

和谐论：教给学生一生有用的东西

教育工作者应该具有什么样的道德追求呢？迈克·富兰在《变革的力量——透视教育改革》中指出：“教育具有一种道德上的目标，就是不论学生的背景如何，要使他们的一生有变化，并在充满活力且日趋复杂的社会中造就能够生存和有工作成果的公民。”

为学生的终身负责，为学生在21世纪的生存和发展负责，帮助学生成为一个和谐发展的人，一个个性张扬的人，一个具有自我学习和发展能力的人，正是新教育实验的基本理念。“教育应当促进每个人的全面发展，即身心、智力、敏感性、审美意识、个人责任感、精神价值等方面的发展。应该使每个人尤其借助于青年时代所受的教育，能够形成一种独立自主的、富有批判精神的思想意识，以及培养自己的判断能力，以便由他自己确定在人生的各种不同的情况下他认为应该做的事情。”① 为什么新课程提出要在知识和技能基础上重视过程和方法，重视情感态度和价值观呢？其潜台词是：教科书对孩子有用，但管不了孩子一生，因此教材编得再好，也不能解决学生所有的问题；考试是一种选拔，但更多的是知识和技能的选拔，因此考试考得再好，也不一定能在以后的工作和人生中胸怀大志、实现自我。苏州蓝缨学校校长陆一鹏先生曾经让他那些当年以优异成绩考入大学的学生重做两三年前的高考题，结果成绩糟糕透顶。客观地说，把让学生考取一所好大学作为我们基础教育的目标之一是符合当前教育消费者，也就是人民群众意愿的，但作为终极目标、唯一目标，则是实用主义、急功近利的表现，那样会使我们的学生走出校门后“剩下来的东西”不多，那样会使我们的国家、我们的民族，当然也包括我们的城市在未来的世界竞争中丧失“核心竞争力”。

新教育实验认为，人的一生有许多比考试成绩更重要的东西，其中最关键的是关乎一个人一生幸福的习惯、技能和生活方式。新教育实验为什么在十大行动中提出“培养卓越口才”？因为我们认为口才是一个人一生最重要的能力之一，无论从事什么职业，都需要与人沟通和交往，所以，良好的口才是非常重要的本领。现在我们的教育把基本知识和基本技能放在这些重要的能力之上，学校里满堂灌的教学方式根本没有给学生讲话的机会，学生如何获得这些最重要的东西呢？

同样，新教育实验强调阅读，强调写作和反思，主张利用网络学习，这些都是人的一生中最重要的习惯和生活方式。一个具有阅读、写作习惯的人，其实就具备了终身学习的能力，掌握了自主发展的武器。

---

① 国际21世纪教育委员会：《教育——财富蕴藏其中》，联合国教科文组织总部中文科译，85页，北京，教育科学出版社，1996。

第三章　新教育与中国文化

在新教育实验第十一届研讨会的“东胜新教育叙事”中，东胜四小的孩子们在诵出“当文化的晚潮开始催眠，诗歌以新的变音唱出，像一只夜航的鹰”之后，引用闻一多先生的诗句向全场教师追问：

请告诉我谁是中国人，
启示我，如何把记忆抱紧；
请告诉我这民族的伟大，
轻轻的告诉我，不要喧哗！

曾经，中国人是“东亚病夫”，几代人为了摆脱这顶帽子进行了不屈的抗争。今天我们开始强大与富裕，但是，我们可曾为自己是一个中国人而由衷地自豪？我们可曾真实地感受到这个民族的伟大？

2010年7月，新教育人齐聚石家庄桥西区，讨论“文化，为校园立魂”的问题，我们达成了一个共识：只有文化，才能够让学校拥有灵魂。

今天，我们再来思考“文化，为校园立魂”这个问题，则又有了新的问题产生：我们用来为校园立魂的文化，该是怎样的文化？

中国文化的根本精神

回顾中国历史，一本历史书可以把全部历史描述为一部皇家姓名史，另一本历史书可以描述为战争史，第三本历史书可以描述为创造发明史……

历史是后人从自己选择的某个角度，对已经发生的往事，做一种过滤式的新描述。而我们如果从文化精神的角度来看待我们的历史，则它可以理解为一部精神的显现与遮蔽史、思想的碰撞和交融史，以及文化模式的成型、打碎又重组然后僵化的历史。

我们民族文化的精神，经过两次奠基：第一次奠基，我们可以通过孔子所尊奉的当时的经典（诗、易、礼、乐、书等），以及中国神话与传说中所讲述的文化创造者的故事来理解。

从盘古开天辟地、女娲炼石补天的神话里，从后羿射日和夸父逐日的传说里，我们可以窥见一个民族最初的精神：不惧任何生存困境的创造精神。这些神话可能在成书时代上是后起的，但是任何真正的神话总有更为原始的根源，它无非是在初始的时间里，对这一古老的根源做一梳理并加以记录。在这个意义上，我们完全可以把《西游记》中神话原型和结构的那部分，理解为这个民族更早的原始精神，以及儒释道三家相互影响的历史，而不仅仅是一部近代的后起神话。

中国最早的部落、帝国的故事，则和神话传说纠葛在一起，事实上，他们是真正的文化奠基者，也是各种事物的发明创造者。黄帝部落发明了车辆、历法、弓弩，炎帝部落把农业发扬光大，蚩尤部落创制了青铜器，而鲧和大禹，则一败一胜，却都是治水的英雄。而已经在《尚书》和《论语》中有所记录的尧、舜、禹，则又是原始国家（部落联盟）的体制建立者，也就是最早的立法者。在那个时候，并没有"中国文化"或"中国精神"这些概念，甚至还没有中国具体的疆域边界，但事实上，那是个充满了原始创造精神的时期，是一个民族的第一次奠基：没有一种无畏的博大的创造精神，是不足以建立起一个可以传承数千年且屡有世界性建树的民族的。相比于这种混沌中的创造性，许多政治性的道德和法制是后起的，是在这种原始的创造过程中，为了维持稳定的需要，为了结盟的需要，而逐渐形成的。这也就是夏礼、商礼、周礼的出现。在当时，"礼"是一个同时具有法制、宗教、道德意蕴的概念。

穿越对我们今天来说还在神话的烟雾中难以看清的夏朝，然后就有了商朝，一个文字得以创造和繁荣的时代，一个以商业为维系，空前繁荣的部落结盟时代。周朝，则是一个农业为主的大家族，把自身扩大成为帝国的模型。商朝和周朝，尤其是周朝，是我们历史政治和社会形态的重要奠基时期，虽然我们今天不难看到这种农业、家族模式的诸多弊端，但它也确实让中国文化在几千间的动荡中始终得以维系、继承。直到近代，在梁启超、牟宗三等人回忆中的中国乡村，这种源自商周的家族方式一直良好地运转着。夏商时期的中国文化，以家族鬼神的神学政治为主，文化开始有一个以“天子”所在地为中心向四边逐渐淡化的结构。但随着《易经》《尚书》《诗经》等书籍的普及，各个边缘诸侯小国在文化上逐渐崛起并形成很大差异，这为文化思想的第一次大爆发奠定了基础。

然后在周王朝的“家天下”和“礼乐之美”的稳固政治遭受权力争夺、利益争夺的背景下，中国第一位伟大的思想家孔子应运而生。孔子的学问可以命名为“仁学”，是生命的学问，是以道德人格为主导的完整生命所需要的全部学问。

孔子有他意识里保守的一面，就是他对周礼、对“家天下”的留恋、维护，因为他的学问是在一个战乱即将来临的时代，作为疗治的药方而开出的，所以求稳定与和平，是与所治疗的社会问题相对而生的。但无论他本人有无清晰的意识，事实上他留给后人不是保守而是更新，他是显性的中国文化的第一奠基人。孔子把由姓氏血脉决定的“君子”（君王之子孙，即贵族），完全地转化成了由人格道德决定的君子；他提出的“仁”（己所不欲，勿施于人；己立立人，己达达人），为消极的人际关系和积极的人际关系都立了法。

孔子的为己之学，把一个民族的目光，社会荣衰的责任，从关注他者、上位者转变到每个个体自己身上；孔子的仁学，把人的目光，从关注世界，转变到了关注自己的内心。然后再由内而外，从改造自身开始，来改变社会。这在社会政治学上也许是天真与不成熟的，但在教育和文化意义上，则是完全正确的。

孔子对社会责任性的过度强调，孔子对既定周礼的过度维护，容易使得他所强调的另一个方面——生动活泼的人的内在仁心——遭受损伤。所以在孔子的时代，道家就开始作为儒家思想的对立者出现了，他们强调个体生命的保全，强调自然生命高过社会体系、自然权利高过社会道德。显然，这是一个重要的、有益的补充，就像中国的阴阳太极一样。如果说孔子的思想是个包容“黑”“白”的大全，那么作为他继承人的弟子曾参等人，则更强调了“白”的维度，强调了“士不可以不弘毅，任重而道远。仁以为己任，不亦重乎？死而后已，不亦远乎？”（曾子语）的刚健精神，这确实也是孔子所极力倡导的刚毅木讷的精神。但是孔子及其优秀弟子颜回身上所体现出来的另外一面，即“乐”、从容、和谐的一面，却似乎在曾子等人那里已经被“白”的一面所遮蔽了。因此，道家的思想是从儒家自身被遮蔽的一面所生发出来的，它有力地补充了中国文化中个体、自然、诗意的维度，让几千年来的中国文化人，在疲惫的时候得以栖息的空灵之地。我们在后世的陶渊明、王维、苏东坡等人身上，可以看到这两种思想的交织，以及由儒至道的一种路径。

战国时期是中国思想最自由的繁荣时期，在各家激烈的争辩中，虽然有不少诡辩，有不少走了弯路的思想实验与思想探索，但是它却是后世中国文化取之不竭的思想宝库。如果我们细读那些经典，我们将会惊奇地发现，许多我们今天创造的、讨论的哲学概念，其实也正是几千年前古人念兹在兹的概念——因为生命存在中的大问题，往往是超越时代永恒不变的。

战国，是一个复数的中华民族（因为还没有真正统一的思想让全部人成为一个社群）遭遇到巨大的生存困境，于是创造各种思想，以期待解决困境的时期。而历史的选择，让儒家成了中国文化的主流，让道家成为此一主流的必要补充，让法家、墨家、阴阳家等，成为在不同的方面起着局部作用的思想流派。

当战乱逐渐过去，社会再度趋于稳定，于是便有了上面的格局所塑造的，历史上空前繁荣，完全堪与孔子心仪的周王朝相媲美的汉朝。今天所谓汉族、汉人、汉服，其实都是对一个朝代的遥远回忆，事实上在中国文化历史上，至少从孔子时代开始，血统、族裔永远不是至高无上的区分，最重要的，乃是文化的认同。

汉朝是儒家的复兴与繁荣，是儒家思想第一次与政治合作的成果。汉朝的繁荣、强盛与稳定是谁也不能否认的事实，但是汉朝的儒家思想发展更多的是荀子一派的思路，重礼制、重教化，但对个体的灵性、内在道德性，也就是仁学，却领会不深。于是便渐渐地又沦落到体制窒息灵性的道路上，存在的真理和文化的真理又一次被遮蔽。而它的兴起，却是以另外一种面目出现的：魏晋玄学和佛学的兴盛。

儒家作为社会的根基，自汉朝开始，就永久性地成为中国文化的事实，但是作为让一个社群成为创造者、命名者、歌唱者的思想精神，却并不一直是儒家思想来完成的。每当儒家思想被体制异化或自我异化，道家或中国化的佛教总会成为中国人精神中性灵部分拯救者。

所以由孔子到庄子，是一次道的反动（《道德经》：反者道之动）；而到孟子和《道德经》、《易传》的作者（我们依据学术界而非传说，把《道德经》和《易大传》的出现放在战国时期，而不是孔子之前或孔子之作），则是一次思想碰撞之后吸收对方精华的整体性运动。

与此相类似，从以儒家思想为主导的汉朝，到魏晋玄学（道家）的兴起，到魏晋隋唐的佛教之兴盛，是道的又一次反动；而到唐朝的韩愈，宋朝的周敦颐、程颢、朱熹、陆象山，以及明朝的王阳明，则是又一次思想碰撞之后吸收对方精华的整体性运动。

同样我们可以看到，宋明清的儒教，在让中国文化社会得到持久维系的同时，却也因为过度自我维护的体制，导致了革新的困难，导致了新思想出现、碰撞的困难，所以中国自近四五百年起，开始远远地落后于西方了——西方文明因其多元碰撞更为激烈的特点，在最近的五百年中，有了突飞猛进的发展，暂时把包括中国文化、印度文化在内的东方文明远远地甩在了后面。

而这种对峙，其实就是道的又一次反动。我们需要这种反动，来看清我们以往如何走入了文化的遮蔽、沉沦时期，我们应该如何走出自身的知见障，借着与异质声音的碰撞和相互融合，再度在新的时代，喊出自己的声音，显现出道本真的创造精神。

借着“反（返）者道之动”的规律，依据各个时代的历史事实，我们可以简单地从文化精神的遮蔽与显现，重述我们的历史，也就是我们的“所来径”。“回顾所来径，苍苍横翠微”，这是一条曲折而辉煌的文化之道，犹如黄河般曲折，但无论何时，借着记诵的经典，借着民间的习俗和传统，借着古老的节日和传说，哪怕是中国历史上最黑暗的几个时期，这种文化精神也并没有彻底地消失过。

而我们同样看到，我们今天所处的，正是历史的又一个“反者道之动”的中国文化的沦陷又回升的时期。关于中国文化的沦陷，鸦片战争、甲午战争的失利，“打倒孔家店”和“文化大革命”的激进的文化变革，经济狂潮中社会秩序和人心道德的涣散，我们从中都已经看得十分清楚。但我们同样也必须看清，中国，无论是经济、政治、文化还是文化本真的内在精神，也同时在经历着一个更新、复苏的时期。在上世纪，我们的文化界出现了鲁迅、海子等许多原创性的大家，也出现了熊十力、牟宗三、杜维明等中国文化的重要的整理者，这些无不表明，文化精神已经开始在历史中再度醒来。

再度醒来的中国文化，它会是什么模样？它应该是什么模样？

回到我们前面所梳理的文化作为社群的存在样式，文化的四个层面，我们或许可以这样憧憬地描述复苏了的或者说自我更新了的中国文化，它应该是：它让中国人拥有尊严，赢得在这个世界上的最新成就，赢得其他文化社群的尊重；它应该同时是文化各个层面的继承者和创造者，它不应该只是执守古老格言以自欺的鸵鸟，而应该同时在这个时代创造全新的文化器具（不应满足于把古老文化器物当成怀旧的点缀）；它应该创造新的文化节日和文化仪式，让中国人的社群和个体，拥有自己的日历与天空；它应该在各种艺术领域，让古老的技艺焕发出新的生命活力，像曾经拥有嵇康、徐渭、王羲之、颜真卿、李白和杜甫那样，再度拥有我们民族的凡·高、贝多芬、莎士比亚……它应该让孔子所倡导的仁学的"十六字精神"，孟子的"四心"和"社会正义"，庄子所倡导的"逍遥精神"，《道德经》所倡导的"道法自然"的社会政治原则，成为中国人的普遍内在道德词汇与信条……

显然，作为一个总体的中国文化精神的观照，我们不能无视历史事实。我们既不能无视儒家对于中国历史的纲领性作用、对中国社会的框架性作用，也不能无视道家思想、禅宗思想对中国文化精英的熏陶。我们不能否认这些事实：我们所背诵的，我们所喜爱的大量的诗词，正是这几家思想的交集。只要我们衷心地喜欢王维的《山居秋暝》和孟浩然的《春晓》，我们就不能草率地认为禅宗是一个可以摒弃于中国文化精神之外的无足轻重的思想；而在杜甫、李白、苏东坡、陶渊明等更为复杂的诗人身上，我们更可以看到这些思想的重重交织，就像我们整个民族一样，我们无法在儒家、道家、佛教甚至另外几家思想中，人为地剔除其中某些部分，否定它们已经成为经典中的核心话语这一事实。如果这样做，我们就是把一个生机盎然的文化整体，人为地窄化为小小的局部。

因此，儒家的个体担当，儒家的事在人为，儒家的社会责任心，是我们民族精神的精华；而道家的玄思妙辩，道家的个体逍遥和社会自治的思想，也是我们民族精神的精华；而以禅宗为代表的中国佛学，其思绪的精妙，其对超越性念兹在兹的追求，其对眼前物质社会的超越，其对先天灵性的呵护与唤醒，以及其中蕴含着的人类尊严与人类平等思想，都是我们民族精神中必不可少的有益补充。

当然，我们不得不承认，借着西方后来居上、在最近五百年中逐渐超越我们的文化，我们确实看到了我们文化中严重缺失的某些成分。谁想否定这一点，就是自大的夜郎，也是不顾历史事实一头埋进自己文化沙丘中的鸵鸟。

因为历史的偶然，除古希腊以外，没有民族独立地发展出体系严谨的数学、科学和哲学；因为地理与文化的距离，许多文化社群没有及时地从古希腊吸取这些成果。而我们今天所说的欧洲文明，正是把希伯来宗教文化、希腊的数学体系和各地的民族精神整合出的一个新的文明，这个最近五百年来突飞猛进的文明，就是被我们称为现代性或现代化的文明，并在最近百年达到了空前的高峰，其代表成果，一是举世瞩目的科技，二是民主与自由的体制。

许多文化批判者无视欧洲文化和中国文化一样，是一个有自身根源但又不断融合中的文化，草率地认为欧洲文化在其根源上具备了科学因素和民主体制，因此是好的文化；反之，中国文化在根本上并不具备科学因素和民主体制，因此是不好的文化。这样，就把历史中的偶然缺失，当成了致命与宿命的文化不足——如果把这种观点发展到极致，甚至会有人认为除了希腊文化，人类就不存在其他有价值的、可发展的文化，而西方文化，又是希腊文化的唯一合法继承者，我们的文化必须彻底革掉自己的性命，接受一个既定的更为成功的文化。

但是这样革命的后果，就是要从根本上把我们及其祖先所领会、所体悟的另外一些美好东西全部、彻底地否定掉。

由希腊人创立并在西方发展起来的现代数学与自然科学，以及民主的社会政治体制，乃是我们所能够看到的美好事物，西方人可以享用，我们也同样可以享用。我们只是需要思考：我们的文化是否兼容这些美好事物？我们的文化资源，是会妨碍我们接受这一切，还是会促进我们接受这一切？

其实关于前者我们已经不必再讨论，过去的一百年，中国出现了不少伟大的数学家和科学家，而且这些数学家和科学家，往往同时是中国古典文学的继承者，他们对诸子思想和唐诗宋词，有着不俗的领会。中国文化能不能兼容数学与科学，这个在百年之前人们就探讨过的问题，现在已经由历史事实做出肯定的回答，我们不必再加以讨论了。

现在人们普遍忧虑的，是民主自由的政治体制，能不能与中国文化的根本精神兼容？这个问题确实是悬而未决的，但是我们放眼望去，不难发现，同样曾是儒家文明圈中的新加坡、韩国、日本以及我国的台湾地区，近半个世纪以来的经济发展与民主进程，似乎在做一种暗示：儒家文明并非与民主体制不相兼容，至少，它并不比基督教文明差。

事实上，这完全取决于我们从自身的历史资源中，获取哪些因素来进行重新诠释和扩大扩充。如果我们顽固地执守周朝礼乐的外在形式，而没领会孔子“己所不欲，勿施于人”的仁学核心，没领会《道德经》作者“道法自然”（意谓“道”的运行法则是让万物以“如其所是”的方式显现自身）的精髓，那么我们确实无法把民主体制与我们的文化相兼容了，因为我们丢弃了文化的根本精神，而把历史与境域的某层已死之皮，当成了文化本身。甚至有人会把我们历史中遮蔽最深的时期，如明清的皇帝大臣制度，三从四德的封建礼教制度，当成我们的文化精神，那么我们确实是取其糟粕，弃其精华，而根本不配在新的历史境域中，成为有文化尊严的国家和民族。

所以，我们从自身的历史中，应该汲取的那些更为根本的创生精神，是孔子的仁学“十六字精华”（己所不欲，勿施于人。己立立人，己达达人）以及《中庸》：“天命之谓性，率性之谓道，修道之谓教。道也者，不可须臾离也，可离非道也。是故君子戒慎乎其所不睹，恐惧乎其所不闻。莫见乎隐，莫显乎微，故君子慎其独也。喜怒哀乐之未发，谓之中，发而皆中节，谓之和。中也者，天下之大本也；和也者，天下之达道也。致中和，天地位焉，万物育焉。……唯天下至诚，为能尽其性；能尽其性，则能尽人之性；能尽人之性，则能尽物之性；能尽物之性，则可以赞天地之化育；可以赞天地之化育，则可以与天地参矣。”

《大学》：“古之欲明明德于天下者，先治其国；欲治其国者，先齐其家；欲齐其家者，先修其身；欲修其身者，先正其心；欲正其心者，先诚其意；欲诚其意者，先致其知；致知在格物。物格而后知至，知至而后意诚，意诚而后心正，心正而后身修，身修而后家齐，家齐而后国治，国治而后天下平。”

《周易》：“天行健，君子以自强不息；地势坤，君子以厚德载物。”

《孟子》：“恻隐之心，人皆有之；羞恶之心，人皆有之；恭敬之心，人皆有之；是非之心，人皆有之。恻隐之心，仁也；羞恶之心，义也；恭敬之心，礼也；是非之心，智也。仁义礼智，非由外铄我也，我固有之也，弗思耳矣。故曰：'求则得之，舍则失之。'……人恒过，然后能改。困于心，衡于虑，而后作。征于色，发于声，而后喻。入则无法家拂士，出则无敌国外患者，国恒亡。然后知生于忧患而死于安乐也。"

《道德经》："故道大，天大，地大，人亦大。域中有四大，而人居其一焉。人法地，地法天，天法道，道法自然。"

…………

我们从这些经典的最核心精神处，读不到任何与科学或民主思想的绝对冲突——当然必要的对峙是存在的，譬如道家思想对科学的警惕，不得不说是中国古老思想的一个智慧。但这并不是说，我们必须在二者之间，做出非此即彼的选择，恰恰是要让我们如何从自身的历史境域出发，把握住"道"体现于宇宙万物的生生不息的创造精神，道体现于人心的"仁"（麻木则不仁）的精神，创造出此时此刻的新的文化样式——宇宙万物，有待我们重新命名。

新教育的文化使命

涂尔干在谈到欧洲教育思想和教育体系的演进时说："教育本身不过是对成熟的思想文化的一种选编。"[①] 这在一个特定的角度对教育进行了重新理解。也就是说，教育在本质上是对于人类所创造的思想文化的自觉传承活动，这个传承不是全盘的，而且选择的，是在对各种思想文化进行一番审视、选择和编纂之后，才纳入"以文化人"的教育体系中的。而这里所谓"成熟"的思想文化，是指系统的知识、思想观念、价值信仰和思维方式等构成的文化体系。

根据涂尔干的"选编"理论，每个民族在不同的历史时代，都必须对自己的思想文化进行"选编"。这样的"选编"，其实就对每一个时代的教育打上了特定的文化烙印，也为每一个时代的文化涂上了教育的色彩。尤其在社会大变革的时代，这种"选编"往往更加大刀阔斧、惊心动魄。几

① ［法］爱弥尔·涂尔干：《教育思想的演进》，李康译，23页，上海，上海人民出版社，2003。

乎每个民族都会对自己创造和继承下来的成熟思想文化进行反思和“再阐释”，使之符合那个时代的精神气质。当不同的思想文化体系发生碰撞和交流时，每个民族也都会根据自己的标准对“异文化”进行“选编”。教育对成熟思想文化的每一次“选编”，都会形成不同的知识和思想体系，留下一批经典文献，而这些“选编”所蕴含的基本价值观念和思维方式，更是影响了一代又一代的人，塑造着一个民族的心理结构。从这个意义上说，一部教育史就是一部思想文化的选编史。①

用这个理论来观照中国教育史，我们会发现，中国历史上这样的“选编”从未间断过。孔子在春秋时期编撰《诗》《书》《礼》《乐》《易》《春秋》六经，应该是第一次自觉的“选编”。汉代董仲舒提出“罢黜百家，独尊儒术”，是第二次“选编”。此后，唐代的“古文运动”、宋代的“理学运动”和明清的“中学为体，西学为用”运动，也是三次重要的“选编”。这三次“选编”的共同使命都是努力挽救被破坏和削弱的中国文化。其中前两次“选编”的共同背景是在它们的前代，社会文化相对落后的少数民族入主中原，造成汉民族社会文化面临失落的危险，但是没有动摇其根基；而后一次的背景则是西方用坚船利炮轰开了中国的大门，直接逼迫清政府签订了许多不平等条约。应该说，前五次的“选编”总体是成功的，孔子与董仲舒的“选编”，奠定了儒家思想在中国的历史地位，成为几千年来中国社会的共同价值与精神家园。唐宋的“古文运动”与“理学运动”，造就了唐宋八大家的文学与思想高峰，孕育出了美丽的唐诗宋词。而近代的第六次“选编”，则经历了一个从“器物”到“制度”再到“思想”的认识历程，付出了沉重的代价。

新中国成立以后，我们的“选编”走了不少弯路。从“社会主义改造运动”到“三反”“五反”运动，一直到“文化大革命”，“选编”的主导思想是“大革文化命”，不仅我们自己的文化传统遭到抛弃，世界优秀的文化遗产也与我们渐行渐远。改革开放以来，我们的“选编”兴奋点又从“以阶级斗争为纲”转移到了“以经济建设为中心”，文化让位于“物化”，在权力和金钱的旋涡中，许多人迷失了自己，而教育也放弃了自己对文化更新的巨大作用。教育一度臣服于错误的思想、滥用的权力和霸道的金钱，

---

① 参见冯向东：《我们在如何“选编”思想文化：一个审视教育自身的视角》，载《新华文摘》，2011（6）。

完全丧失了理想与追求。学校追求的是功利化的分数，道德与智慧均被踩在脚下。这说明，我们的教育没有自觉履行起对于成熟的思想文化的“选编”的责任，当今教育人根本没有从中国文化长远发展的角度来考虑学校的目标，也没有将人性的彰显看成是学校的生命。

新教育认为，教育应该是文明复兴的新动力，学校应该是文化发展的新中心。没有教育对于文化的自觉“选编”，就不可能有真正意义上的文化复兴和重建，也就不可能拥有真正的精神家园。所以，这既是国家文化建设与教育建设的重大任务，也是新教育人义不容辞的神圣使命。

在新教育实验发展的历程中，这个使命不断地清晰和明朗起来，在新教育的理念与实践中，把中国文化作为新教育的根基和创造之源，已经成为新教育人的文化自觉。

第一，新教育实验提出了“过一种幸福完整的教育生活”的价值追求和追寻理想、深入现场、共同生活、悲天悯人的新教育精神，这明显受到了儒家文化厚德载物、自强不息精神的影响，体现了中国传统文化的道德情怀。

第二，新教育实验提出了“共读共写共同生活”的理念，努力推动书香校园和书香社会的建设，使教师与学生、父母和孩子乃至更大的共同体，有了共同的语言和密码，共同的价值和愿景，为形成中华民族的共同精神家园做出了积极的贡献。

第三，新教育实验把教师的发展作为教育改革的逻辑起点，号召教师以孔子为榜样，书写自己的生命传奇，为中国教师树立了人生楷模。对久居新教育共同体之中的人而言，加盟新教育，乃是选择一种新的生活方式：一种更古老、更本真，与源初思想更为切近的生活方式。在这种生活方式中，教育者努力让自己朝向（或处于）一个“生生不息”“己立立人、己达达人”的境界中。敬畏生命，学习经典，与年轻的生命共同追求有限人生的不朽意义，书写自己职业生涯的传奇……这些，乃是身居其中的新教育人的内在体认，一种深切的生命体认，文化体认，同时也是职业的认同。

第四，新教育实验主张“行动，就有收获；坚持，才有奇迹”，在实验学校推进“营造书香校园、师生共写随笔、聆听窗外声音、培养卓越口才、构建理想课堂、建设数码社区……”等十大行动，实践了中国古代“知行合一”的优良传统。

第五，新教育实验通过开发“在农历的天空下”“走近孔子”等课程，提出“知识、生活和生命的深刻共鸣”等主张，并且通过“晨诵、午读、暮省”的儿童生活方式，以及开学日、涂鸦节、毕业典礼等各种庆典和仪式，把自己的根深深扎在中国文化的沃土上。

第六，新教育实验提出“文化为学校立魂”的主张，通过开展“文化植根”“文化塑形”“文化育人”“文化强师”“文化立信”等方面的学校文化实验，将中国传统文化的精神、理念渗透到学校建设的各个领域，让学校环境、教育行为的细微处浸润文化精神，凝练生命精华，令师生沐浴在道德、科学、数学、语言、历史、艺术等人类文化的熠熠光辉里，耳濡目染，行以成之。

近十年来，有一种意识在新教育共同体中越来越明晰：教育必须有根、有魂。而新教育，与其说是想为中国教育打造可以流传数百年的成熟课程，倒不如说是想为“失魂落魄的教育”重新召回魂魄、灵性、神圣性。而任何一个成熟的课程，也必须从文化和生命存在的根系中生出，且与悠久的历史息息相通，才值得保存与流传。诚如海德格尔所言，“我深信，没有任何本质性的精神作品不是扎根于源初的原生性之中的”。中国大地上的新教育实验，其实就是曾经富有创造性的中国思想在今天这个时代的一次复苏。当然，我们深知，如果我们不能清理覆盖在这一创造性的思想之源之上的层层历史事实，我们同样会沉陷在后世的形式主义中，丧失那创造的本质。

因此，新教育首先是一种创造性的寻根，是寻找这一文化的根源，使得生生不息的创造在这片土地上重新开始。也同样是在这个意义上，新教育实验，首先是文化的新教育实验和哲学的新教育实验，而不是封闭于某个实验室以采集数据的自然科学为倾向的教育实验（新教育实验中会有个体研究人员以这样的方式进行某些实验，但这是从属于上述文化的新教育的局部探索）。

因此，随着新教育的深入，它将越来越把自己与原初的儒家精神与道家思想关联起来，并以创造性地阐释那些塑造民族精神的经典为己任、为依据。当然，这里没有背诵经典的盲从盲信，自然更不会有认定中国文化是不再具有生命力的死物的武断。作为栖息于文化、语言中的新教育，它认为自己有责任也有能力，在当前的语境下，重新活出“生生不息”“仁”（不麻木，恕与爱）、“恻隐之心”与“浩然之气”的儒家精神，和“道法自然”（依据字源，将“自然”阐释为“以自己的样子显现”）、“天、地、人、道”和谐四重奏的道家精神。

在此语言和文化的原点上，新教育实验放眼全部人类创造的历史，将自然科学、西方哲学和各种文化的精髓，尤其是心理学成果，纳入自己的视野中，成为当前创造“具有创造性与本真性的教育”必须借助的资源与视域。

当“生生不息”与“仁”（我们诠释为“己所不欲，勿施于人”的恕道，与“己立立人，己达达人”的爱道）的本体精神，与人格心理学和认知心理学，以及神话学、传记学、经典文学诠释打通的时候，新教育便有了自己的“生命叙事理论”——一种具有解释学倾向的教育学，一种把个体生命的成长视为上述精神的扩充或受阻变形的心理学。

新教育实验，将培植自强不息、仁心充溢的本质生命，并从其存在的“诗意”中，开办一系列人文课程；从其存在的“思性”中，开办一系列科学课程。而这一过程将始终确保“诗”与“思”的统一性，无论是生命早期的浪漫，还是高年龄段的精确分科，都将确保生命的完整与统一。

新教育人深知自己的责任是创造一种好的教育，而首先不是成为创制心理学理论、哲学理论的职业理论家，所以在拥有一个自己体认的文化原点和一个自己确定的解释框架的前提下，更多的是以行动者的姿态，把前人的研究成果、哲学思考，纳入教育生活的相应位置中，最终目的始终在于：创造一种本真的教育，“过一种幸福完整的教育生活”。而这种开放的视野，以“复兴源初创造性文化”为己任的天命感，使得它和当前同样冠以“教育实验”之名的其他教育探索有着本质的不同。

因此，最后呈现于世人面前较为成熟的新教育实验，将是一个从幼儿园到高中甚至大学的完整教育形态，一个从学校文化建设到所有学科课程的创制，以及师生、家校共读共写共同生活的独特而完整的教育—生活形态。在这样的完全意义的新教育学校里，当前命名的任何新教育项目可能将不复存在，而只有每一个生命的自我叙事不断展开，“晨诵、午读、暮省”，人类创造的最美好事物在共同生活和课程穿越中不断复活，师生生命也因此不断丰盈。新教育人不愿意错过任何可以企及的人类美好，也不愿意把自己的存在局限于某一局部，更不愿意把自己研究的这一局部与整体相分离。

而在此种共同的文化诉求中，每个生命将依据自己的生命密码和存在境域，成为独一无二的生命叙事者，这一个个创造性的个体，将共同构成一道新的精神风景线。这样，我们的教育使命也在其中得到了安顿，既为中国文化的重建，也为每个人的精神家园找到归属。如此，学校将重新回到文化与社会的中心，引领和促进社会的进步与发展。

美国历史学家汤因比曾经说过，“避免人类自杀之路，在这点上现在各民族中具有最充分准备的，是2000年来培育了独特思维方法的中华民族”。诺贝尔奖获得者集会在1988年发表的宣言也提出，“人类要想在21世纪生存下去，必须回到2500年前，从孔子那里获得智慧”。

但如果没有我们文化的自觉，没有我们教育的行动，这些预言和判断将始终是一个画饼，是别人欺我、我又自欺欺人的安慰剂。中国文化能否再度复兴，能否迎来它再度令世界尊敬的成就，一切有赖我们的努力，有赖于我们每一间教室的努力。

教育的真谛乃是文化的自我创生

用文化的视野关照教育，用教育的视角反思文化，用教育与文化的眼光打量我们自己。新教育对于文化问题有如下共识：

文化，是一个社群曾赖以生存、借以辉煌的模式，记录了这个社群自古至今的爱憎、企求、失败和荣耀。

文化，既有在特定历史中与具体环境相适应的形式部分（如中国文化中的礼乐、习俗、古代法律），也有超越时代的精神实质部分（如仁、义、爱、自强不息、逍遥自然）。

文化即教育，教育即文化。文化和教育的这种高度的统一，正是人类完全不同于、超越于其他生物的最大特征。人之所以成为人，其本质乃是文化，乃是教育。

文化是一条流动不息的河流，每一个人都是某一文化河流中的水滴。没有水滴的河流会迅即干涸；而没有河床，历史将失去方向，每个个体将陷入生物性的本能中简单重复。

我们（任何社群和个体）借文化而拥有语言、拥有自我；文化借我们而得以延续，并获得创生、更新的可能性。

创生、更新文化的，就是文化中的英雄、榜样、先知、楷模，他们创作的或为他们创作的诗篇、故事、传奇，成为一个文化中最明亮、最动人的部分。

于是我们的先人，为我们留下了“仁”（己所不欲，勿施于人；己立立人，己达达人）、“自强不息、厚德载物”“道法自然”“老吾老，以及人之老；幼吾幼，以及人之幼”“为天地立心，为生民立命，为往圣继绝学，为万世开太平”“天下兴亡，匹夫有责”等最珍贵的精神珍品，留下了《诗经》《楚辞》、唐诗宋词，留下了龙飞凤舞的中国书法，留下了黑白之间天地宛然的中国画，留下了四大发明和无数历史景观，留下了石猴成佛的神话传说……

教育的过程也是文化“选编”的过程。一种合宜的教育，在这个意义上，就是梳理自身的文化，对文化进行辨别、抉择，把文化中的创造部分、开放包容部分，传授给下一代，让文化成为他们的生存方式，让文化借他们得以更新、重新显现上述的这些根本精神。

好的教育应该有文化的自觉与自我省察。教育的真谛乃是文化的自我创生。爱历史不是爱历史中的罪恶与挫败；爱英雄与榜样但不是依样在新时代画不合时宜的“旧葫芦”；爱诗篇是要写出这个时代的新诗篇；爱传奇是要写出这个时代我们每个人的传奇；爱中国文化，就是要让它在我们身上显现其根本的创造精神。

非道弘人，人能弘道。新教育人的使命，就是自觉地把中国文化作为自己的精神家园，作为我们教育的根基和创造之源；就是通过我们的努力来推动文化的自我创生，让中国文化的根本精神在我们这个时代重新显现并焕发青春。作为教师，我们可能由于各种原因不能成为孔子、孟子、朱熹、王阳明这样的文化重建者，但我们应该努力做到，通过我们每一个新教育人的文化自觉，通过我们自己这个湍急的隘口，让中国文化这条河流奔涌前行。

第四章　新教育的四大改变

作为一项综合性、整体性、长期性的改革实验，新教育实验的出发点就在于进行“教育共同体及其生活世界的改造”。目前，我们明确提出来的三个“因变量”是：“学生的生存状态”“教师的行走方式”和“学校的发展模式”。也就是说，新教育实验最明显的、可检验的成果将体现为“三大改变”：“改变学生的生存状态”“改变教师的行走方式”和“改变学校的发展模式”。在此基础之上，在实验推进的过程中，另一个必然生成而又相对内隐的成果是：“改变传统的教育改革和教育科研范式”，即形成一套区域性开发和推广教育科研新成果的动态机制，开拓一条推动我国教育，尤其是基础教育改革、创新、发展的理想道路。

改变教师的行走方式

新教育实验有四个追求，或者说四大改变：一是改变教师的行走方式，二是改变学生的生存状态，三是改变学校的发展模式，四是改变教育的科研范式。这四个改变的目标就是让教师和学生过一种幸福完整的教育生活。

过一种幸福完整的教育生活，这是新教育实验人最重要的追求，也是学校管理最重要的追求。教育应当是幸福的，而我们现在走进校园，去看看孩子们脸上有没有笑容，教师的脸上有没有笑容呢？曾经有一位民进中央领导跟我开玩笑说，他去非洲，非洲孩子的生活可能远远不如我们的孩子幸福，但是他们的笑容洋溢着真诚和灿烂，我们的孩子却不会笑，没有发自肺腑的天真烂漫的笑容，因为我们的分数，我们的考试，我们机械重复的训练已经让孩子失去了天真的笑容。孩子们没有快乐，教师也没有快乐，学校不能给我们带来幸福。学习本来是一件很快乐的事情，如果学习不能给我们带来幸福的感受，这样的教育，我们要它干什么？

新教育实验最重要的逻辑起点，就是教师的发展，或者说教师的专业成长。新教育实验把教师的发展看作学校发展的起点，我看是很有道理的。现在很多学校的工作重心是学生，“一切为了学生，为了一切学生，为了学生的一切”，为什么不可以提“一切为了教师，为了一切教师，为了教师的一切”？在传统的教育理论里面，包括在我们传统的学校管理理论里面，教师是工具，学生才是价值，教师的存在是为了让学生发展得更快更好，所以教师是蜡烛，燃烧自己，去照亮孩子前行，到最后“蜡炬成灰泪始干”，教师是春蚕，“春蚕到死丝方尽”。教师不能直接享受教育过程带给他的快乐和幸福，他必须通过学生的分数去体现自己的价值，我觉得这是教育的一种变味。让教师和学生在教育过程中共同成长，让教师和学生共同享受教育的幸福，这是新教育实验最重要的追求。

实际上，学校管理的灵魂与核心的东西就是用教师的专业发展带动学校的发展，影响学生的成长。如果没有教师的成长，则永远不会有学生的成长，如果没有教师的快乐，就永远不会有学生的快乐。我都不快乐，我会让你快乐吗？如果教师不能充满激情地去拥抱他的教育生活，如果教师不能每天用心去发现他的教育世界，那么教育始终存在一种缺陷。所以新教育实验一个最重要的本质和品性就是教师的发展。《人民教育》有一期曾经专门报道新教育实验，它的封面就是“改变教师的行走方式”。

一大批优秀的青年教师在新教育实验中成长起来了。很多教师成长的故事让我非常感动，例如何一萍老师，她的网名叫寒烟，她是在新教育实验中成长起来的一位优秀教师，六七年前，她还仅仅是一个在浙江丽水工作的很普通的中学语文教师，后来考取了浙江师范大学的在职教育硕士，和很多老师一起走进课堂学习。最开始她把她的教育和孩子的成长有机地联系在一起，但当她考进学校去进修之后，孩子们没有人管，于是她为孩子们在教育在线网站上开主题帖，她当时所带的班级是六年级一班，她让孩子每天写班里的故事，叫“听601唱歌”。然后，我们这些人和她的其他同事就通过这个网络帮助她的孩子们共同成长。一个很孤僻很讨厌写作文的女孩，渐渐地像一朵花一样在网上开放，而何一萍老师在网上也非常快乐健康地成长。两年后何一萍的硕士论文完成了，她的论文就是研究了在教育在线网站上自己开专栏的9个孩子的成长轨迹，研究了他们上网前和上网后的整个成长历程，对他们的父母进行追访，这篇硕士论文被评为浙江师范大学的优秀硕士论文。寒烟和她的女儿海灵两个人一起出版了一本书《一个教师与她的女儿的网络成长故事》，由福建教育出版社正式出版，她本人也被评为浙江省特级教师。

再比如陈晓华老师，他的网名叫“红袖”，曾是教育在线网站班主任论坛的版主，红袖老师也是在新教育实验中健康成长的一位优秀教师。五年前，他开始师生共写随笔，学校交给他一个班，他在网上开了一个主题帖叫“守望高三的日子”。他每天在网上写自己的故事，记录高三学生的成长历程。这一年孩子们健康成长，这一年守望高三的日子，辛辛苦苦。经过一年的耕耘，校长发现这个班搞得很出色，孩子们表现得很优秀，不久，红袖的一本书出版了，书名就叫《守望高三的日子》。第二年，校长给他一个更差的班，陈晓华老师对我说：“朱老师，这怎么办啊，校长让我带一个最差的班。”我说，你不用担心啊，最差的班再怎么差也就这样，它反正是最差的班了，大胆地做，揣着希望上路。于是，他又开了一个主题帖，叫“怀揣着希望上路”，依然每天在网上记录他自己的故事。一年后，奇迹发生了，这些孩子取得了非常优异的成绩，而红袖的另一本书《怀揣着希望上路》也由教育科学出版社正式出版了。就这样，红袖老师差不多每年都有一本书出版，每一年都在成长。最近，他的《班主任突围》由华东师范大学出版社出版了。

所以，教师的转变，教师的快速成长，应该说是新教育实验的一道亮丽的风景线。因此，教师的成长，改变教师的行走方式，应该是新教育实验最重要的环节。

改变学生的生存状态

新教育实验是通过教师的成长带动学生的成长，让教师和学生在新教育实验中共同成长。其实，只要教师成长了，学生自然就会成长。

在新教育实验学校中，学生成长的故事非常多。山西运城有个新教育集团，是由以聂明智校长为领导的三所学校组成，这三所学校全力投入新教育实验不过两年的时间，但是他们这个学校对整个运城，乃至整个山西的教育影响很大，那里正在产生巨大的变化。2007 年，参观完山西运城的一所新教育实验学校的校长告诉我，这所学校两年内发生的变化，简直就像魔术，简直是革命，令人不敢相信。这位校长告诉我，他们高中的老师在和运城的小学生交流时感觉到沉甸甸的压力，因为这些小学生读了很多高中老师都没有读过的书，孩子们的目光是那么自信，自信得放出光芒，那些教师对孩子们的感情和责任，让他们感到新教育实验迸发出的活力。

《杭州日报》头版头条曾经报道过一所新教育学校里发生的故事，那是一所普通小学里的一个普通的小学生，名叫胡量，这个学生最讨厌作文，老师的命题作文他根本就不感兴趣。这个网名叫“管得宽”的老师，真名叫张敏，是个非常有责任心的年轻的校长，做了正上五年级的胡量同学的语文老师。张敏老师说，你想写什么就写什么，到教育在线网上去开专题帖写吧，不写命题作文。当天晚上，胡量就跑到教育在线网上开了自己的第一个专题帖，由于没有老师的命题，他写得很灵动，很鲜活，发到网上，一片叫好。张敏看到后大大表扬了他一番，鼓励他。第二天，胡量又写了一篇，有时一天写两三篇。一年后，这个讨厌作文的胡量同学出版了他的一本书《胡量日记选》。想一想，一年的时间一个孩子的变化有多大！

苏州太仓城厢镇第一小学也是如此，最近这所学校的十个学生每人出版了一本著作。其中一个孩子网名叫“露出芽”，和她的真名谐音，真名叫陆楚雅。在小学一年级的时候，她的父亲因公去世，母亲带着她。这孩子很孤僻，老师和她交流，把她带到教育在线网上，开始每天阅读和写作。这个女孩现在已经五年级了，这几年中她阅读了数百本书，写了数百篇日记和文章，成长得非常健康。很多学生不是为写而写，他们在写作过程中，享受快乐幸福。

在山西绛县，有一个教育局局长叫陈东强，在运城聂明智校长的影响下，强烈要求在绛县全面推动新教育，使整个绛县成为新教育实验的一个区域，现在绛县 4000 名教师中有 2400 名教师坚持写教育日记，在非常快乐地成长着。他们的学生，生存状态也发生了很大的变化。我觉得，学生生存状态的变化，是整个教育的一个非常重要的标志。

改变学校的发展模式

新教育实验怎样去改变学校的发展模式？我觉得这是个非常重要的方面，当然也是学校管理的一个关键所在。学校发展有很多的模式，也有很多的途径。新教育实验让许多校长发现，还有比分数和考试更加重要、更加值得追求、更加有意思的东西，如书香校园的建设。所以，新教育的十大行动成为许多学校发展最重要的一个途径或者说模式。

我一直在说，新教育实验十大行动都不是我们自己发明的，每一个行动尽管我们有很多创新，比如书香校园，也不是我们提出来的，自古以来最伟大的教育家和最伟大的教育智慧都把阅读作为教育最重要的本质内容。在江苏的江阴，曾经召开了苏霍姆林斯基教育思想研讨会，中央教科所的领导让我做一个主题报告，我发言后，苏霍姆林斯基的女儿卡娅第一个站起来提问，她说："朱老师，你是不是认为阅读是教育最重要的事情？"我说，当然，这不是我的发明，这是你父亲早就告诉我们的，你父亲说无限地相信书籍的力量是他教育信仰的真谛，你父亲还说"一个学校可以什么都没有，只要有了为学生和教师精神成长而准备的图书，那就是学校"。的确是这样，没有阅读的学校，它不是学校，没有阅读的教育，它不是教育，因此整个书香校园是学校文化建设最重要的根基。有了阅读的孩子，他就有底气，就很从容，就有自信，就能应对各种各样的问题，也不惧怕考试。有了阅读的教师，他也有底气，有灵气，不再为分数、为考试而活着。

所以说，学校发展的模式也好，学校发展的文化建设也好，都和书香校园关系密切。我们每一个行动背后，实际上都有它非常重要的人类几千年最伟大的教育思想和教育智慧的积累，也都有无数成功经验的模式，所以学校发展实际上并没有什么秘方，没有什么捷径，而是靠真正的这十大行动实实在在地去积累。而且这十大行动是教师和学生一起来行动，这一点是非常重要的。因此，真正的学校发展，真正抓住了教师发展这个基点，抓住了书香校园这个最关键的行动，抓住了十大行动，并且创造性地发展，学校发展模式的改变自然就会产生。

当然，十大行动在不同的学校有不同的创造，比如书香校园，怎样去做是很有研究的。从学校来说，学校得有一个氛围，得有学校环境。许多学校一进校门口，就有“阅读让我们精神起来”“你今天读书了吗”“一个人的精神发育史就是一个人的阅读史”等标语，整个环境的氛围让你时时刻刻感到阅读很重要。再比如我们的图书馆，学校怎么样去布置这个阅读的场景。现在有的学校的图书馆有开放时间，从星期几到星期几什么时间才开放。我曾经到过一所学校，它就每天中午 12：00 到 13：00 对孩子开放，每天中午 12：00 到 13：00 是孩子们回家吃饭的时间，虽然有寄宿生可能利用这个时间去看看，但是这个图书馆实际上对孩子们是基本关闭了。所以现在我们要求新教育学校的每个教室都要建图书架，还要定期更换图书，如果学校经费有问题，这个图书架甚至可以让学生自己做，每个学生每个月带一本书或者每两个月带一本书来充实这个图书架。一些新教育实验学校每个年级都有图书广场，学生把与这个年级相关的图书从图书馆抽出来，放在这儿，让孩子们自己阅读。学校的图书馆必须全天候对孩子们开放，同时我们还希望每个学生都逐步有自己的图书箱，有自己的图书架。我觉得一个孩子从小就学会买书、读书，从小就成为一个读书人，非常重要。

我一直认为，阅读是一个习惯，是一种生活方式，就像每天吃饭喝水一样。我们知道最近在搞新农村教育，我到农村去推进农民读书。有个村的村长跟我说：“朱老师，我可以为每个家庭配书，但是你能让他们去读书吗？他们没有这个需要，他们宁愿打麻将也不愿意读书。”为什么？因为他们没有精神需要，没有在学校里才能够培育起来的精神饥饿感。有精神饥饿感，人们才会阅读，一天不阅读就很难受。古人讲，一天不读书，就觉得面目可憎，这就是所谓的精神饥饿感。精神饥饿感与肉体的饥饿感不同，肉体的饥饿感和进食习惯有关系，一天两顿的、一天三顿的或者一天四顿的，到了一定时候就会有躯体的饥饿感。我们每个人要形成自己的精神饥饿感，所以学校教育在很大程度上就是要养成一个人的精神饥饿感。师生共写随笔也是这样，老师和学生们怎么样通过共写来丰富学校的文化内涵，像我们第一所实验学校，它的老师们每年不用写年度总结，只要每年交上一本这个学期的生活记录。因为学生坚持写随笔，我对他们的校长说，他们的学生每年离开学校的时候，应该每个人留一本随笔在学校，这是最好的纪念。这个学校的图书馆将是今后最有特色的图书馆，五十年以后别人要想研究我们这个时候的学校教育，会跑到这里来，看教师的日记，看学生的日记，看当年他们怎么写的、怎么想的。

我们提到的聆听窗外声音也是如此，每个学校怎么样去打造自己的品牌，怎么样去塑造自己的文化，这都是学校发展很关键的问题，我们的十大行动的每一个行动，都和学校的发展紧密相连。所以，改变学校的发展模式，是新教育十大行动的必然结果。

改变教育的科研范式

我们知道，科学研究是生产力，同样，科学研究也是学校发展的第一生产力。但是中小学的科学研究，不是大学教授的那种科学研究，不是坐而论道，不是那种纯理论的，与教育生活脱节的教育科学研究。现在我们很多学校都有课题，我戏称那叫吃饭课题，一般都是由教科室主任写个申请报告，送到当地的教育科研部门，接着层层申报，然后请几个专家开论证会，然后吃饭，吃完饭就没事了，学校依然如故，两年以后，要结题了，赶快把学校的发展情况装到课题筐里头，写成结题报告，然后再请专家来验收、鉴定，然后再请大家吃饭，课题就通过了。所以，我们中国是全世界科研课题最多的国家，也是吃饭最多的国家，但都是远离我们教育生活的科研。

我一直在思考，中国教育科研的问题究竟出在哪里？最后的结论就是上不着天下不着地。什么叫上不着天？就是说我们的研究不能影响决策，为制定教育政策服务。什么叫下不着地？就是说我们的研究不能影响生活，不能影响学校教育。一句话，我们的教育科研，是为科研而科研，不是为了解决问题，不是为了改变教育，离鲜活的教育生命、真实的教育生活越来越远。

我们的教育研究机构非常多，教育科研经费也不少，从县一级开始有教科室、教研室，到市一级、省一级，科研人员众多。全国1000多所大学，每个大学差不多都有教育研究机构，都有高教室，都出版自己的刊物。每个学校都有课题，甚至有的达到人人有课题，每个课题都要开论证会。许多学校开课题论证会的经费比课题本身的经费还要多，用在真正的研究上面的钱太少了。我们的教育科研成本很大，但效率很低，真正以解决问题为导向的科研太少。

其实，教育科研关注鲜活的教育生命，最关键的有两条：

一是关注教室里发生的事情。教室是教育的舞台。几乎所有重要的教育事件都发生在教室里。雷夫创造了第56号教室的奇迹，克拉克在教室里发现了55个细节，杜郎口在教室里完成了课堂的革命，山东金茵小学的新教育实验老师常丽华在教室里引领学生学习了“在农历的天空下”的诗词课程、孔子课程等。但是，有多少教育科研人员能够沉下心来，研究在教室里发生的这一切？

二是关注教师和学生的生存状态。新教育实验提倡让教师和学生过一种幸福完整的教育生活。但是，在现实的教育中，我们有多少老师对自己的职业产生了倦怠情绪？有多少学生对学习活动产生了厌烦心理？有多少研究人员关心过教师的喜怒哀乐？有多少研究人员考察过学生的课业负担？

我在贵州山区与那些长期代课的教师谈心的时候，与那些走两个小时山路上学的孩子交流的时候，才知道，我们对于一线教师和学生的情况了解得太少了。

所以，我希望，教育科研部门的同志，研究教育理论的专家，应该走出书斋，走进生活，走进教师和学生的心灵。要真正沉静下来，耐得住寂寞，那些伟大的成果必然来源于真实的教育生活，同时又是影响和改变我们的教育生活的。

我也希望新教育实验是一个改变教师生活，改变学生生存状态，改变学校发展的实实在在的科研。我们不希望教研室主任经常只去写报告，而与所有的教师和孩子没有什么关系。我们要求所有的老师和学生都参加到行动中去。所以我们提交的成果不是几篇论文，不是几本著作，而是实实在在的每一个学生和教师的发展。我记得，在“十五”期间课题结题的时候，有同志讲，你们的理论成果少了点，人家结题都是厚厚的一本著作。我说，我可以组织几个教授和博士写十本八本著作，我过去一个人就能写几十本书呢，写书对我们来说不是困难的事情，如果它不能改变教师的生活，不能改变我们的教育，这样的科研和著作，要它做什么？我们希望创造一种真正的科研范式，一种能改变我们学校生活，能改变我们学校发展的科研。

新教育实验倡导的是一种行动科研，倡导的是行动的研究，倡导的是校本的研究，这是我们科研的一种新的范式。我跟中央教科所教育规划办的同志讲，我给你们交十个教师行不行？这些教师都是在实验中从普通平凡的老师成长起来的名师，每一个教师都是一本专著。他们笑了，说你说得有道理，这才是真正的科研。新教育实验实际上就是整个学校管理的新模式，是创新的行动。所以，整个新教育实验的发展历程就是学校发展的历程。所以新教育实验的使命就是让新教育实验共同体的成员，让参加新教育实验的学校，过上一种幸福完整的教育生活。

第五章　新教育的十大行动

在新教育的标识下，有一行经常被大家忽略的文字：行动，就有收获。

新教育实验一开始就自觉地把“行动”二字写在了自己的旗帜上。因为，我们知道，今天的中国缺少的不是批评家，不是理论家，而是真正的行动家。

新教育的十大行动，虽然不是新教育的全部内涵，但是，由于这些行动是中国教育相对缺少的东西，所以显得很迫切，很重要。十大行动简单地可以用听、说、读、写、网络、课堂来阐述，所有的学校都可以做，都可以去实践。

当然，把戏人人会演，各有巧妙不同。如何创造性地实践十大行动，就要看是否真正地认同新教育的价值和理念，是否真正地理解十大行动的要义了。

营造书香校园

什么是“营造书香校园”？就是通过创造浓郁的阅读氛围，整合丰富的阅读资源，开展多彩的读书活动，让阅读成为师生日常的生活方式，进而推动书香社会的形成。

之所以要“营造书香校园”，是因为：书籍是我们了解历史和认识世界的一个窗口。人类的智慧和文明，只有书籍可以保存。书籍是经验教训的结晶，是人类宝贵的精神财富，是采掘不尽的富矿，是走向未来的基石。读书是人类重要的学习方式，精神的提升和传承必须强化阅读。一个养成了读书习惯的人是一个自由而幸福的人。

我经常说，怎样评价阅读对于一个学校的意义都不为过。苏霍姆林斯基曾经讲过，一个学校可以什么都没有，只要有了为教师和学生精神成长而准备的图书，那就是教育了。我也曾经说过，一个人的精神发育史，就是他的阅读史。一个民族的精神境界，很大程度上取决于这个民族的阅读水平。一个人的精神是怎么成长起来的？当我们离开母体的时候，我们的躯体发育靠什么？靠最初母亲的乳汁的喂养，以后靠我们每天的食物。而精神呢，精神的成长不可能从父母那里遗传得到，需要我们每一代人重新开始学习。精神是不可复制的，学习的过程本质就是阅读的过程。学校教育就好像母亲的乳汁，在我们人生的关键时期，它能给我们营养和滋润，但是到了两三岁以后如果再吃母亲的乳汁，那么这个孩子一定会营养不良，身体发育不良，你需要主动进食，汲取各种各样的营养。精神的发育也是如此，一个仅仅读教科书的学生，绝对不是一个发育优良的人，而是一个精神发育不良的孩子。

一个民族的精神境界与他们的阅读是紧密地联系在一起的。世界上最伟大、最优秀的民族都是最热爱阅读的民族。犹太民族为什么那么强大？为什么这个在公元 70 年后就失去了祖国，到处流浪，寄人篱下的民族，却产生了那么多世界级伟人呢？为什么他们依然能保持自己独特的民族精神和文化呢？从马克思到爱因斯坦，再到弗洛伊德，20 世纪人类三次思想大飞跃为什么无一例外都是犹太人带动的？马克思的唯物史观彻底改变了人类对历史、社会的认识。现在人类遇到任何问题，差不多都不会忘记到马克思那里去寻找答案。所以，西方有一门“幽灵学”，就是专门研究马克思的。爱因斯坦也是犹太人，他的相对论改变了我们对物理世界，对于时间和空间的认识。弗洛伊德也是犹太人，他的精神分析学说改变了人类对自我的认识。此外，海涅、卓别林、毕加索、门德尔松、柏格森、胡塞尔、大卫 · 李嘉图、卢森堡、基辛格、斯皮尔伯格，以及量子力学开创者玻尔和波恩、原子物理学开拓者费米、控制欧洲金融命脉的罗斯柴尔德家族、华尔街的超级富豪摩根、第一个亿万巨富洛克菲勒、股神巴菲特、钢铁大王卡耐基，都是犹太人。

前几年曾有统计，占美国 2%—3% 人口的犹太人成就如下：全美 200

位最有影响的名人中，犹太人占一半；全美 100 多位诺贝尔奖得主中，犹太人占一半；全美名牌大学教授，犹太人占三分之一；全美律师中，犹太人占四分之一；全美文学、戏剧、音乐的一流作者，犹太人占 60%；华盛顿和纽约两地的大律师事务所的合伙人中，犹太人占 40%；美国的百万富翁中，犹太人占三分之一；美国国会参议员中，犹太人有 10 名；美国国会众议员中，犹太人有 27 名。

犹太人人口 1300 多万，占人类总人口的 0.2%—0.3%。1901—2001 年共有 680 位诺贝尔奖获得者，其中犹太人（或者说犹太裔）有 128 位，占总获奖人数的 19.84%。其中获物理学奖的有 39 人，占物理学获奖总数的 24%；化学奖获奖者 23 人，占 16.8%；生理学和医学获奖者 51 人，占 29.1%；经济学奖获得者 14 人，占 36.84%；文学奖获得者 12 人，占 13%；和平奖获得者 9 人，占 10.98%。

许多研究认为，犹太人的成就与他们嗜书如命、崇尚读书息息相关。在犹太人家中，可以没有高档家具，但不能没有书橱书架。犹太人还有一个世代相传的习俗，就是书橱一定要放在床头，而不能放在脚边。因为他们视书为高洁之物，若放错了位置，会被认为是对书不敬而受到指责。

据说，一个有趣的风俗从古代一直保持到今天，在许多犹太人家里，当小孩稍微懂事时，大人就会翻开一本《圣经》，滴一点蜂蜜在上面，然后叫小孩子去舔。这种做法的用意不言而喻：书本是甜的。因此，犹太民族常常被称为“书的民族”（People of the book）。当我们了解到犹太民族是这样一个嗜书如命的民族，我们就不难理解曾经饱受苦难的犹太民族之所以能传奇般地崛起，屹立于世界民族之林的谜底了。

正是基于上面的认识，我们把书香校园建设作为整个新教育实验的一个非常重要的基点，也是十大行动的基础。我们坚信，没有书香的校园，不是真正意义上的学校，没有书香的校园，教育只是一个训练的场所。我们希望书香校园是新教育实验为学校打下精神底色的一项最重要的活动。

如何推进书香校园建设？可以从以下一些方面入手。

第一是环境和氛围。我们知道，做任何事情，一个好氛围是很重要的。很多学校，一进大门就可以看到“一个人的精神发育史，就是他的阅读史”“今天你阅读了吗”“阅读，让师生精神起来”等警句。通过环境的布置，创造校园的整体氛围。很多学校，甚至连一花一草一木都给它配上诗歌，整个学校的阅读氛围创造得很好。所以，环境氛围的创造，在推进阅读的过程中非常重要。

第二是物质载体。让每个师生拥有自己的藏书架或藏书箱，每个人都应该有一部分自己最喜欢的书，这些书会伴随我们的一生。每个班级里要有图书柜，学校可以配上好书。如果学校没那么多钱买，就鼓励学生带两本好书，放在这个图书架上，一个月一换，这样一方面让学生的图书架慢慢形成，学生一个月带两本书来充实这个书架，可以跟大家分享和交流。另外，可以建立年级图书广场。下课休息的时候、中午的时候都可以到这个广场来阅读，晚上回家也可以把学校图书广场的书带回家去看。

第三是活动。要推动孩子的阅读，搞活动是非常重要的。通过活动，激发学生对书的热爱。比如宁波的一所学校，做了一个活动叫感动接力，每一个学生、每一个老师推荐一本曾经感动过自己的书，写上这本书为什么感动我，然后把这本书捐给学校，学校提供了一个长廊，陈列这些书，任何老师、学生都可以随意取架子上的书阅读。这些活动的目的是什么？就是推动阅读。还有把作家请到学校，让作家与学生面对面。跳蚤书市、主题阅读等各种各样的活动，设计得五彩缤纷。关于阅读，只要用心去做，就会想到很多办法。精彩阅读，创造精彩人生。

第四是组织载体。阅读也需要各种各样的组织，如学校读书俱乐部、读书会等，让老师和学生自己来建立这样的团队，不一定强制每个老师都参加读书会，但既然参加读书会，就要明白自己的权利、责任、义务是什么，每个月要读多少书，个人做出计划。集体阅读的方式，对于调动教师的积极性和凝聚力有很大的作用。有的时候我们一个人读，读不下去就丢在一边了，但当你要讲的时候就一定要读很多，很多读不懂的地方，如果真正用心读进去，就能把它读懂。平时不感兴趣，但当要写论文，真正读的时候，你发现可以读得懂。过去没有时间的，因为有压力，也可以读了。所以读书沙龙、读书俱乐部是很好的组织形式。总而言之，书香校园建设还是需要行政的力量去推动的，也需要非正式组织来推动。

第五是课堂。我们知道，阅读要进入课程，这是很重要的。目前在我们的课程体系下，如果没有专门的阅读课，对于阅读技能的提高，对于阅读行为习惯的训练，是非常不利的。有些书需要精读，有些书需要快读，需要快读的就快读，需要精读的就精读。我觉得这些都是能够通过课堂的方式解决的，那么就要发挥语文老师的作用，比如通过阅读课来推动阅读。当然，阅读不仅仅是语文，还包括科学，科学书的阅读指导也很重要。有些学校的数学阅读做得非常精彩，学生通过阅读大量的数学书以后，写的数学日记很漂亮。

第六是评价。怎么样有效地评价读书的情况，这个也很重要。比如很多学校评选读书之星，学生会因为一颗星而激动。比如我们很多学校为了推进读书，搞了书香班级的评选，书香班级的牌子是流动的，每个年级只有一个或两个，大家通过争这个书香班级来推动读书。又比如书香家庭，我们还在很多学校推进亲子共读活动，让母亲和孩子一起来读，亲子共读对学生的成长是非常重要的。亲子共读在我们的很多实验学校推行以后，效果非常好，带动了很多家庭的学习，父母的学习，也会带动孩子的学习。

师生共写随笔

新教育实验的第二项行动“师生共写随笔”，就是指通过教育日记、教育故事和教育案例分析等形式，记录、反思师生日常的教育和学习生活，促进教师的专业发展和学生的自主成长。

如果前面是读的话，那么这里就是写。如果说阅读是站在大师的肩膀上前行的话，那么写作其实是站在自己的肩膀上攀升。之所以要“师生共写随笔”，是因为教育随笔（日记）是教育者进行思考和创作的一种重要形式，是“批判反思型教师”成长的必由之路。苏霍姆林斯基在《给教师的一百条建议》中说：“如果一位内行教师、富有创造性的教师在结束其一生的创造活动时，把他在长年劳动和探索中的一切成就都带进坟墓的话，那将失掉多少珍贵的教育财富啊！”对于学生而言，日记可以记录成长的履痕，反思自己的行为，倾诉心中的秘密。这是一个心灵的窗口、灵魂的寓所、青春的阳台，是一笔人生的精神财富。无论是教师还是学生，为了写得精彩，就必须做得精彩、活得精彩。慢慢养成习惯，阅读、思考、写作便成为教师和学生的日常生活方式，终身受益。“师生共写随笔”就是倡导师生立足于每一天的教育、学习生活，在写随笔（日记）的过程中，体验生活，反思自己，促进和超越自我。有人把写日记称为“道德长跑”，我看不仅如此。试想，我们的老师如果每天坚持写一篇千字文，10 年就是写了

3650篇，就有300多万字了。教书育人怎么可能不得心应手？

当然，“写”只是形式，以“写”带动的却是阅读，是思考，是实践。阅读滋养底气，思考带来灵气，实践造就名气。为什么要强调师生共同去做？因为只有这样，才能让教师和学生的写作在教育生活中进行，才能共同编织有意义的生活。

有人说，教师的负担已经够重了，你还让教师们读书写作。我说，这与负担没有关系。反思本身是教育生活中的重要部分。孔子很早就说过“学而不思则罔，思而不学则殆”。没有思考的教育永远是不成熟的教育，永远是不可能持续发展的教育。一个平庸的教师，很可能是教了一年书，重复了三十年，重复了一辈子。但是，一个善于思考的老师，教了一年就是一年，教了两年，就认真教了两年，他认真教了五年，就可能成为一个非常出色的优秀教师。

我一直说，我们的“师生共写随笔”不是培养作家，而是让教师和学生生活得更精彩，因为只有活得精彩、做得精彩，才能真正写得精彩。我们要求老师和孩子一起写，记录自己的生活故事，记录自己的成长轨迹。写作对学校来说有重要的价值，一大批老师就是在写作过程中成长起来的。很多老师很难真正地坚持下去，其实只要这些老师坚持下去，最终他们会发现，这样的生活让教育变得精彩，让平淡无奇的教育，甚至过去枯燥无味的教育生活变得丰富多彩，因为他用心去生活了，用心了就有发现，用心了就有喜悦。在这个过程中，教师的专业发展和孩子的自主成长就会顺利进行。

当然，我们写日记的目的不是为了发表，发表只是“额外的奖赏”。老师和学生们在写日记的时候能够自己和自己对话，而自己和自己对话是一个人成长最重要的法宝。一个人不能总处在外在的压力和要求下。只有找到自我成长的途径，他才能有持续发展的源源不断的内在动力。每天写一点日记，记录自己的喜怒哀乐，记录自己和孩子在一起的欢乐和烦恼，记录自己的生活，对中小学老师的成长很有益处。陶行知、苏霍姆林斯基是大教育家，他们的主要作品就是教育随笔。有人说日记缺少安全感。当然，我们曾经有过因为写日记而遭受磨难的故事。“文化大革命”中把日记作为批判的对象，但是我相信这个时代一去不复返了。即使你在“文化大革命”中遭受过磨难，但是这些日记也已经成为珍贵的史料。有一个家庭从20世纪30年代开始记他们家庭的流水账，一直到20世纪80年代。结果这些流水账被博物馆以很高的价钱收购了。这是珍贵的社会学资料啊！对于学生来说，孩子通过写日记，不仅文笔更加流畅，不仅文字变得更漂亮了，关键是他们学会了道德的长跑，学会了意志的磨炼，学会了自我的检点、自我的激励。正是在这个意义上，有人说，日记是中国人的“礼拜”，是反省自己的有效途径和方法。

著名特级教师李镇西博士长期坚持写教育日记，他在教育上的成就，很大程度上靠的是他二十多年来写下的教育日记。素材靠回忆是很痛苦的，也是不精确的。如果我们能随时随地把我们的所见、所思、所感记录下来，相信这是人一生最大的财富。我想，通过教育随笔这种形式，教师也能够和孩子们一起成长。为什么我强调师生共同去做？因为我觉得，如果没有教师自身的榜样激励，很难让孩子们真正热爱读书、热爱写作。读书写作是需要气氛的，是需要感染的。我们很多参加实验的学生就问老师：“老师，您要我们写，您自己写不写？”现在，在新教育实验学校，有一大批老师坚持在网上开自己的专栏，坚持在网上写日记并及时上传学生的日记，他们在写日记的过程中快速成长。总之，写和不写是不一样的。现在我们学校都重视科研，校校有科研，人人有课题，但缺少让教师们真正投入其中并在其中成长的科研途径。而坚持写教育随笔，老师可能几个月就有了变化。有一所实验学校做写日记实验，校长告诉我说，仅仅做了一段时间就已经感觉到老师们的精神状态不一样了，老师变得更加有心了，更加有精神，更加主动了。江阴市有一所学校，在新教育实验开展之前我在那里做了一次报告，提倡写日记。结果孩子们写了半年就出了两本书。我给他们取了一个书名——放飞希望。学校老师对我说：“过去孩子们都讨厌写日记，现在不讨厌了。以前写东西像挤牙膏一样，现在都是从心里流淌出来的。”我说，从心底流淌出来的是文字的精灵，是丰富的情感，是思想的火花。学生如此，教师如此，日记教育就是有它神奇的魅力，我们就是要通过新教育实验，让更多的学生、老师来领略这种神奇，来展示这种魅力。

聆听窗外声音

新教育实验的第三个行动是“聆听窗外声音”，指通过开展学校报告会、参加社区活动等形式，充分利用社区教育资源，引导学生热爱生活、关注社会，形成多元价值观。

之所以要“聆听窗外声音”，是因为现在很多学校实行关门教育。如果教师缺乏人生阅历，就难以点燃孩子的人生激情，难以成为孩子心中的榜样。聆听窗外声音可以引导师生关心社会，形成多元的价值观；开展“与大师对话”，与大师面对面交流的大型思想碰撞交流会，则可以培养他们创造的激情和欲望。这样，他们才能够看到一个真实的世界，听到真实的声音，寻找到人生和社会发展的本真价值和意义。

我们认为，一个学生、一个教师，如果仅仅生活在校园，仅仅生活在课堂，仅仅阅读教科书，仅仅做参考习题，听不到窗外的声音，看不到窗外的世界，这样的老师和学生是难以真正成长的。外面的世界很精彩，校园里面经常很无奈，怎样才能让老师和学生看看外部的世界，把社区优秀的教育资源整合到我们的学校教育中，这是我们学校教育的追求，是我们学校发展很重要的动力。我曾经对清华附小的校长说，清华大学这样好的文化资源，这样好的教师资源，如果好好利用，对学校的发展作用难以估量。我们每个月请一位教授、博士生导师甚至院士来与学生对话，讲讲他们童年的故事，讲讲他们成长的故事，或者讲讲他们自己科研的进展，这对孩子将产生非常大的影响。

人是需要被激励的。我们每个老师、每个学生都需要被激发，状态是需要被激发的。年复一年、日复一日的学校生活，往往会使得我们很多教师和学生失去生活的激情，失去一种进取状态。我们把大师请进来，跟大师对话，让我们树立人生榜样，我们会活得更加有动力和激情。

我们的老师和孩子们实际上是在一个相对封闭的校园里生活。孩子们虽然也接触世界，但是他们所接触的世界是没有经过选择的世界，他们所听到的声音主要是老师和家长的声音，他们所接受的教育就是从应试走上就业的教育。通过层层的考试，直到考取大学，大学毕业以后再通过考试来就业。所以，我经常开玩笑说：我们培养出来的学生都是去找饭碗的，但是饭碗本身又是有限的，到最后，就把教育归结为抢饭碗。我们的毕业生中如果能够有百分之五去创业，是去制造饭碗而不是抢饭碗，他们就能够为另外的百分之五，甚至是百分之十、百分之二十的学生提供就业的机会，那么就业的压力就减轻了。创业的冲动和激情要靠什么呢？很大程度上要靠窗外的声音去激发，去培养。把社会的名流、企业家，哪怕是一个普通的工人、农民请到学校，让每个小学生在校期间都能听100场报告，这是我们的期望。说不定某个报告就可以改变某一个孩子或者某几个孩子的命运。人是需要榜样的，生活在一个没有榜样的世界里的人是很难有精神的。我们的孩子在他们的成长中需要一座座英雄的丰碑去影响他们，需要一个个感人的故事去征服他们。这就是教育，这样的教育会给我们带来很多意想不到的东西。

比尔·盖茨大学一年级就开始了创业，我们为什么缺少这样的创业者？因为我们从小学教育开始就教孩子如何考试，如何抢岗位，但从来没有真正意义上的创业教育。我们的绝大部分老师没有创业的经历，所以要教孩子们创业就比较困难。于是，我提出要让孩子们听窗外的声音，也就是把社会的名流、企业家请到学校做报告，让学生有目的地接触社会，让学生多通道地听到成功的声音。我给参加实验的昆山玉峰实验学校的校长出主意：昆山的外企很多，请不动总经理，你请生产经理、部门经理也可以啊！请他们谈谈是如何创业的。再大的公司也是从很小做起的，请这些经理讲一讲公司的创业史、成长史，讲一讲个人的成长史、奋斗史，这些很值得一听。它们不是我们辅导员、班主任枯燥的说教，而是活生生的故事，是活生生的创业史。请了经理再请些艺术家，听他们讲讲艺术人生。孩子们对听报告可能比听课堂上的讲课更感兴趣。这么多的报告中总有一个故事能够打动孩子。有时一个报告就可以改变一个孩子或者几个孩子的命运。人在旅途是需要路标的，书本中的资源不够，校园内的资源也不够，我们要用好校外的资源，给孩子们更多的启迪和思考，更多的借鉴和选择。有人担心校外的人请不来，这种担心似乎不无道理，但其实是没有真心去请，或者没有请对人。

苏州一开始进行双语教学实验，英语老师比较少，我说苏州那么多的外商夫人联谊会，把那些夫人请到学校来。结果，那些夫人到学校里教书教得十分起劲儿，还自己花钱买课本、买巧克力给孩子们。我感谢她们，她们反过来说需要了解中国，需要了解中国的孩子，也需要把自己的技能奉献给社会，现在跟孩子们在一起很开心，应该谢谢邀请她们的学校。还有那些社会名流，你去请他们，无论他们是情愿的还是不情愿的，为了孩子、为了教育、为了明天，他们是很难拒绝的。

学生要听报告，教师也应该一起参与聆听。当然，学校更要创造条件让教师听到专家、学者、名师的专题讲座，让教师们拓宽视野，让教师们感受激情，让教师们学有榜样。唯有打开校门，走出封闭，让师生们领略更多的精彩，学校才是让师生成长、发展的动感地带。

培养卓越口才

新教育实验的第四个行动是“培养卓越口才”，指通过讲故事、演讲、辩论等形式，让孩子愿说、敢说、会说，从而形成终身受益的自信心、沟通能力和表达能力。

人的口才非常重要，我们的教育往往不太重视口才的训练，除了上课提问之外，很少能让孩子说话，很少能让孩子大声说话、说流利的话、说自信的话。很多的时候，我们实际上是在培养一代“失语”的儿童。而美国的基础教育则把沟通能力、表达能力作为第一目标。美国人曾经把口才、金钱和原子弹作为他们最有力的武器。为什么要把“培养卓越口才”作为重要行动？因为这些能力对学生是终身受用的。一个学生愿意讲话、敢于讲话、敢于表达思想、能清晰地表达思想，表明这个孩子有强烈的自信心。自信心对于一个学生来说，是安身立命之本。在社会上，没有自信心，就难有真正的竞争力。表面上看来是“说”，其实“说”的背后是思想，为了说得精彩就必须研究得精彩，否则拿什么去说？而人际间的沟通能力和表达能力恰恰是我们教育里所缺乏的。我们往往是教师一言堂，孩子们被剥夺了话语权，所以教育要把发言权还给孩子。我主张在任何一节课堂上老师讲课都不要超过一半的时间，把另一半时间留给孩子去说，让孩子去思考、去表达，这种训练会激活孩子的思维。我们很多的学校已经有了课前大舞台，用 3 分钟、5 分钟、10 分钟让孩子去自信自如地讲演，让他们讲故事、讲他们的研究、讲自己的思想。我觉得这对孩子的成长会具有重要的作用。

培养卓越口才的“前身”是“双语口才训练”。最初我们认为，开展中英文听说活动可以培养学生讲一口流利的汉语和英语，培养学生具备终身受益的口头表达能力。所以，我们要求各个实验学校创立学生论坛，让孩子有当众说话的地方，“把话语权还给学生”，要让孩子思考，让孩子说话，让孩子讨论，让孩子辩论，让孩子真正地“说起来”。我们要求各个实验学校要创设一个良好的英语学习环境。英语教育应该注重生活化的口语训练，教孩子能够开口的英语、能够交际的英语，而不是“哑巴英语”。

语言是文化的化石，在开展双语教育的时候，要考虑到东西方文化背景的差异，要不以牺牲任何一方的教育质量为前提保证。为了培养语感，无论是母语还是外语，都要背诵一些名篇等。后来，因为考虑到全国英语教学的不平衡，考虑到农村学校开展双语教育的难度，我们把这个项目改为“培养卓越口才”，但这并不影响许多学校进行英语或者双语的训练。

构筑理想课堂

新教育实验的第五个行动是“构筑理想课堂”，是指通过创设平等、民主、和谐的课堂气氛，通过在人类文化知识和学生生活体验之间形成有机的联系，实现高效的课堂、追求个性的课堂，从而实现知识、生活和生命的深刻共鸣。

理想课堂的行动非常重要。最初我们在玉峰实验学校做的五件事中没有理想课堂，之所以没有包括理想课堂，不是因为它不重要，而是因为我们知道课堂是个很复杂的领域，而且新课程、新基础教育实验已经在课堂改革上做了很多的探索，比如叶澜老师提出的“让课堂焕发出生命的活力”，新课程对课堂的设计和对课程的组织做了精心的安排，所以我们想先不去碰它。但是后来我们很多实验学校反映，如果我们的新教育实验远离课堂，那么它就不能成为主流的教育实验，因为课堂是学校最重要的教育形式，是学校最重要的舞台，是师生生命展现最重要的一个场所。学校的教学任务主要是通过课堂教学来完成的，课堂生活的质量直接关系着学生生活的质量和学校教育的成败。没有课堂，在一定意义上说就没有教育。所以，我们决定把“构筑理想课堂”作为新教育的重要行动。

“构筑理想课堂”的行动试图多维度、多视角地提炼不同学科理想课堂的共性，寻找一套理想课堂的可操作模式。一般来说，理想的课堂应该创设一种平等、民主、安全、愉悦的课堂气氛，应该由以知识本位、学科本位转向以学生的发展为本，真正对知识、能力、态度进行有机整合，因材施教，充分体现课堂的生活性、生命性和发展性。知识、生活和生命的深刻共鸣，是理想课堂最显著的特征。

在传统的教育生活中，“插秧式”教学的课堂要求整齐划一，在维护严格的甚至是苛刻的课堂秩序的同时，约束和限制了一个个活生生的心灵；“填鸭式”教学的课堂只突出教师传道、授业、解惑的功能，却忽视了教师和学生的情感，激发不了学生感受知识魅力和价值的欲望；“标准化”教学简单化了学生的思维，扼杀了学生的创新能力。因此，我们倡导走进课堂，实地听课，从知识与技能、过程与方法、情感态度与价值观等几个方面进行分析和讨论，广泛征求教师和学生的不同意见，注重理想课堂典型个案的收集和研究，摸索理想课堂的结构和类型，及时地进行观摩、推广，并组织专家进行评价指导。注重开放和生成，对于构建充满生命活力的课堂运行体系的确十分重要。但是，开放对应于封闭，生成对应于预设。课堂教学应当是预设与生成、封闭与开放的矛盾统一体。

建设数码社区

新教育实验的第六个行动是“建设数码社区”，就是指通过加强学校内外网络资源的整合，建设学习型的网络社区，让师生利用网络来进行学习和交流，在实践中培养师生的信息意识和信息应用能力。

之所以要建设数码社区，是因为信息技术革命是新教育的助产婆，是新教育得以实现的桥梁和通道。计算机网络技术的发展引发了人类历史上继文字和印刷技术以来的第三次信息革命。以“e-learning”“e-teaching”和“服务学习”为主旨的信息化教育是新教育的一个明显特征。因此，“突破校园围墙，营造开放式的学习环境”“开发教育资源，促进学习方式多样化”“加强学校内外网络资源的整合，建设学习型网络社区”是新教育实验的一项重大工程。以新教育实验学校为基地，以教育在线为网络平台，加强各类数字化学习资源的整合和应用，建设家庭、学校、社区一体化的“数码社区”，可以让新教育共同体进行网络学习、交流，在实际应用和操作的过程中提高收集、加工和应用各类信息的能力，以形成全民学习、终身学习的学习型社会，促进人的全面发展。建设数码社区就是要加强学校内外网络资源的整合，建设学习型网络社区，让师生进行网络学习、交流，在操作与实践中培养师生的信息应用能力。信息化是我们教育发展的一个很重要的前提。信息化不仅会改变教育的形式，而且在很大程度上会改变教育的状态，甚至教育的本质。

我曾经通过全国“两会”提案建议建立国家教育信息平台，请最好的专家去开发教育信息软件，免费放在这个平台上，所有的家庭、学校、网吧都能看到。目前我们要做的是，我们所有的实验学校联合起来，把自己的资源让所有的学校共享，教案、学案、备课资料，甚至课堂在线。重复的开发、劳动和购买，那是教育资源的巨大浪费。我们还要让每一个孩子和老师都知道，我们生活在一个信息的社会，生活在一个知识爆炸的时代。我们要形成快速地获取信息的能力，并且学会在网上表达和交流。

新教育实验不同于其他实验的一个非常重要的特色就是我们的网络社区和实验管理平台。我们全国近 40 个实验区 1400 多所学校的实验管理主要是在网络上实现的。我们有 40 万教师注册了教育在线网站，5 万名教师开设了自己的教育博客，在网上非常快乐地健康成长。我们把最好的教育资源通过教育在线的平台提供给大家，所以，教育在线网站成了中国教师的精神家园和教师成长的摇篮。

推进每月一事

什么是推进每月一事？就是根据学生的身心发展特点和学校与社会生活的节律，每月开展一个主题活动，通过主题阅读、主题实践、成果展示与评价等方式，实施不同的主题内容，着力培养学生良好的行为习惯和公民意识，教给学生一生有用的东西。

之所以要推进每月一事，是由于新教育的一个重要理念：教给学生一生有用的东西。什么是学生一生最有用的东西？无疑就是伴随他们的良好习惯，读书的习惯，思考的习惯，遵守规则的习惯，感恩的习惯，健康的习惯，等等。同时，根据心理学习惯的形成原理，一个好习惯的养成一般需要 21 天左右的强化。而一个月的重复实践，恰恰可以满足这个需要。根据习惯形成的循环理论，行为习惯需要很长时间的循环反复，是螺旋上升的。习惯形成的阶段理论，习惯养成各有不同的关键期，小学低、中、高年级各有训练重点。习惯形成的中心扩散理论：重点习惯养成好了，可以带动其他习惯的养成。

如何推进每月一事？在制定每月一事的具体方案时，一般可以分为主题阅读、主题实践、主题展示和主题反思（评价）四个环节。主题阅读主要是选择与主题相符合匹配的美文（诗歌、散文等）、整本书等，选择的要求是适切性、丰富性和润泽性。主题实践主要是开展各种丰富多彩参与性强的活动，让学生动手动脑。情感体验、实践活动的开展需要具有针对性、持续性和实效性，避免形式主义。主题展示主要是将学术在主题实践中出现的优秀成果展示出来，展示时要注意团队精神、平台丰富、重视自信心和口才培养，体现出多样性、过程性和及时性。主题反思主要是通过学生的自省随笔和学生之间的点评，以及教师的指导性评价，帮助学生更好地认识自己，主题反思环节完成以后，可以形成资料包，为全面评价学生和期末的生命叙事提供素材。

那么，哪些是学生一生有用的好习惯？用怎样的行为训练可以培养这样的好习惯？如何根据学校生活的节律安排相应的活动来培养这些好习惯？我们的思考是：（1）主题的选择立足于学生一生有用的最重要的习惯，如运动的习惯，阅读的习惯，写日记的习惯等。（2）主题的内容都是从一件非常具体的小事展开，如“让我们不闯红灯”“让我们去踏青”“让我们去玩球”等，而每一件事情后面，是一个重要的主题，如关于规则、关于人与自然、关于运动与健康等。（3）在具体落实的时候，要根据不同年级的特点螺旋式上升。（4）主题的活动与新教育实验的其他行动结合起来，通过广泛的主题阅读、主题实践、主题研究、主题随笔等方式与路径，把公民教育、生命教育贯穿其中。我们根据一年十二个月的特点和学校工作实际，做了这样的初步考虑：

吃饭（节俭）（1月）	走路（规则）（2月）
植树（公益）（3月）	踏青（自然）（4月）
扫地（劳动）（5月）	唱歌（艺术）（6月）
玩球（健身）（7月）	问候（交往）（8月）
阅读（求知）（9月）	家书（感恩）（10月）
演说（口才）（11月）	日记（自省）（12月）

当然，这个考虑完全可以根据不同学校的特点和工作的需要做适当的调整。

缔造完美教室

什么是缔造完美教室？就是在新教育生命叙事和道德人格发展理论的指导下，利用新教育儿童课程的丰富营养，晨诵，午读，暮省，并以理想课堂的三重境界为所有学科的追求目标，师生共同书写一间教室的成长故事，形成有自己个性特质的教室文化。

缔造完美教室，就是将愿景、文化、课程等融合在一间教室里，就是师生汇聚在伟大事物的周围，穿越在伟大事物之中，温习故事和经典，编织诗意的生活，最终让教室里的每一个生命走向卓越。

缔造完美教室，就是把这一间教室当成茫茫宇宙的中心，天地间的所有美好，逐一在这里显现，并在岁月中汇聚成生命的大河。

缔造完美教室，就是要一边关上教室的门，将这个世界的冷漠与暴力拒之门外；一边打开教室的窗，让风带着整个宇宙的信息进来。一间完美教室的容量可以是无限的。

缔造完美教室，就是努力在教室里实现过一种幸福完整的教育生活。让教师和学生在充满信任、愉悦、和谐的氛围中学习、游戏，超越分数，但仍然确保教学的高质量。

缔造完美教室，就是共读共写共同生活，拥有共同的语言与密码。在由班主任、学科教师、学生、父母以及相关人员组成的共同体中，信息与情感、知识与人格充分地交流与交融。

缔造完美教室，就是要让知识经历重新发现的过程以及相伴随的喜悦，通过唤醒沉睡的知识，进而以知识唤醒我们自己的灵魂，在心灵与知识，与他者，与自我的三重对话中，实现深切的共鸣，体察到生命与宇宙的庄严。每一个课堂的细节，都是朝向完美教室的努力。

缔造完美教室，就是以文化为自己的教室立魂，让自己的教室，让自己和孩子们书写出独一无二的故事，中国文化的根本精神，就是这个故事的主题与主旨。要把传统文化中那历久弥新的原创精神作为最重要的财富，贯注到教室之中，使其弥散着母语的芬芳、馨香和温度。

缔造完美教室，就是要呵护每一个孩子。关注教室里的每一个孩子，关注教室的每一个角落。让每个孩子成为教室的主人，每个孩子的潜能都得到最大可能的实现。

缔造完美教室，就是要守住每一个日子。教室里的每一个日子都值得珍惜，那些看似平凡普通的日子，如果我们用心去装点，就能够把它们擦亮。这些日子，就会写在学校的历史上，写在学生的心坎上。

研发卓越课程

什么是研发卓越课程？它是指在“过一种幸福完整的教育生活”的价值引领下，在执行国家课程和地方课程、校本课程的基础上，鼓励教师对教材进行二次开发和新的整合创造，通过课程的创新使教室成为汇聚美好事物的中心。在课程实施过程中带领学生经历体验、合作探究，建立知识与世界、与自我的内在联系，将所有与伟大知识的遭遇转化为智慧，从而使师生生命更加丰盈。

为什么要研发卓越课程？这是由新教育实验对于课程的认识决定的。我们认为，教室是河道，课程是水流，两者相得益彰，才会涌现教育精彩。课程以人为中心，是师生生命成长的历程。课程的丰富决定着生命的丰富，课程的卓越决定着生命的卓越。师生共同经历的课程，不是一堆知识的罗列，而是让知识拥有生命的温度，通过一组生命体验的过程，让师生成为具有德行、审美、情感、智慧和能力的人。

新教育实验建构的卓越课程体系，以民族、国家、人类生存与发展为背景，以生命的幸福完整为终极目的，以哲学、心理学、教育学、社会学及相关学科理论为潜在的理论工具，以活生生的人为中心，以生命课程为基础，以公民课程、艺术课程、智识课程作为主干，并以“特色课程”作为必要补充。在这个体系中，起点处，是人，是人的问题，是人的各种可能性；终点处，还是人，是人的问题的解决，是人的幸福完整的实现。这活生生的人，既是教师也是学生。学生不断成长，教师不断超越，这正是师生以穿越课程来共同书写传奇的新教育生命叙事。

研发卓越课程，关键是要有强烈的课程意识。其次，应该考虑我们拥有课程资源，再者是要从学生那里来理解课程。但归根结底是行动。新教育认为，只要行动，就能唤醒，坚持行动，就有奇迹。课程只能在课程中学习，研发课程必须首先穿越课程。研发，不是简单地做加法，而是包含加减乘除在内的整合建构。实施，是一个卓越课程的终点，却正是新的卓越课程研发的起点。教师应该具有“我就是课程”的胸怀和气魄，从一次次小的改进与创造开始，把自己作为课程的重要组成部分去开发。

家校合作共建

什么是家校合作共建？它是学校文化建设和制度建设的重要内容，是指通过亲子共读、新父母学校、家校合作委员会等形式，强化家校共育机制，建立新型的家校合作方式，发挥父母在学校教育和家庭教育中的作用，为学生的成长创造良好的条件。

家校合作共建不仅对于提高学校教育教学质量具有重要作用，也是建立现代学校制度的需要。通过学校与家庭、社会最紧密的联系，可以实现各类社会教育资源在学校中的整合，使学校课堂向社会生活延伸，满足学生父母和社区的需要；家校合作共建对于提高家庭的教育质量，让父母更好地理解教育、参与教育，帮助父母树立正确的育人观念，掌握科学的育人方法，提高教育能力和水平，实现与孩子一起成长的目标。

如何开展家校合作共建？首先是建立和完善家校合作的组织协调机构。一般是通过建立班级、年级和学校三个层面的父母联谊会、家校合作委员会等机构，制定相关章程，明确其职能、权利和义务。家校合作委员会由学校与父母共同管理，民主选举或协商产生负责人。

其次是建立新父母学校，通过读书会、报告会、优秀父母养育经验交流会等形式，讲授儿童生理与心理发展的理论和教育学的理论，帮助父母更新教育观念，掌握教育方法。定期对父母培训非常重要。如有一所父母学校的培训主题是：一年级《孩子入学了，家长怎么办？》，二年级《习惯决定命运》，三年级《有一种教育叫“影响”》，四年级《“调皮”的孩子最聪明》，五年级《“穷”养孩子“富”育人》，六年级《给孩子一生的财富》等。关键是针对性要强，内容要符合父母的实际需要。

最后是建立父母与教师交流访问、体验的机制，如教师的家访制度，通过家访全面了解学生的家庭背景与成长环境，与父母进行坦诚的交流与讨论，寻求教育学生的最佳方法，达成共识。父母也可以通过“故事父母”“校长助理”等各种角色走进校园，全面了解孩子的学习生活情况，与教师共同承担起教育孩子的责任。

通过这些举措，让家庭深度卷入教育之中，家庭参加或联办各种学校活动，从而实现家庭、学校的共同提高，推动全民教育共识的形成，营造全社会关注理解教育的良好氛围。

第六章　新教育的儿童课程

在物质文明的飞速发展中，童年却充满了危机：电视文化、网络游戏、不良读物、应试教育等童年的杀手，潜伏在这个世界的每个角落，随时准备着吞噬孩子们的闲暇、良知和身心健康。尤其是电视和网络，让我们不得不眼睁睁地看着儿童的天真、好奇渐渐退化，然后扭曲成为伪成人的可悲面目；应试教育剥夺了儿童的闲暇、游戏、个性，让他们过早地学会争斗、算计、为功利读书。

对于这一切，批评也好，禁止也罢，似乎都是无济于事的。除非我们有更好的东西真正走进孩子的生活，走进孩子的心灵。所以，在设法把电视文化、网络游戏、不良读物、应试教育从童年生活中清除的同时，我们还应该给予他们一种积极的生活方式，培养他们健全的心智，让他们能够从容地应对一切生活的诱惑和压力，平安地度过危机重重的童年。

最近几年，我们新教育团队一直在努力探寻着这样的积极的儿童生活方式。“晨诵、午读、暮省”，就是我们的探寻成果之一。

晨诵：用诗歌开启新的一天

每天清晨，在生命的黎明，你让儿童吟诵什么？几千年流传下来的儿童早晨机械地读经或者背诵课文的晨读，曾经引发了绝大多数人的反对，最近似乎又有卷土重来的趋势。但是，新教育实验认为，晨诵的目的主要不在于记忆未来可能用到的知识，不是为了进行记忆力的强化训练，而在于丰富儿童当下的生命，在于通过晨诵，既养成一种与黎明共舞的生活方式，又能习诵、领略优美的母语，感受诗歌所传达的感恩、优美及音乐感。所以，新教育实验开发的晨诵，是一个结合了古典诗词、儿歌与儿童诗、现代诗歌的复合课程。词句优美，儿童在吟诵时可以感受和理解，传递人类美好的愿望和情愫，是新教育晨诵的三个基本特点。

我们给晨诵取了一个非常诗意的名称：与黎明共舞。希望孩子们在每天的黎明时分与经典诗歌共舞，让他们的生命在每天的第一时间得以舒展，灵魂得以灵动，师生共同传达一种愉悦、饱满的精神，并以此开启一天的学习。当然，所谓晨诵，并不一定局限于“清晨”，其他时间也完全可以进行。

晨诵吸取了传统的读经强调内容的经典性以及大声朗诵的经验，但是与读经运动强调在孩子记忆的黄金时段记忆大量的经典，等长大以后会慢慢地理解的方式不同，我们特别强调所选诗歌是以儿童当下的经验所能够感受到的。

晨诵的主要形式有：晨间诵诗、日常诵诗、生日赠诗和情境诵诗。晨间诵诗提倡在一定的时间内，用同一首诗歌来“开启”黎明，为每一天注入生命的源泉。这个一定的时间可能是一周、一个月，甚至一个学期。这样的诗歌，往往需要千挑万选。晨间诵诗一般都是那些意义深远的诗，既能够让孩子一下子感觉到它的力量与美，又无法对其全部奥秘进行把握，每一次朗诵都会带来新的感悟，而从新的感悟中又将萌生出新的力量与美。因此，晨间诵诗是需要反复咀嚼、吟诵、玩味的。

日常诵诗的内容可能达不到晨间诵诗那类诗歌的“无数次打动人的灵魂”的高度，但也必须是优美典雅、天真纯净、奋发向上的，更重要的是，是儿童以当下的经验能够感受得到的。日常诵诗是晨诵的“必修课”。

生日赠诗是最受孩子们欢迎和期待的一种晨诵形式。在每个孩子过生日时，新教育人都会精心选择一首诗或者一个故事进行改编，如金子美玲的《向着明亮那方》等，把学生的名字嵌入其中，然后让全班同学一起朗诵给他。这首诗一定是当下最适合这个孩子的，也一定是暗含了他的将来的，所以具有“唯一性”。许多老师还把学生日常学习生活中的一些细节表现及作业、作品等拍成照片，和生日诗一起做成漂亮的课件，展示给孩子们，让人终生难忘。

情境诵诗则是在特别的日子，或者是特别的场景，有针对性地选择一些诗歌。比如教师节、母亲节等节日时诵读一些写给教师、母亲的诗歌，再如汶川大地震发生后，选择一些悼念遇难同胞的诗歌，等等。在不同的节气，随着气候的变化和校园环境的不同，我们还进行了“在农历的天空下”的晨诵探索，用诗歌、音乐、绘画，让孩子们共同见证自己的成长，见证大自然的神奇，见证教师与学生共同编织的生活。

午读：用美丽的童书滋润童年

新教育实验把阅读作为“过一种幸福完整的教育生活”的基础工程，把营造书香校园作为十大行动的基础。通过推进师生阅读，与伟大的智慧对话，让我们的精神丰富起来，让我们的社会不断走向崇高，是新教育人的梦想。

作为新教育儿童生活方式“晨诵、午读、暮省”的午读，就是我们推进阅读的一种努力和尝试。午读，代表的是整个儿童阶段的非学科性质的阅读。其中的核心内容就是阅读属于他们自己的童年书籍。

在新教育实验的早期，我们曾经编选了《新世纪教育文库》，为孩子们推荐了小学生 100 种必读书目、中学生 100 种必读书目。但是，随着实验的推进，一些问题越来越迫切地摆在了实验老师的面前：我们能确保这些书籍是最优秀和最适宜的吗？对一个具体的儿童来说，他能够读什么书？一本《爱的教育》真的能够适合 1—6 年级所有的学生吗？再进一步讲，许多孩子喜欢读的读物，它们真的适合孩子的成长吗？

为了解决以上的种种问题，自 2006 年起，新教育实验开发了“毛虫与蝴蝶——新教育儿童阶梯阅读研究”项目。我们认为，不同年龄的儿童由于心理发展阶段的限制，他们能够读懂的童书是相对有限的，我们要从大量的童书中寻找出每一年龄段儿童能够阅读的书籍。

新教育认为：生活在不同的语言环境里，就是生活在不同的世界上；共读一本书，就是创造并拥有共同的语言和密码。共读，就是和读同一本书的人真正生活在一起。如果没有共读共写共同生活，教师与学生、父母与孩子、学生与学生，就是同一个屋檐下的陌生人。所以，我们倡导亲子、班级共读，通过共读一本书，共写心灵真诚的话语，实现师生之间、亲子之间、同学之间乃至老师和家长之间真正的共同生活。实验开展以来，通过共读，发生了大量感人的故事，改善了无数亲子、师生、家校关系，让大家真正地感受到了一种幸福完整的教育生活。从某种意义上，新教育实验是将共读传统的恢复视作改良教育的突破口。

新教育认为：童年不是一个静止的房间，它是一段由浪漫到精确，由粉红到天蓝的彩色阶梯。二年级和四年级，不是相近的两个教室，而是隔了几重天地的两个截然不同的世界。因此，每一年的阅读，也就应该是符合孩子各自的不同特点的。在低年级（1—2 年级），我们倡导读写绘结合，用阅读图画书、讲故事、用图画表达与创造相整合的办法，来让低幼儿童的学习力和创造力得到自由发挥。在中年级（3—4 年级），开始逐步从绘画中淡出，而加大文字阅读；结合讲故事，加大整本书的主题探讨，并开始进行历史故事与人物传记的阅读。在高年级（5—6 年级），则主张以主题探讨为主的共读，加大自由阅读的量，加入自然科学方面的阅读，将阅读与儿童文学创作相结合。在实验中，这种有针对性的阅读呈现出非常明显的“治疗效果”。许多儿童都自觉地开始远离电视、远离游戏，整个精神面貌有了非常明显的改善。

新教育认为：教育是唤醒，每一个生命都是一粒神奇的种子，蕴藏着不为人知的神秘，而阅读能够唤醒这种蕴藏着的美好和神奇。教育又是给予，无论是民族文化的特质还是普世文明的价值，都需要教师和家长按符合生命成长的规律，慢慢地通过阅读，通过故事传授给孩子。在充分考虑到民族文化的特质，以及汉语言特点的基础上，我们以二十余个人类文化母题和核心文明价值，来作为挑选共读的童书和故事的“关键词”。可以说，共读中的每一本童书，都是以故事的形式完美地体现了一个或若干个核心文明价值。儿童阶梯阅读研究，就是为每一个儿童寻找到他此时此刻最适合的童书；在他们成长的每一个时刻，一定有着这一时刻最适宜的一本童书。这些精心挑选的书籍，将在娓娓动听的故事中，告诉他们和平、尊重、爱心、宽容、乐观、责任、合作、谦虚、诚实、朴素、自由、团结、专注、想象、宁静、勇气、敬畏、热忱、虔诚、感恩、纪律、反思……它们将编织出一张美丽的网，呵护孩子在漫长的旅途中保持纯真、快乐和勇气。

为此我们研制了中国幼儿和小学生基础阅读书目各 100 种，为午读提供丰富的资源。

暮省：学会反思的生活

暮省，指的是学生每天在完成学业以后，能够思考和反省自己一天的生活，并且用随笔、日记等形式记录下来，同时师生之间也可以通过日记、书信、批注等手段，相互编织有意义的生活。教师与学生用日记记录自己的成长，亲子之间、师生之间用词语相互激励、抚慰，成了新教育实验重要的组成部分，以及日常的生活方式。

新教育实验的十大行动有“营造书香校园”和“师生共写随笔”等。其中，营造书香校园更多地体现在晨诵、午读的儿童生活方式中，而师生共写随笔则更多地反映在暮省的儿童生活方式中。如果说阅读是站在大师的肩膀上面前行的话，那么，写作其实是站在自己的肩膀上攀升。

在实验初期，新教育强调的是坚持，我们认为“行动就有收获，坚持才有奇迹”。最初我甚至用“朱永新成功保险公司”的方式告诉教师和学生，学会坚持记录自己的生活。这个意义上的暮省，其实更加强调的是意志的训练。意志的训练虽然重要，但是暮省的方式方法同样也非常重要。在实验初期，学生的随笔往往带有明显的作文倾向，实验教师也往往是以作文的要求来评价学生的随笔，而没有将之视为共同生活的一种方式。随着实验的改进，有越来越多的教师开始自觉地引导学生把随笔和日记视为“三省吾身”的生活方式，作为反思自己的重要形式，并提笔参与学生的成长，利用师生共写随笔引领儿童走向自主和成熟。而学生随笔也逐渐地丰富为心灵独白（保密日记）、相互倾诉（共写日记）、观察日记、班级共议日记、童话文学创作等多种形式。对于低龄段儿童，这种写作则是与父母联合，并以绘画、文字相结合的方式进行的，我们称这种方式为“读写绘”。如孩子们可以把他们看到、想到的东西，通过绘画的方式表现出来，图画的文字部分，可以让父母来配合完成。在高年级，也可以通过教师和父母的“便笺”实现“共读共写共同生活”的理想，让父母与孩子一起阅读，一起写作。

新教育是重视仪式的。仪式不同于形式，暮鼓晨钟，晨诵暮省，能够给孩子们许多心灵的震撼。许多学校如山东金茵小学每天早上的8点到8点15分都有一个固定的仪式：晨诵。他们认为，晨诵的目的在于让孩子们养成一种与黎明共舞的生活方式，在霞光和诗意里，领略母语之美，沐浴音乐之魂。每天的下午2点到2点20分是午读，他们认为，教师与学生的共读是一种享受，彼此之间相互传递快乐和智慧是一种幸福。当一天的学校生活结束的时候，金茵学校的师生要集合起来，进行“暮省”，这个仪式由三个环节组成，首先是让孩子们静下来“反思”一天的学校生活；其次是讲一则经典故事给孩子们听；最后是师生共同致谢。更多的学校没有这样的特别仪式，但是，让学生形成反思的习惯，无疑是暮省的重要价值。如果能够让日记伴随自己的人生，能够坚持记录自己的生活，反思自己的行为，每一个人都可以做得更好。

所谓“晨”“午”“暮”，是我们根据课程特点所取的形象化的说法，并不一定要局限在这些特定的时间。晨诵、午读、暮省，将教育回归到一个朴素的整体，它既是对学科课程的补充，同时也是对过早精细化的学科课程进行矫正。新教育实验认为，素质不是知识和能力的拼板，而是一个人的完整的理解力和创造力。素质教育不是简单地增加一些文艺、体育的课程，而是通过一种整合的生活方式，并结合学科课程的学习，把那些真正对于一个人一生有用的东西教给学生，让教师与学生真正能够过上一种幸福完整的教育生活。晨诵、午读、暮省的儿童生活方式，就是我们的一种努力。

童书就这样战胜了电视

在电视和网络让很多家长和老师眼睁睁看着儿童的天真、好奇渐渐退化，然后扭曲成“伪成人”的可悲面目时，浙江诸暨双桥小学的黄芳老师和她的孩子们却大声宣布：我们热爱童书，拒绝电视。

在读童书之前的一年，黄老师的儿子是不折不扣的电视迷，对每个频道的电视节目都记得清清楚楚，有些电视剧看了又看，甚至能背诵剧中人物的对话。他还是网络游戏迷，经常偷偷上网打游戏。于是，关于电视、游戏的争吵，成了她与儿子之间猫鼠追逐的游戏。

暑假期间，黄老师参加了新教育实验的“毛虫与蝴蝶”童书高级研修班，被童书的魅力深深吸引，认识到亲子共读的重要性。从那时开始，每天晚饭后，黄老师都读童书给儿子听，和儿子一起看书。不久，儿子开始喜欢童书了，还边听边随着情节手舞足蹈起来。儿子每天都在阅读，阅读面也相当广，童话、诗歌、天文、地理、历史故事、神话传说，都是他喜欢的。在童书的滋养下，他对电视再也不感兴趣了，学习主动了，也更懂事了。

儿子身上的变化，让黄老师想到了班里的孩子。黄老师的学校在郊区，外来民工子女比较多，别说亲子共读，就是家长和孩子之间的交流都非常少。从新学期开学起，她坚持每天给孩子们读故事听。在这些美妙故事的滋润下，孩子们成长了，进步了。有个孩子在日记里写道：“老师，枕着您的故事入眠，我梦中也在笑。”同时，黄老师与孩子们开展班级共读，进行主题探讨，在阅读和交流中不断提高孩子们的阅读感悟，获得阅读的幸福感。

在这一年里，黄老师与班上的孩子们坚持晨诵、午读、暮省，并使它渐渐成为孩子们的生活方式。不知不觉中，电视已经失去了往日的吸引力。

班上一位曾经非常调皮的学生在第一次班级共读绘本《肚子好饿的毛毛虫》后，写了一首诗送给自己：“吃啊吃！吃啊吃！一定要吃到老。如果不够就再吃，一定要吃到老！身边的书吃完了，想一想哪里还有，就到那里去吃。别忘了，一定要吃到老！”他还对黄老师说：“谢谢你救了我！”以前迷恋电视的这位学生，还劝告他的同学、姐姐和弟弟：“别再吃错书了。”

黄老师说：“把故事和游戏还给童年，让孩子们不再迷恋电视和网络，这是最合乎生命的学习。”是啊，童书就这样改变着孩子，战胜了电视。

一个特别女生的故事

2007年在运城举行的全国新教育年会上，我听到了许多让我热泪盈眶的故事。其中，苏州工业园区娄葑二小顾舟群老师讲述的一个特别女生烨烨的故事，尤其让人感动不已。

2006 年 10 月，顾老师与几个同事一起，开始了新教育实验“毛虫与蝴蝶”项目的低段读写绘实验，她们带领着刚入学不久的孩子们开始穿越一本本绘本，每天给孩子们讲故事，读图画书，诵读儿歌，把孩子的作品拍下存档，给家长写信，讲述一个个校园里课堂上的动人故事。而这些孩子也发生着奇迹般的变化。

在顾老师的班级里，有一个特别的女生叫烨烨。在入学测试时，顾老师的同事说：“刚才，我测试到一个女生，她的名字叫烨烨，这个孩子竟然一句话也没说，一道题也没完成，测试成绩是零分。不知道以后会分到哪个班级？”

这个孩子到了顾老师的班上。第一次与学生见面时，顾老师让孩子们起来介绍自己，当叫到烨烨的时候，其余孩子都说：“老师，你不要叫她，她是傻子，她不会说话的，在幼儿园里从来没有说过一句话。”

第一次和孩子们吃饭，一个多小时的时间，烨烨拿着勺子坐在座位上一动不动。后来和她妈妈沟通才知道在家里她从未自己动手吃过，幸亏幼儿园离她家就几步路，所以，每顿饭都由妈妈送过去的，一口一口喂她吃完。顾老师发现，她是一个不会自己吃饭的孩子。

刚开始进行“毛虫与蝴蝶”的实验时，顾老师没有注意她，也没想到她会对读写绘感兴趣。在读《可爱的鼠小弟》时，顾老师也没有发现她对绘本的喜爱，因为她从来没有交过一张绘画作品和一个续编的故事。但是，一段日子以后，在顾老师和孩子们讲《小熊的哈欠》时，收到了她的第一幅作品。从图片的内容上可以看出，她完全听懂了故事，图片中出现了小老鼠的家、蜜蜂的家、小兔子的家、狐狸的家。她妈妈在作品上写了这样一段话：“今天是我最难忘的一天，放学了，我骑着三轮车接女儿回家的时候，女儿不但主动开口和我说话了，还有头有尾地给我讲了《小熊的哈欠》的故事，我一边骑，她一边讲，女儿长大了，懂事了。”

看到这份特殊的作业，顾老师又惊又喜，想不到这样一个特别的女孩竟然对绘本、对故事如此感兴趣，还能完整地叙述出来。顾老师不仅在全班表扬了她，还给她的作品颁发了奖状。这是她生平得到的第一次表扬、第一张奖状。从此，她的兴趣完全被激发起来了。每节绘本阅读课她都听得十分认真，每次画画、续编她都能认真地完成。到现在为止，全班只有她一个人从未缺过一次读写绘的作业。学校要开辟“毛虫与蝴蝶”实验展板，顾老师把她的照片、绘画作品展示了出来。渐渐的，她的脸上有了笑容，走出座位和孩子们交流起来，学习成绩也提高了。

一年过去了，烨烨的改变越来越大，作业完成速度也越来越快，不但能和孩子们交流，还能主动上台讲故事；不但能自己吃饭，还能主动帮老师做事，测试成绩一次比一次好。一个多学期下来，她竟然能熟练地背出上百首儿歌。语文考试超过了 80 分！

顾老师后来知道，烨烨还有一个哥哥，和她一样的白皙漂亮，和她一样的一句话也不说，和她一样的入学测试成绩是零分。可是六年过去了，她哥哥还是一句话也不说，毕业测试成绩还是零分，现在休学在家。顾老师说，她在想象如果同样的实验发生在她哥哥身上，用同样的方法教育她哥哥，不知道是不是另外一个样子……

一本童书能够有多大力量

在苏州工业园区娄葑二小，有一群年轻的老师参加了新教育实验“毛虫与蝴蝶”项目，开展了读写绘一体化的探索。我知道，她们仅仅做了一年时间就发生了许多感人的故事。她们用行动说明，童书是打开儿童心扉最伟大的力量。

在杜红芳老师的班上，有个男孩叫阳阳。在一次车祸中，阳阳的父亲永远地离开了这个世界。原本活泼开朗的阳阳逐渐变得沉默寡言，在学校不愿与老师、同学多交流，在家里经常发脾气，爷爷、奶奶、妈妈拿他没办法，只能把眼泪往肚子里咽。他的奶奶好几次恳求杜老师帮助这个孩子，帮助他恢复开朗活泼，帮助这个家庭恢复以往的欢笑。

于是，一本《猜猜我有多爱你》的童书走进了阳阳的世界。故事很简单，讲的是两只兔子如何用一种特殊的方式表达自己的爱。故事中的小兔子其实就像生活中的阳阳，还不懂得怎样表达对妈妈和爷爷奶奶的爱；而阳阳的家人就像故事中的大兔子，对这个失去了父亲的孩子倾注了所有的爱。

故事讲完以后，杜老师问学生：“你们爱自己的父母吗？”“爱！”孩子们响亮而整齐的回答响彻整个教室。

“那你们的爱有多深，有多远，有多高呢？”杜老师继续追问。孩子们你一言我一语，用各自不同的方式表达着对爸爸妈妈的爱。比如，有的使劲地张开双臂，说：“我爱爸爸妈妈有这么多。”

杜老师把目光投向阳阳：“你呢？”阳阳说：“我永远永远爱爸爸妈妈。”这是孩子内心最真实的想法，虽然他的爸爸再也不能回到他身边，但孩子爱爸爸的心永远不变。

杜老师趁热打铁。她鼓励学生回家以后用自己的方式向爸爸妈妈表达这一份爱的情感：“孩子们，对爸爸妈妈的爱不是光用嘴巴说说就行的，老师希望你们能拿出实际行动来，你们可以给爸爸妈妈倒杯水，可以给爸爸妈妈洗洗碗，可以给爸爸妈妈捶捶背……杜老师相信你爸爸妈妈准会很开心的！”

第二天，杜老师在课堂上向孩子们了解昨天回去的情况，孩子们的回答让杜老师惊喜。有的说：“我回去就搂着爸爸的脖子甜甜地说了一声：‘爸爸，我爱你！’爸爸笑得嘴都合不拢了。”

更让杜老师开心的是，阳阳的妈妈在她的博客上留了这样一段感人的话：“今天早晨我刚起床，孩子就搂着我的脖子说：‘妈妈，我永远永远地爱你！’老师，您可知道，这句话对我的触动是多么的大，是多么令我感动，换作以前，他是绝对不会主动跟我说这句话的啊！我心想：这只任性又让人操心的‘小兔子’怎么一下子懂事了许多，真是让我欢喜！杜老师，真的感谢您，让我们原本已失去欢笑的家又有了欢笑，又有了缕缕温馨。”

后来，杜老师在学校里碰到来接阳阳的奶奶，阳阳的奶奶拉着她的衣襟，眼角闪着泪花对她说：“杜老师，真是要谢谢你，现在孩子不再那么任性了。每天回家，他喜欢跟我们说说学校、班级发生的事了，在家话也多了，也爱笑了。真是让我们高兴啊！”

杜老师发现，自从接触了童书，这些美丽的绘本让孩子们也变得更加美丽了。阳阳似乎变了一个人。阅读课上听得最认真的是他，笑得最灿烂的是他，完成作品最出色的也是他。课后总能在教室里看到他活跃的身影。尤其可贵的是，他学会了与人交流，和家人相处，学习成绩也稳步上升了。

这就是童书的力量！杜老师说，一个绘本就给阳阳带来了这么大的变化，我们还有什么理由不给孩子们带去更多的童书，让他们的童年生活变得更加美好呢？

有这样一群开展“童心悦读”的人

我在苏州娄葑第二中心小学成立“新教育读写绘基地”的活动上说过两句话，一是“童年的秘密远远没有被发现”，一是“童书的价值远远没有被发现”。最伟大的童书里隐藏着人类最深奥的智慧、最美丽的情愫和最高贵的精神。童书是最美丽的种子，受过童书熏陶的人，会收获幸福完整的生活。世界上幸福指数很高的一些国家，如号称快乐第一的丹麦，以及北欧的挪威等国家，都是童话的国度，都有很好的重视儿童阅读的传统。

阅读是快乐的，热爱阅读的孩子是最美的天使。

山东淄博市临淄区金茵小学的孩子们就是这样一群美丽的天使。

这里的孩子和老师把阅读叫作“悦读”，我想这不仅仅是一种口号，而是他们实实在在的一种行动。

我曾经多次在全国政协的会议上和提案中呼吁建立中国人的阅读节，并且希望在每一年的 9 月 28 日孔子诞辰日进行。新教育人首先响应，在自己的校园中开始了阅读节。2007 年 9 月 28 日那天，我一上网就从教育在线看到了来自金茵小学的阅读节活动。

那是个微雨的早晨，两扇红色的“书门”正好架在了学校拉开的铁门中间。“书门”是用吹塑板做成的，后面用铁架支撑着。两扇“书门”上分别是改写过的狄金森的《没有一艘船能像一本书》和金子美玲的《向着明亮那方》。

孩子们从“书门”中穿过，看到老师们早就打着伞站在校园里，前面是一张张桌子，桌子上摆着一本本精美的书——一个不一样的日子，就这样开始了。孩子们走到自己的老师跟前，分别拿到了一本崭新的书。一年级是《新编儿歌 365》，二年级是《尼尔斯骑鹅旅行记》，三年级是《雷梦拉八岁》，四年级是《海蒂》，五年级是《草房子》——这一本本适合他们这个年龄阅读的书，是老师们精心挑选出来的。

那天，学校也为父母精心选择了一本书：一、二、三年级的父母拿到的是《朗读手册》，四、五年级的父母拿到的是李镇西老师的《做最好的家长》。

看到这样的场景，我很感动。一所如此重视阅读的学校，怎么可能不让孩子向往？而接下来的活动，更让我看到了他们的独具匠心。8点钟，仪式正式开始。家长站在两边，孩子们站在中间。学校教学楼上是醒目的横幅：阅读节，让我们静静打开一本书。一开始，全校学生一起背诵《没有一艘船能像一本书》，接下来，一至五年级的语文老师代表分别走上台，用简短的话介绍了为什么在阅读节这天要送给孩子们这样一本书。然后，全体教师走上台，校长亲自把《孩子们，你们好》《孩子们，你们生活得怎么样》《孩子们，你们准备好了吗》《给教师的一百条建议》这四本书，交到老师们手中。最后，全校师生共同朗诵《向着明亮那方》，结束了那天早晨的仪式。

一首美妙的诗歌。

一本被轻轻吻醒的书。

这样的仪式，直抵人的心灵——阅读的种子，已经播撒在师生的心里。

我是通过常丽华老师认识金茵小学的。在运城新教育大会上，这个网名叫做芷眉的老师，深情地讲述了她和她们班的孩子们的读书故事，讲了她与孩子们的父母共读的故事。我流泪了。山西教育厅的张副厅长也热泪盈眶，他说，如果全中国的学校都像常老师的班级一样，中国就会改变！

于是，在全国很多地方讲演的时候，我多次提到金茵小学的常丽华老师；于是，芷眉成为新教育的一道风景，被称为新教育“毛虫与蝴蝶”项目里最肥最大的毛虫，她的故事在新教育很多实验学校里广为传颂。

有意思的是，芷眉所在的学校成立了“童心悦读研究院”，院长是芷眉，副院长是杨世臣。杨世臣是谁呢？是金茵小学的校长。上面我们看到的精彩的阅读节活动，总策划就是杨校长。

杨校长高高的个子，质朴的面容，平常话语不多，可是在推动儿童阅读方面，杨校长在全国的校长里大概也会排在前面。他不但自己爱读童书，更舍得为“童心悦读研究院”投资，每个学期上万元的研究经费，学期初就会拨到研究院，供老师们买书、研究使用。他在“童心悦读研究院”里从来不越位，对院长芷眉老师的安排一一落实，甘心为老师、学生和家长们做个幕后英雄。我在《理想的校长》中曾经说过，最高明的校长是为老师们搭建一个个舞台，让老师们成为闪亮的明星，杨校长就是这样的人。

新教育研究院培训部的老师把第一站培训就安排在了金茵小学，因为这里儿童阅读基础好，已经涌现出了像芷眉这样一群扎根在教育田野的优秀毛虫。我去访问时发现，这是一所处处充溢着书香的校园。办公楼大厅里，是“晨诵、午读、暮省”儿童生活方式的展示；教学楼每层的“童心悦读苑”，一本本经典童书整齐地摆放着；办公楼后墙上，是围绕童心悦读送给师生的阅读推荐书目。记录书目的造型，是由三部打开的“天书”组成的，形状如同一段由粉红到天蓝的阶梯，又像羽毛丰满的鸟儿列队展翅翱翔，这也体现了新教育儿童阶梯性阅读的理念。

我们在金茵小学的时间虽然很短暂，但是，我看到了新教育是如何在一所学校生根、发芽、开花的，也感受到了一个校长的教育情怀。杨校长和老师们在努力实践着新教育理念，让儿童拥有一种回归朴素的生活方式，从晨诵教材的编写，午读时间的保证，读书课的精心设计，一直到暮省仪式的创新，无不是在为儿童编织着美妙的童年。

一所学校，能让孩子阅读，进而做到像金茵小学的学生这样“悦读”，就是最大的成功。

第七章　新教育与教师成长

新教育实验认为，教师的职业认同与专业发展是教师成长的两翼。专业发展是职业认同的基础，职业认同是专业发展的动力，互为前提。没有教师的发展，永远不会有学生的成长；没有教师的幸福，永远不会有学生的快乐。教育成败得失的关键在于教师的专业素养。也就是说，只有高度的专业发展，对职业的认同、信仰，对教育的热爱，以及拥有生命的激情，才最终有教育品质的保证。

新教育实验与教师专业发展

与许多教育实验不同，新教育实验一开始就把教师的专业发展作为实验的出发点。新教育实验这几年最大的成果，就是涌现了一大批在实验中成长起来的优秀教师。出版个人专著，以普通教师的身份参与学术研讨，到各地交流与讲学，在新教育实验教师中已经是极为普遍的现象。无论是新教育研究中心的干国祥老师、魏智渊老师、马玲老师，还是新教育实验学校的常丽华老师、高子阳老师、庄惠芬老师等，都是从普通教师成长为学科领域的专家型教师的。

通过几年的探索，新教育实验逐渐摸索出了教师专业发展的“三专”模式：专业阅读——站在大师的肩膀上前行；专业写作——站在自己的肩膀上攀升；专业发展共同体——站在集体的肩膀上飞翔。我们称之为新教育教师成长的“吉祥三宝”。新教育实验认为，不同学科和发展阶段的老师，需要阅读不同的专业书籍。我们还认为，可能存在着一个教师专业知识的合理结构（这里的知识，主要是通过经验内化了的默会知识，而不是可以通过书面试卷测试的显性知识），而许多教师在某一方面存在着“短板”，因此阻碍了自身的专业发展水平。为此，新教育实验开始着手研制一张“新教育教师专业阅读地图”，即用书目的形式，在充分考虑到个体成长的特殊性和序列性的基础上，构建一个理想的教师知识结构模型，从而更有效地解决不同水平和学科的教师分别该读什么和怎么读的问题，以及专业阅读如何为专业实践服务的问题。

新教育实验初期，我曾经通过“朱永新成功保险公司”，要求教师坚持撰写教育日记，教师们的随笔往往也主要是抒情性质的，随意的，生活感悟式的。随着专业发展思考的深入，新教育实验正逐渐将教师的专业写作细化为五种形式：日常教育叙事，教育感悟，师生通过日记批阅、贺卡和书信相互编织有意义的生活（共写），教育案例及剖析，教学案例及剖析。这五种形式的教育写作各有不同的特点和作用，它们引导教师从各个层面对教育实验和自身进行反思，提升自己的教育思想，改进日常的教育实践。新教育实验提倡师生共写随笔，最终目的不是为了发表和出版，而是为了“活得精彩，做得精彩”。但这几年来实验教师发表和出版的数百种教育书籍以及更大数量的各种文章，确实是新教育实验所取得的初步成果。在教育在线的论坛和博客，有近 5 万名教师在坚持写教育随笔，开辟个人成长专帖。用笔记录自己的教育生涯，已经成为新教育实验的一道独特风景。

在实验过程中，新教育实验认识到，个人的摸索往往由于自身的思维假定而无法看清问题的本质，教师的反思往往无法对自己导致问题的思维方式进行反思，而要突破自身的“知见障”，最好的办法是利用对话，利用专业发展共同体。所以，新教育实验提倡建立同一教研组、教学组的，或者是本校的、校际的，以及利用网络的各种专业发展共同体，在共同体中利用对话来突破个体思维的局限。充分利用专业共同体进行日常的共同阅读、相互评议教育作品、相互听课议课，也成为新教育实验最日常的研究方式，许多参与专业共同体研讨的教师深有感触地说，正是通过这样的对话，才劈开了自己顽固的思维壁垒，突破了旧的思维框架。

新教育实验的“三专”模式，其实也暗合了目前国际上流行的教师专业发展潮流，如强调教师的学术背景，强调教师的教育反思，强调教师发展的生态环境等。当然，教师专业发展模式围绕的核心永远是专业实践：日常的教育、教学生活。离开了课堂，离开了学生，离开了教师每天的日常生活，教师的专业发展就永远没有真实的可能，永远没有源头活水。

专业阅读：教师专业发展的基石

新教育把阅读作为实验最重要的基础活动。无论是“毛虫与蝴蝶”的儿童阶梯阅读，还是“晨诵、午读、暮省”的新教育儿童生活方式，书香校园建设已经成为新教育实验学校的一道风景线。

在实验中我们发现，阅读的关键人物是教师。因为没有教师对于阅读的热爱，就很难点燃学生的阅读热情，没有教师与学生的共同阅读，就很难形成师生共同的精神家园。书香校园的建设，如果没有教师的参与，是永远无法实现的。

同时，如果没有教师的阅读，就没有教师的真正意义上的成长和发展。教师的教育智慧从哪里来？人类几千年的教育历史中，创造和积累了许多宝贵的教育思想财富。这些财富保存的载体主要是教育的经典著作。阅读经典，与过去的教育家对话，是教师成长的基本条件，也是教师教育思想形成和发展的基础。教育智慧的形成，在一定意义上说，就是跨越由这些经典构成的桥梁的过程。这是一个不可超越的过程。人类的教育虽然不断变迁和发展，但是教育的根本不会变化，教育培养人的功能不会变化，教育过程的内在规律不会变化。现代的许多教育新思想，其实只不过是用我们这个时代的语言和案例与过去的大师对话而已。

教师读书不仅是寻求教育思想的营养，教育智慧的源头，也是情感与意志的冲击和交流。从过去的教育家的著作中，教师可以学习的东西很多。有心的教师会认真阅读教育的重要文献，认真学习不同时代教育家的人生理想与人格力量。读书会让教师更加善于思考，更加远离浮躁，更加有教育的智慧，从而让我们的教育更加美丽。

所以，新教育实验从一开始就非常关注教师的阅读问题，曾经为教师推荐了100本的基本书目。但是，随着实验的深入，我们发现，简单地推荐教师读物是不够的。如果没有真正的专业阅读，教师的专业发展仍然非常困难。从 2006 年开始，我们组建了以魏智渊老师为核心的教师专业发展研究小组，开展了教师专业阅读的相关研究，并且取得了初步的成效。

新教育实验对于专业阅读有这样的基本共识：对于任何一个具体的专业领域而言，存在着一个最合理的知识结构；专业发展必然会经历一种“浪漫—精确—综合”的有机过程；每一门类知识的掌握，都存在着一条由浅入深的路径；对每一个教师而言，都存在着一条独一无二的阅读路径；在特定的发展阶段中的具体教师，面对特殊的场景，一定有一本最适合他阅读的书。

因此，我们编制了教师专业发展地图。这个地图由三部分组成：本体性知识（即学科专业知识，约占 50%）、教育学心理学以及职业知识（约占 30%）、人文及科学背景知识（约占 20%）。这三部分不是彼此孤立，而是相互支撑，有共同的知识背景和价值观。在知识背景方面，强调知识与生命相关联，与实践相关联，最终以解决实际问题和丰富教师生命为旨归。这决定了在我们的价值系统中，活的知识远高于死的知识，基于实践的知识远高于强调系统的知识，整个知识结构应最大程度促进教师教育生活的幸福完整。这也是我们选择教师读物的基本价值判断。

在新教育 2007 年运城年会上，我们提出了“共读，共写，共同生活”的命题，强调共同阅读对于教育生活的价值和意义。其中，我们主张教师应该通过共读的方式来相互切磋，使阅读不成为一个走马观花的过程，而成为共同磨刀的过程，成为锻炼彼此思维能力和理解力的过程，这是专业阅读的有效方式。共读的过程，也是一个对书籍进行鉴别的过程，真正的好书会在反复的交流中不断地涌现出来。所以，我们通过教育在线网站组建了新教育读书会，每月研读一本书，通过专业的阅读 QQ 群交流阅读体会。还通过绘制每个人的阅读地图，分享和诊断个人读书的经验与历程。

新教育实验强调应该关注根本书籍，即奠定教师精神及学术根基，影响和形成其专业思维方式的经典书籍。成为一个教师的根本书籍意味着，教师能够深刻地理解这本书，而这本书也成为他思考教育教学问题以及阅读根本书籍的原点。构成一名教师思考原点的典型书籍的高度，往往会影响到这个教师的学术高度。可惜的是，许多老师终其一生都缺乏属于自己的根本书籍，只是不自觉地被时代风尚所影响，飘浮在词语之中而缺乏根基。

在阅读方法上，新教育实验主张知性阅读，这是一种带有咀嚼性质的研读，是指阅读者通过对书籍的聆听、梳理、批判、选择，在反复对话中，将书籍中有价值的东西吸纳、内化到阅读者的知识结构之中，从而使原有结构得到丰富、优化或者重建。知性阅读类似于传统的精读，但又有所不同。精读侧重于细读，但如果在泛读中，读者能够迅速抓住一本书的核心以及框架并开展对话反思，也属于知性阅读。与知性阅读相对应的是感性阅读，指带有消遣性质的快餐式的阅读，在书目上跟着感觉走，在阅读中仅凭感觉去感受书中的信息而不加以反思咀嚼。

专业写作：在反思中成长

经过几年的探索，新教育实验已经从过去的提倡教师写作，发展到目前强调专业写作，把专业阅读、专业写作、专业发展共同体作为教师专业发展不可分割的组成部分，这是新教育实验对于教师专业发展的新的认识和新的贡献。

新教育将教师教育写作分为五类，分别是教育感悟、教育叙事、教学案例、教育案例、师生共写随笔。一般化的教育感悟不能称为专业写作，只有后面四种才是新教育提倡的专业写作。

应该说，到现在为止，为发表文章而写，为评定职称而写，为应付检查而写，仍然是教育写作中的常见现象。针对这种现象，新教育明确提出：新教育专业写作，不以外在的名利为终极目标，不为写作而写作，而是为了使写作恢复本来面目，服务于日常教育教学实践，成为自我反思的基本手段，促进学生以及自身的幸福完整。

新教育认为，一个人的专业写作史，就是他的教育史。我们的教育生活是由无数的碎片组成，这些碎片往往会形成破碎的未经省察的经验，使教育教学在比较低的层面上不断重复。而通过专业写作，就能够有效地对经验进行反思，从碎片中提取有意义的东西并加以理解，形成我们的经验，使之成为我们专业反应的一部分，使我们的教育实践更加富有洞察力。这样，这些碎片就可以拼合成为美丽的图景，就像把散落的珍珠串成美丽的项链。

新教育的专业写作具有以下特点：[①]

1. 强调理解与反思，反对表现主义。专业写作是为了对教育教学现象进行反思研究，因此调动专业积累，理解教育教学现象是非常重要的。理解的过程同时也是反思的过程，反思意味着对教育教学现象以及教师的应对情况进行基于教育学、心理学以及学科理论的专业评估，对其中的复杂因素以及因果关系进行梳理。在这个意义上说，专业阅读是专业写作的前提。

2. 强调与实践相关联。只有做得精彩，活得精彩，才能写得精彩。专业写作的根基是专业实践，专业写作的目的是服务专业实践。实践水平决定着专业写作的水平。专业写作是对日常教育教学的观察、记录和反思，是无法脱离专业实践而单独存在的，因此专业写作与实践始终是编织在一起的。

3. 强调客观呈现，反对追求修辞。专业写作是学术性写作而不是文学写作，因此更注重事实、学理和逻辑，强调客观地呈现问题，反对任何形式的抒情化、浪漫化写作。所以，教师的专业写作需要忽略丰富性，淡化“戏剧性”，强调简单性，突出逻辑性。

4. 主张师生共写随笔。即师生通过日记、书信、便条等手段，相互编织有意义的生活。在儿童课程中，学生写作被称为“暮省”，并包括了绘画在内的多种多样的方式。师生共写随笔的本质是“共写”，也就是共同生活。共同生活意味着彼此围绕共同的话题，通过共同的密码分享意义。在许多新教育实验学校，教师通过书信、便条的方式与学生和家长沟通，已经成为一道亮丽的风景，如常丽华老师每天给家长的共读便笺，我曾经说是她写给家长们的“情书”。

5. 注重案例研究。在要求全体实验者进行日常教育叙事的同时，新教育实验正研究对典型教育案例进行多角度的理解和解释，并逐渐积累成一个“中国典型教育案例库”。在教育过程中，我们会遭遇层出不穷的问题并忙于应付。其实，这些问题有很大的相似性，在一间教室里发生过的事情，在其他教室里往往也发生过。甚至这些问题的类型也是有限的，比如早恋问题、作弊问题、上课说闲话问题、教育惩罚问题、学生竞争问题、亲子交流问题。如果对这些典型问题进行集中的案例研究，就可能为所有教师

---

① 参见：《“三专”模式——专业阅读、专业写作、专业发展共同体》。

在处理教育问题时提供一个丰富的可供参照的资源。

中国典型教育案例库的建立，将有助于任何专业程度的教师合法合理地处理自己遇到的教育问题，不至于茫无头绪。同时，参照案例库理解和处理问题的过程，也是一个不断地丰富自身经验的专业发展的过程。

专业发展共同体：打造教师成长的生态环境

与专业阅读、专业写作一样，专业发展共同体是新教育实验教师专业发展的重要途径之一。

目前，在绝大多数学校，一方面同事之间讳莫如深，教室的门始终向他人关闭着，教师之间仍然是生活在同一个校园里的陌生人；另一方面，一些渴望成长的年轻教师仍然处在孤军奋战的状态，他们个人的摸索往往由于自身的思维知见障而无法看清问题的本质，他们个人的反思也往往由于自身的理论功底而无法对自己导致问题的思维方式进行剖析。所以，新教育实验认为，需要打破教师之间的这种隔膜，形成对话的传统，在专业阅读、专业写作的基础上，借助专业发展共同体提升教师的专业化水平，是教师成长的必由之路。

其实，教师专业发展共同体的问题一直是古今中外教育学者关注的重要问题。孔子早就讲过“独学而无友，则孤陋而寡闻”以及“三人行必有我师”的道理，教师的成长“生态”也得到现代教育学者的关注。美国斯坦福大学的格鲁斯曼（Grossman）教授等以案例研究为基础，对教师专业共同体的内涵、特质及组建过程进行了较为详细的描述和说明，明确指出了“教师专业共同体”和“一群教师”之间的本质区别；迈克劳林（McLaughlin）则对教师专业共同体对于学校发展的作用进行了研究，指出专业发展共同体可以支持和帮助教师改进和完善自身的教学实践，帮助他们解决由于学校的改革和变化而出现的危机感和不确定感，以使教师去应对变化的环境和新的挑战，从而为学校走向成功提供了适宜的组织和精神资源。

近年来，以新教育网络师范学院为基础的新教育专业发展共同体逐渐建立，他们充分利用专业共同体进行日常的共同阅读、相互评议批注教育作品、相互听课议课、研究讨论问题等，成效显著。

教师专业发展共同体必须建立在自觉自愿、积极主动的基础之上，这是形成一个良好共同体宽松氛围的土壤。如果只是利用行政命令，而不是“尺码相同”的人的相聚，共同体就会流于形式。同时，共同体成员的共同愿景非常重要，在活动中应体现其整体性的目标及阶段性的目标。每个成员都能在心中明白共同体的价值和方向，在团体活动中不断证明自己存在的理由和意义，在活动中体验成就感，这是持续参加共同体活动的动力，也是激活其持续发展最主要的因素。

教师专业发展共同体需要引领与榜样。任何共同体都需要引领，引领者可能是校长，也可能是普通的老师。运城新教育实验学校的一位老师曾经这样描述他们学校的困惑：“如何读透一本书？如何将所读书目与实际教学活动有效结合起来？如果在共同体中缺乏引领，会造成知识性的链接缺乏，使水平相当的共同体无法进行深入研讨，从而使活动大打折扣。”所以，在共同体内部缺乏这样的引领者的时候，要么主动寻求外部的引领者，把共同体放在一个更大的共同体之中；要么共同体内部的人尽快成长，用阅读和写作擦亮自己，主动推进共同体的发展。

当然，教师专业发展共同体也是需要约束的。这些约束是通过共同体成员的协商制定的，是大家的“契约”。新教育实验的教师专业发展共同体在征集共同体成员的时候就曾经写道：

> 我们诚恳地欢迎一切尺码相同的人加盟专业发展共同体，我们尤其欢迎新任教师，以及师范学校的有志于成为卓越教师的学生，加入专业发展共同体，我们希望共同体中的每一个人身上，都能够具有如下标记：
>
> 1. 热爱教育，热爱学生，认同新教育理念，愿意和新教育团队签约成为新教育人并共同成长。
>
> 2. 不是为了外在的声名，而是因为内在的成长而追求知识；不只是为了薪资，更是为了赋予生命以意义与尊严而从事教育之事。
>
> 3. 能够尽可能地参与共同体的讨论，并认真研读讨论材料，做好读书笔记。每年阅读的底线是专业阅读100万字（相当于六七本书，书目见《新教育专业阅读地图》，或与地图中推荐书目相当的专业书籍），阅读要求以精读为主。

4. 追求和保持知性阅读的习惯，远离肤浅阅读。

5. 与共同体内同伴之间彼此支持，乐于分享自己的阅读以及教育教学经验，让帮助他人成为一种本能。远离自大、阿谀及攻击，彼此欣赏，真诚批评。

2009 年是新教育实验的“教师专业发展年”，我们在打造教师专业发展的平台方面做了几件有意义的事：一是基于专业发展的网络平台，将以“教育在线—教师专业发展论坛”（www.eduol.cn）为主阵地，汇聚热心于专业发展的实验者组成共同体。二是在“海拔五千——新教育教师读书会”QQ 群、构筑理想课堂 QQ 群的基础上，正式建立了新教育网络师范学院，将专业阅读、课堂教学彼此打通，使一大批实验者经过网络师范学院的沐浴和岁月的考验，成为真正的高度专业化的教师。三是尽可能为实验者提供优质的实验资源，包括阅读书目及路径、绝版图书的电子版、高品质研课资料等。

2010 年，在“海拔五千——新教育教师读书会”的基础上，新教育网络师范学院（简称“网师”）成立并正式在网上开课。至今已有上千名学员。每学期都要开许多课程，一大批教师得到了专业化的成长。新教育网络师范学院的课程设置非常灵活，基本课程分为必修课程、选修课程以及毕业课程。必修课程分为公共必修课程和学科必修课程。公共必修课程以根本书籍研读为主，也包括一些实践类书籍研读，涵盖哲学、心理学、教育学、课程理论及实践等领域。学科必修课程主要包括本学科的根本书籍、实践类书籍研读，以及课例研讨等。网络师范学院的学习，是基于教育在线网络平台以及 QQ 群等。日常资源的下载与上传，个人作业的收领以及提交，集体讨论学习等均通过网络来完成。授课时间通常安排在晚上 7 点至 9 点之间，学习频率由学员自主选择，可选择三年完成全部学习，也可无限延长学习时限。到高年级后，将以新教育基地小学为依托，邀请部分优秀学员开展现场的实习与合作。

我们相信，经过若干年的努力，我们一定能够打造出真正意义上的教师专业发展共同体，让更多“尺码相同”的教师在这种共同体中彼此激励和温暖，创造一个基于网络的、以知识为精神食粮的生活空间。

我们也坚信，新教育实验教师专业发展的“三专”模式，一定能够为中国教师专业发展的理论和实践探索，做出自己的贡献。

第八章 新教育的理想课堂

新教育实验一直在努力探索通过提升教师的专业素养，来提高课堂的教学质量。而改善师生关系，形成生活共同体，扩充学生丰富的生命体验和智力背景又从各个方面为课堂教学提供了有力的支援。在实验的推进中，新教育实验也逐渐地形成了自己独特的课堂教学研究方法。新教育实验提出“构筑理想课堂”，是指通过创设一种平等、民主、和谐、愉悦的课堂氛围，将人类文化知识与学生的生活体验有机结合起来，追求高效课堂与个性课堂。

新教育实验认为教学活动是师生间的共同生活，每一位任课教师理应成为所任教学科（及此一知识领域）的虔诚的传教士。他的课堂研究事实上是将各种现有的教学理论、课程理论在日常教学实践中综合运用和检测。

新教育的理想课堂分“有效课堂研究”“对课堂的多元文化理解”“风格与个性的课堂”三个层次。其中有效课堂强调日常课堂教学研究的三项基本任务，即：学校里的日常教学研究不应该是为了上好表演性质的公开课、竞赛课而进行的，而应该是为了提升每一个任课教师的教学能力；不应该是为了赛课做准备而开展，而应该是为了改进每一堂课的质量而进行教研——包括识字课、计算课、复习课、试卷讲解课在内的所有学科教学；不应该只关注到几个课堂上有精彩发言的学生，而应该关注、检测到每一个学生的学习情况。

四种课堂话语的分析

作为教师，一个问题将伴随着我们整个的职业生涯，而往往是直到我们离开讲台退休时，仍然没能获得一个明确的答复。这个问题就是：怎样的课才是一堂好课？

有时候，课堂上学生喜悦的眼神，课后同事的赞誉把我们推到人生的极乐时刻，让我们获得一种罕有的成就感；但更多时候，我们却深陷于机械、枯燥、刻板以及自我怀疑之中，觉得世界上再没有比课堂教学更难琢磨、更难把握的事情了，我们就像是古老的巫师，有时在课堂上似乎是为了吸引听众而在乞灵于神秘之物。课堂教学的技艺究竟是否存在，如何获得？如果说它是一项技术，为何在师范院校及培训机构，却没有真正能够传授这项技术的教师？如果说它是一门艺术，为何更多的时候，旨在促进生命成长的课堂上，却显得比任何其他人类活动都要更加死气沉沉？

关于课堂教学的研究源远流长。从孔子的“愤悱启发”到苏格拉底的“产婆术”，从夸美纽斯的班级授课制到赫尔巴特的“四段教学法”，从泰勒的《课程与教学的基本原理》到佐藤学的《静悄悄的革命》，几乎所有的教育学者都试图破解课堂教学的奥秘，他们的确也为此贡献了许多知识和智慧。而来自理论与实践的探索，则更加模式众多。但是，课堂教学依然是教育中的斯芬克司之谜，大部分一线的老师仍然没有找到“芝麻开门”的方法。

为了解决同样的难题，当代中国的教育界也投入了大量的人力物力财力精力研究和探索课堂教学问题。归纳起来，主要有四种“课堂话语”。

一是“公开课的课堂话语”。近几十年来，中国绝大多数学校的教研活动基本上聚焦于“听课”这种教师课堂行为观察及改进的教研方式上。“公开课的课堂话语”占据这种教研活动中的主流，同时也是教育杂志、面向一线教师的各种培训及会议、校际及学区的教研活动上最为流行的课堂话语。这种话语基本上围绕一个焦点而展开，这个焦点就是：怎样在众人面前上出一堂精彩的、动人的、吸引人的好课？

这就是几十年来课堂教学研究的最主要范式，其极端的表现形式，就是舞台上的公开课，即所谓的“课堂表演秀”。其实，就是那些最优秀的特级教师，他们日常的课堂教学也是与公开课迥异的。

公开以便观摩的课堂，是教学行为得以研讨的前提，也是年轻教师走上讲台最好的范例。事实上，这种公开的观摩活动，对中国广大教师的课堂教学影响极大，其积极意义不容否认。但是，大家也都清楚一个事实，就是这种课堂话语中所探讨的，并非是一般意义上的教学内容；研究指向的，并非是普通的、日常的课堂教学，而只是特指优质课比赛、公开课展示所需要的那种特定的课。如一位老师坦言：“上公开课，第一感觉最是要紧；没感觉的课文，千万碰不得。”也就是说，为了上好这种课，教材篇目是特选的，课堂教学流程是反复演练的，现场效果被提高到至高无上的地步。

在有些学校，百分之九十的教研活动，是用于研究几乎只占百分之一的特殊课——每位老师每个学期上一堂公开课，这堂课与日常教学关系并不大，日常的课堂教学，事实上并未按照这种公开课的模式在进行。同时，由于公开课大部分是名师执教，精心打造，让大部分教师觉得无法学习、无法模仿，教学的自信因此受到毁灭性的打击。也因此，日常课堂教学究竟如何操作，怎样真正有效地提高教育教学质量，这些问题就被简单粗暴地斥为应试教育，推下了桌面，只能成为一种潜话语，形成了“明说优质课，暗搞题海战”的潜规则。

二是“面向应试的课堂教学话语”。在公开表演课占据公开的、桌面上话语的同时，以面向应试、题海战术、“立竿见影”的话语成为更日常、更普遍的学校课堂教学事实话语，成为真正统治课堂教学的潜台词与潜规则。这套从来没有在杂志上公开宣告自己的话语，事实上每一个教师都心知肚明，虽然几乎没有人会公开宣称它的合法性。由于它的可操作、易模仿、见效快等特点，造成了目前客观存在的“素质教育轰轰烈烈，应试教育扎扎实实”的格局。

显然，以上两种课堂话语，都不是我们今天所要讨论的，也不是我们想要的构筑理想课堂的话语。值得关注的是，最近几年里，有两种新的课堂教学话语，正在被越来越多的学校及教师所接受。它们分别是以洋思学校、杜郎口学校为代表的民间校本课堂改革话语，和以叶澜、钟启泉、王荣生、顾泠沅等人为代表的课程理论＋实验的学院派课堂教学话语。

三是“民间校本课堂教学话语”。继承公开课所想解决的疑难问题，洋思、杜郎口等学校的课堂改革话语，主要着力点仍然是课堂程式的改革，但这次他们想改变的，不是少数的某一课，而是每一堂课。改革者试图通过课堂教学流程的最优化，让所有课堂、所有学科取得显著的成效。这种课堂教学改革的势力目前堪称一股热潮，而且因为从教师的表演改变为学生的学习，从少数课的卓越表演改变为追求每一堂课的实效，它已经取得了令人瞩目的成就，值得我们关注，并致以敬意。当然，这种民间的校本课堂话语，在深度理论的支持以及教师专业成长的路径方面，仍然需要进一步探索。

四是“学院派课堂教学话语”。继承几十年来的课堂教学理论研究，参照国外的课程及教学理论，许多学院派研究者，如叶澜、钟启泉、顾泠沅、裴娣娜、王荣生等，已经更为密切地参与课程开发，参与校际教研，参与关于课堂实践的对话，这些理论话语通过大量的国外著作的翻译，通过新课程改革的契机，更通过一些优秀研究人员的身体力行，正在逐步地渗透到学校的课堂上。但显然这种话语是以上几种课堂话语中最为复杂的，对一线老师而言，是较难理解和掌握的。不过我们可以乐观地推断，因为这种话语的历史深度，以及科学的态度，它或许是生命力最持久的，并能对明天的课堂教学产生深远影响。

综述以上四种话语，是想对新教育课堂话语作一自我定位，也就是想对新教育实验的理想课堂观进行定位。应该说，新教育实验中构筑理想课堂的话语，就是对以上四种话语的研究性理解、批判性吸收、创造性调和的建构。

——它想要拥有公开优质课的课堂活力，但更想让活力呈现于日常的课堂中；它想拥有应试课堂话语同样想要的成绩，但希望是以一种人性的、人道的、科学的方式来实现；它想像洋思、杜郎口等民间校本课堂改革话语一样，是简明的，基于自身的，但也希望它是能够经得起学理解释的；它同样希望它是能够被高度理论化的，但更注重应用于实际课堂上的。

——它并不是想确立自诩为终极真理的宏大叙事与唯一叙事，而希望成为当代众多课堂实践探索中的一支，形成一种自我理解、自我反思与不断修正、逐步完善的关于课堂教学的话语。

理想课堂的六个“度”

许多老师习惯于日复一日地“重复昨天的故事”，陶醉于课堂教学的井然有序，满足于传统的“传道、授业、解惑”的角色。然而，有多少老师认真思考过：自己的课堂受学生欢迎吗？

苏州蓝缨学校曾经做了一项调查，一位曾获全国“十佳师德标兵”的老师，课堂教学满意率竟然不到 50%！尽管学生们充分肯定他的“态度热情投入”（66.3%）、“师德与责任心”（93.4%）、“言行为人师表”（76.7%）、“上课准备充分”（76.7%）、“授课条理清晰”（56.7%），教学常规执行情况的满意率也高达 76.7%，作业处理认真的满意率为 70%；但是，在衡量课堂氛围的指标上，却非常不尽如人意：“善于启发引导”的满意率为 26.7%、“体现学生主体”的满意率为 16.7%，而“教学气氛活跃”和“表达简明生动”的满意率只有可怜的 10%！

学生为什么不满意这位“十佳师德标兵”的教学？答案已经在上面的数据之中。课堂教学有自己的规律和艺术，课堂教学需要师生之间的沟通与互动。教师纵然有满腔热情，学富五车，但不一定能真正地走进学生的心灵。

这次的调查不一定很准确，但它给蓝缨学校的启迪是深刻的，给这位“十佳师德标兵”本人的震动是巨大的。

这位老师在得知调查结果后，百感交集。他说，学生对他的评价是中肯的，在此之前，他从不知道学生是怎么看待他的。教了快一辈子书，自己在学生心目中原来如此。他十分感谢学校的这次调查，这使他能够通过学生来反思自己教学的得失成败。

这份调查也震动了学校老师，使他们迫切地感到需要重塑自我。蓝缨学校校长陆一鹏说，我们的许多教师教了许多年书，却不了解自己的教学情况究竟如何。学校需要及时了解学生对教师的教育、教学工作的适应情况，了解教师在教育、教学工作方面的质量和效率，了解学生的心声、需要和愿望，以便更好地为学生提供帮助和创造更大的发展空间。这样的调查显然非常必要。

蓝缨学校的调查也说明，我们的老师应该通过各种方式接受课堂教学的反馈，及时了解和把握自己课堂教学的状态，并根据学生的反馈调整自己的内容和方法。

有各种各样的课堂教学评价方式，但只有学生满意的课堂，才是真正的好课堂！

什么是理想的课堂？什么样的课堂能够充满活力、情趣与智慧？什么样的课堂能够使教师体验挑战，使学生享受学习？我个人认为以下六条可作参照。

一是参与度。

理想的课堂，学生在教学过程中能做到全员参与（不是个别尖子学生的参与）、全程参与（不是暂时片刻的参与）和有效参与（不是形式主义的参与）。课堂教学不能是教师的表演，不能是事先预设程序的再现，更不能是教师的"满堂灌"。学生的参与是激发其思维的基本前提。在这个意义上，我主张在一般的课堂上，学生的参与（发言与活动）时间不能少于二分之一。

二是亲和度。

理想的课堂，师生之间有愉快的情感沟通与智慧交流。课堂上可能是愉悦、欢乐和合作的，也可能是紧张、沉默和不快的。"情不通则理不得"，良好的合作是课堂成功的基础。

三是自由度。

理想的课堂充满着自由轻松的氛围。我们的课堂如战场，强调的是纪律严明，正襟危坐，学生如履薄冰，战战兢兢，少了一些轻松，少了几分幽默，少了一些欢声笑语，少了几许神采飞扬。尤其是要求学生齐声回答，不允许交头接耳、与师争辩，是违背自由原则的。

四是整合度。

理想的课堂切忌过度的"分析主义"，把完整的知识支离为鸡零狗碎，如语文老师把字、词从具体的语言环境中分割出来，学生得到的只是肢解的知识，而不是真正的整合知识的智慧。

五是练习度。

理想的课堂不在于它的有条不紊，不在于它的流畅顺达，而在于它是否真正地让孩子练习和实践，让学生在课堂上动脑、动手、动口，通过观察、模仿、体验，在互动中学习，在活动中学习。

六是延展度。

理想的课堂能够在知识整合的基础上向广度和深度延展，从课堂教学向社会生活延伸，为学生的进一步探究留下空间。

我相信，理想的教育会取得理想的应试结果，问题是如何用理想的教育去指导你的思想。比如课堂，我们课堂中的废话太多，这是课堂缺少理想的反映。课堂上你到底说了多少废话，许多老师不知道。怎么才能知道？方法很简单，只要把你的课用录音机录下来，自己听听，一定会发现自己说了多少没有用处的话。如果学校里有摄像机，可以将一节课录下来，你不仅能发现自己说了多少没有用的话，也可以有更多的收获，比如一节课你走了多少路，你问了多少问题，有多少学生回答，全班同学这节课的表现，有多少孩子在认真听讲，他们注意的时间有多少。总之，我期望老师们可以试着把课堂中讲的时间缩短一点，把大量的时间留给孩子，孩子会高兴的，孩子会快乐的。江苏的洋思中学是一所普通的农村学校，他们的校长规定老师每人每课所讲时间不许超过 15 分钟。结果，孩子们的学习不但没受影响，而且大有进步，在全县考试中取得第一名。他的教学时间增加了吗？没有，但是孩子们的学习能力和发展空间却非常之大。我们所有的老师都过低地估计了孩子，过高地估计了自己。老师们对孩子的学习潜力、能力有着认识上的不足。因此，要相信孩子可以自己学习、自己把握绝大部分的知识。

只有自主的学习，只有给孩子尽可能多的自由，他们才能认识到学习的价值，才能进行高效率的学习。因此，素质教育与考试分数并不矛盾。

理想课堂的第一重境界：落实有效教学框架

长期以来，人们总希望能够有一个教学的框架或者模式，来规范课堂教学，提高课堂教学的效率。从赫尔巴特的“明了、联想、系统、方法”的四段教学法，到杜威在《我们怎样思维》中提出的五步设计教学法，都体现了这样的努力。而 1996 年丹尼尔森（Charlotte Danielson）出版的《教学框架——一个新教学体系的作用》则把这种努力发挥到极致。他根据美国对于新教师专业化评价中的课堂运作评价要求，设计了一个包括 4 大板块、22 个成分、66 个元素的教学体系。

问题在于，关于课堂一直存在着这样的悖论：一方面，形形色色的课堂模式层出不穷，另一方面，这些模式都高度个性化，它们既不能被移植到另外一个成熟教师身上，也不能成为大家理解、讨论课堂所共用的基础语言。也就是说，教师们缺乏一个关于课堂的公认的结构，一个能够反映、帮助理解课堂上教师之教与学生之学的结构，这个结构既可以帮助我们有针对性地描述课堂，又可以帮助我们反思课堂，讨论课堂。因为这一公共课堂话语的缺失，在进行课堂评议时，往往参与者自说自话，各执一词，用不同的词典解释着同一堂课，最终无法通过有效的对话，达成对教学行为的进一步认识。

尽管提出框架或者模式是一件困难的事情，而且前人已经做了那么多的努力，但新教育实验仍然认为有重新梳理和研究的必要，因为，这往往是课堂教学研究的起点。我们希望，新教育有效教学的框架，首先可以视为我们的一个理解课堂的工具。“新教师可以把它作为‘地图’来引导自己穿越最初的教学迷径；有经验的教师可以把它作为‘支架’以便使自己的工作更有效率；大家可以借助它作为‘工具’，努力改善教学。”① 它既可以提醒上课者关注一些重要的课堂元素，以确保有效教学，也可以提供给参与课堂观察的教师一个观察课堂的框架，以发现并在同一话语体系中讨论一堂课的优劣得失之处。

在研究中，新教育有效课堂研究提出了自己的课堂教学框架最简表达式：

---

① ［美］夏洛特·丹尼尔森：《教学框架——一个新教学体系的作用》，张新立、么加利译，原著序，北京，中国轻工业出版社，2005。

教学板块		要素
教学目标	确定教学目标的依据	理解并表述课程标准的相关要求
		理解并表述教材及单元要求
		前测并表述学生对此知识或主题的原有认知
	对目标的评估	表述时的清晰、明确、单纯
		表述时的清晰、明确、单纯
		三维目标的分解与整合
		是否具有平衡性与可变性
教学策略	策略要点	教学资源选择，适度整合进具体教学
		设计具体教学环节（流程）
		单个学生在整个过程中的学习清单设计
	对策略的评估	是否将主要时间集中于重要目标的达成上
		是否有冗余的环节
		是否巧妙、机智、有效激发学生
		具有可变性及变式，以及课堂上的实际应变
教学管理	量化内容	学生参与度及练习面、练习量
		课堂纪律控制
		学习小组管理及个别学生辅导
		教学语言（准确、简洁、明晰、激情）
	质性内容	课堂节奏及流畅性、清晰性和丰富性
		课堂互动、对话的有效、平等、安全、指导性
		学生情绪及求知欲
教学评估	课堂随机评估	对学生发言等学习行为的即时反馈
		对学生情绪、学习态度的即时评价
	作业设计	与目标的吻合度
		是否能发现或构成认知冲突，形成真正的学习
		准确性，平衡性，多样性

上述的这个新教育有效教学框架需要比较长时间的思考和实践才能细化、深化，为了研究的便利，我们采取了更加简洁的框架在新教育小学进

行了实验。

这个框架可以用下表呈现：

<table>
<tr><td rowspan="3">教学目标</td><td colspan="2">A类
（基础性目标，有为核心目标搭梯的知识，有必须解决的障碍性知识。）</td></tr>
<tr><td colspan="2">B类
（教学核心目标，即课堂重点要教学的内容，一般为单元所规定的知识和技能。）</td></tr>
<tr><td colspan="2">C类
（附属性目标，及延伸性目标。一般而言，思想、情感、价值观属于此类目标。）</td></tr>
<tr><td>预习作业</td><td colspan="2">（预习是学生唯一的独立学习的机会，学生最终的学习能力，体现于预习的水平上。所以，预习作业要全面地针对教学目标，而不仅仅是为教学做一些基础准备。）</td></tr>
<tr><td colspan="2">教学板块
（注明各板块解决目标序号及所用时间）</td><td>学生课堂练习单
（一个假想学生的课堂上的所有学习行为）</td></tr>
<tr><td colspan="2">第一板块——
此部分一定要以教学板块的角度来叙述，不能是文本及教材解读，而应该清晰地写出教学组织的策略及过程。
在每一大板块及核心部分的不同小板块叙述后，注上本板块解决目标序号及所用时间，如：【目标A2\3分钟】</td><td>（此部分务必要以一个学生的角度来描述他的课堂学习行为，如听老师讲，进行小组交流，齐读课文，参与讨论，思考某问题。但不能将要达成的目标及内在的感受放在这里，因为这些并非直接的学习行为。）</td></tr>
<tr><td colspan="2">第二板块——</td><td></td></tr>
<tr><td colspan="2">第三板块——</td><td></td></tr>
<tr><td colspan="2">第四板块——</td><td></td></tr>
<tr><td colspan="2">第五板块——</td><td></td></tr>
<tr><td colspan="3">课后反思：</td></tr>
</table>

以下是对上表的简单解说：

教学目标

事实上，教学目标并不在课堂教学程序的范畴之内，它源于课程的整体及具体教学内容，是课堂的统率、号令。一堂课确立怎样的教学目标，是一个极为复杂的课程问题。虽然从杜威的教育思想来说，从较长的时间来考察，教育目的只能涌现、形成于教育过程之中，但是，就具体的一堂课而言，教学目标是能够也应该获得清晰界定的。

近来有一种流行的说法，叫作“生成”，它的意思似乎是说，新课程理念倡导不确立固定的教学目标，在教学过程中如果能够确立并修改预定目标，随机出现新的目标，这是一种比实现预定目标更为优质的教学。很显然，这个观点是过于偏激的，也是对新课程及教学目标的一种误解，它将明确的教学目标与灵活的教学策略及动态形成的教学过程三者混淆在一起。

就教学目标而言，我们不得不承认，后现代课程观在此方面未能有实质性的建树，而受到后现代课程观批判和质疑的泰勒课程范式，是迄今为止开发课程最成功的范式。泰勒曾经指出，以教师开展的活动为形式来陈述目标是非常困难的，因为“没有办法判断这些活动是否确实应该开展。它们并非教育计划的最终目标，因此也就不是真正的教育目标”[①]。泰勒认为，陈述教育目标最有用的形式，是“既指出应培养学生的哪种行为，又指出该行为可运用于哪些生活的领域或内容中”[②]。

一般来说，在所有学科的教学中，我们都会遇到一个三维度的教学目标，这就是新课程理论已经阐述的三维目标：

第一维目标：知识与能力目标，主要包括人类生存所不可或缺的核心知识和学科基本知识；基本能力指获取、收集、处理、运用信息的能力，创新精神和实践能力，终身学习的愿望和能力。

第二维目标：过程与方法目标，主要包括人类生存所不可或缺的过程和方法。过程指应答性学习环境和交往、体验。方法包括基本的学习方式（自主学习、合作学习、探究学习）和具体的学习方式（发现式学习、小

① ［美］泰勒：《课程与教学的基本原理》，罗康、张阅译，38页，北京，中国轻工业出版社，2008。

② 同上书，40页。

组式学习、交往式学习等)。

第三维目标：情感、态度与价值观目标，情感不仅指学习兴趣、学习责任，更重要的是乐观的生活态度、求实的科学态度、宽容的人生态度。价值观不仅强调个人的价值，更强调个人价值和社会价值的统一；不仅强调科学的价值，更强调科学的价值和人文价值的统一；不仅强调人类价值，更强调人类价值和自然价值的统一，从而使学生内心确立起对真善美的价值追求以及人与自然和谐和可持续发展的理念。

三维的课程目标应是一个整体，知识与技能、过程与方法、情感态度与价值观三个方面互相联系，融为一体。在教学中，既没有离开情感态度与价值观、过程与方法的知识和技能的学习，也没有离开知识和技能的情感态度与价值观、过程与方法的学习。

以上文字，基本清晰地解说了课堂教学的三维目标，强调了三维目标的整体性、同一性。

而新教育有效教学框架，将在此理解基础上，在具体操作上将目标分为层次井然的A类（基础性、阶梯性目标）、B类（核心目标）和C类（附着性、延伸性目标），则是为了让授课教师更清晰地把握课堂的方向和任务，不笼统地将宽泛的教育目的用作具体的教学目标。这一区分，从某种意义上，既是为了突出B类目标，即核心知识，又是为了把与文本及教学过程相关的思想、情感类目标放到一个合适的位置。既不否定这一类目标，又不冲淡知识、能力教学。具体而言，这三类教学目标可以表述为——

A类：基础性目标，有为核心目标搭梯的知识，有必须解决的障碍性知识。

B类：教学核心目标，即课堂重点要教学的内容，一般为单元所规定的知识和技能。为解决某类问题而开发的方法，与知识一样，往往是课堂教学的核心教学内容。

C类：附着性目标，及延伸性目标。一般而言，思想情感价值观多属于此类目标。

预习作业

如果说教学目标本该是一切课堂教学的统率性概念，那么对预习的重视，以及对预习这一学习活动的特殊处理，可以视为新教育有效教学框架的一个特色。

“多元智能理论之父”加德纳曾经提出过一个非常值得思考的现象：有

些年幼的孩子很容易就学会语言这样的符号系统和音乐那样的艺术形式，他们也能够发展出有关宇宙或心智等比较复杂的理论。但同样是这些孩子，却往往在进入正式学校后会遇到极大的困难。生命中头几年在家里或周围环境中所发生的自然普遍的直觉学习，和这个文明世界所要求的学校学习，似乎是那么不同。① 加德纳的观察告诉我们，不应该忽视学生的自主学习、自我发展的能力和潜力。而预习恰恰是学生自主学习和自我发展的最好途径。

新教育理想课堂项目研究组认为，预习甚至是学生唯一的独立学习的机会，学生最终的学习能力，可以体现于预习的水平上。为此，预习作业要尽可能全面地针对所有教学目标，而不仅仅是为课堂教学做一些准备工作。也就是说，要将预习视为学生独立地完成某个学习任务，而课堂教学则是对独立学习的效果的检测、修正与提升。基于这一理解，在有效教学框架中，预习就成为培养学生独立学习的必不可少的环节，而预习作业也就不再只是体现 A 类教学目标的铺垫性工作，而应该是同时涉及 B 类目标和 C 类目标的对知识的完整的学习。

也就是说，通过预习作业，通过定向的预习，学生要完成对学习材料的全面的独立学习。在此基础上，当他走进课堂的时候，是一个已经完成独立学习的个体，而课堂也就不再从零开始——这种从零开始的弊端显而易见，这就是学习速度快的学生甩下速度慢的同学，而他们的学习掩盖了相当一部分学生来不及独立学习这一事实；或者为照顾速度慢的学生完成独立学习，课堂不得不一再停顿，从而让学习速度快的学生效率低下，得不到真正发挥。而完备的预习，就是要求学生依据自己的速度及特点，完成独立学习。因为预习的改进，课堂教学也就有了一个全新的起点，那种教师掌握着真理，学生没能掌握足够信息，于是只能被动聆听和接受的局面就将被完全打破。在这个意义上说，预习是真正的自主学习，是学生构建新知的过程。

教学板块：个体学生学习清单

与完备的预习作业一样，课堂上个体学生的学习清单，也是新教育有效教学框架的一个特色。

---

① ［美］霍华德 · 加德纳:《未受学科训练的心智》，张开冰译，3 页，北京，学苑出版社，2008。

在传统教案中，无论是详案还是简案，书写的只是教学中教师教的部分，包括所教知识的内容，以及上课的基本流程。但是如果我们认为学习是学生的学习，每个学生都必须经历一个完整的、清晰的学习过程，每个学生都必须拥有一个目标明确的训练，而教学目标事实上不是一个集体的目标而是每个学生都需要在一定程度上达到的目标，那么像上述这种只写出教师行为的教案，就会将课堂教学中最重要的事情——每个学生的学习——忽略不计。

所以，将个体学生的学习清单单独列出来，让每个教师在思考教学的时候就明确这一点，强调这一点，并在课堂教学上确保这一点，即确保每个学生拥有足够的、完整的、有序的训练，事实上也就是重新确立了“教”为“学”服务，把学生的学习视为课堂的真正核心这一教学思想。

在新教育有效教学框架中，在小学阶段，这个个体学生的学习清单出现在备课纸的右手栏上；在中学阶段，这个个体学生的学习清单出现在备课纸的左手栏上。这意味着在小学阶段，教师直接组织教学，带领学生展开教学活动仍然是课堂教学活动的主导行为，而随着年级递增，学生的自主学习能力越来越强，个体学生的学习就越有可能自主实现，也越有必要放手让学生去自主学习、自主交流。

而在教学板块部分，新教育有效教学框架又要求课堂能够清晰地划定为若干板块，并在每一大板块及核心部分的不同小板块叙述后，注上本板块要解决的目标序号及可能所需的时间。在此部分一定要从教学板块的角度来叙述，不能只是重复教材及解读，而应该清晰地写出教学组织的策略及过程。很显然，效率是这一部分的关键词，在讲究必要的节奏、方式的灵活多样的基础上，让每一分钟都有所计划，都不被老师随意的、漫不经心的讲解所取代，而是明确地指向学生学习目标的达成，这就是有效教学的一个“不近人情”的规定。

很显然，左右手两栏是相互关联的，从学习的本质来讲，教学板块栏是服务于个体学生学习清单栏的，而从课堂教学作为一个集体活动的角度来讲，教学板块栏又是课堂上的主要线路。事实上，它们是同一个流程的两个侧面。理解了这一点，那么任何形式的书写都将能够体现教学的本质。

理想课堂的第二重境界：发掘知识这一伟大事物内在的魅力

最大可能地促进、实现学生每个个体的学习，这是有效教学的根本追求，也是将课堂的注意力从教师的教转变到学生的学的关键所在。但是，如果没有充分理解有效教学框架中的教学目标，尤其是B类核心教学目标这个概念，没有将整个教学框架视为一个有机的统一体，那么片面强调学生的主体性，就同样要冒滑向“虚假的主体性”或“主体性神话”的危险。

在我们听课的课堂上，经常可以看到这样的景象：学生举手如林，发言争先恐后，一个学生提出意见后，马上有许多小手举起来，对之进行补充或评价。这样的课堂更像是学生才艺的展示会——就像许多公开课模式之下，课堂是教师个人才艺的展示会一样。那么我们可以追问：这样的课堂是不是理想的课堂？学生长期在这样的课堂上学习，最终是否能够获得我们满意的结果？

答案显然是否定的，因为这种儿童中心主义，或者说主体性神话的失败，是已经被太多的事实所证明了的。对于这种课堂教学虚假主体性的拨乱反正，新教育理想课堂的第二重境界，事实上也可以视为向更为古老的人文主义致敬，或者说，是对因理解失误而导致方向失误的儿童中心课堂的反动。

当然，这里所讲的“知识”，不能理解为静态的写在书本上的可以朗读出来的知识，而要视为一个动词，一个有待重新发现的事物奥秘，以及发现这种奥秘的方法和过程。在这个意义上，正如莫兰所说，认识永远是一种探险。

课堂的中心，应该是一个问题的提出、理解及解决的过程，是一个知识作为问题解决的工具被探索、被发现的过程。优秀的课堂教学要重现这一神奇的创造过程。

优秀的科学老师，应该能够让课堂重现这一切：人类面对宇宙及生命现象而战栗，而感动；对未知的漫长的探索，知识的艰难的形成过程，其间的种种困惑、尝试、失败以及豁然后的狂喜。这个过程中，将继续保持对未知领域的敬畏和惊奇。如果消除了对事物及其奥秘的敬畏，人类就会走向肤浅和狂妄，而如果失去对事物及其奥秘的惊奇，人类就会走向麻木和无知。无论是光现象还是电现象，或是原子结构、显微镜下的细微之物，以及化学的变化……这一切曾经带给人类多少深刻的困惑与喜悦。科学教育就是要努力重现这一切。教学不是重复前人定下的知识，而是重现这个知识发现的过程，是重新经历，经历原初的困惑与探索，以及喜悦。布鲁纳曾经说过，在这一点上，儿童学习这一知识的历程可以与当初科学家发现这一知识的历程相媲美。

优秀的语文老师应该能够让课堂重现这一切：万物得以命名时的冲动与喜悦；无数匹奔跑的马终于凝固于汉字“”，无数只飞翔的鸟儿凝固成汉字“”和“”……每一个汉字在凝固时的智慧与喜悦；能够从“慈母手中线，游子身上衣”中，体会出古典的亲情与人伦，从“独立小桥风满袖，平林新月人归后”这十四个汉字里，体会到人生失落与期待的复杂细腻的滋味；从反反复复的“平平仄仄平平仄”里，体会到汉语独特的悠长韵律……在新教育小学，干国祥等优秀的老师已经一再证明，只要用心体察，任何一个汉字，任何一个词语，任何一篇普通平凡的课文，都因为是前人匠心独运，所以，都并非平淡无奇的一堆文字，而是心灵的一次次运筹，是思维的一次次锤炼，是漫长字词历史的又一次独特运用。如果课堂上能够重现这些，那么每一堂课都将不可能是平淡、平庸的。

优秀的数学老师，他们所使用的，所教学的，是曾经被人类视为上帝语言的奇妙的数，是被伽利略称为书写“宇宙之书”的三角形、圆形等几何图形。无论是中国人对圆形的迷恋，还是魔比斯环的神奇，以及日常生活背后隐秘地运营着、支配着这个世界的数字，都让人不得不对数学学科怀着敬畏。同时，数学的思维方式，也是一切思维中最为严谨可靠的。可以说，我们称之为科学的事物，在一定意义上指的就是符合数学的以及接近数学的理论及事物。也因此，明代徐光启在翻译古希腊数学名著《几何原本》时说：能精此书者，无一事不可精；好学此书者，无一事不可学。数学家哈代则说，发现数学真理是人类最奇妙的经验。是的，数学并不是冷冰冰的图形和数据，而是自然、社会、历史背后的神秘，是人类探索世界过程中发现的最可靠的武器、工具。优秀的数学老师，同样能够在课堂上发掘出数学的独特魅力，并让学生重现这个发现数学之神奇的过程。而且，在所有学科教学中，数学是目标最为清晰，最能全面训练、准确反馈，以及提供智力挑战的学科，数学的课堂上，应该完美地实现这一切。

这一切，诚如帕克·帕尔默所言：“通过对我们认知的探索，一个真理的概念突现出来：真理是怀着激情和原则就重要事物进行的永恒对话。”

课堂是真理呈现之处，教学是知识散发出魅力之时。在静态的教材下面，蕴藏着人类最伟大的奥秘：发现宇宙与人类，书写宇宙与人类的整个过程。课堂教学是这一发现与书写的重温，是这一发现与书写的延续。而如果没有将“问题—知识—真理”作为课堂教学的核心，那么教师的精彩表演是浅薄的，学生的小手如林是肤浅的，教育与教学的真谛将没有被师生在课堂上把握，课堂用表面化的热烈替代了紧张的脑力劳动——而紧张的脑力劳动和有针对性的思维训练，正是课堂教学的本质所在。

综合新教育理想课堂第一境界的追求和第二境界的追求，我们还应该进一步确认：发掘知识这一伟大事物的魅力，重新经历此一过程的，不应该只是教师，而更应该是学生——全体学生。这样，课堂教学上的三个元素：知识、教师、学生，就不应该是教师隔在知识与学生之间，用某种手段将现成的知识转交给学生。优质的教学应该是师生共同围绕在“问题—知识”的周围，来进行一次艰苦的探索。从这个意义上讲，第一境界有效教学框架中的强调学生预习，也是确保每个学生能够直接地接触问题和知识，而不只吞食由教师仔细嚼烂了的软化了的知识，即现成的结论。

帕克·帕尔默以下这段感慨，表达了知识在课堂上的独特地位：“我们的教育共同体的传统概念忽略了把我们召集在一起，呼唤我们去认知、去教学、去学习伟大事物与我们之间的关系。我看到，当排除伟大事物的魅力而全靠我们自己相当有限的魅力时，教育共同体就变得渺小了。”他说：“我所指的伟大事物，是求知者永远聚集其周围的主体——不是研究这些主体的学科，也不是关于它们的课本或解释它们的理论，而是这些视为主体的事物本身。”“我指的是生物学的基因和生态系统、哲学和神学的隐喻和参照系、文学素材中背叛与宽恕以及爱与失的原型。我所指的是人类学的人为现象和族裔，工程学的原料的限制和潜能，管理学的系统逻辑，音乐和艺术的形状和颜色，历史学的奇特和模式，以及法学领域里难以捉摸的正义观等。”“诸如此类的伟大事物是教育共同体的重要聚焦点。正如原始人一定曾经聚集在火堆周围，透过聚集在它们周围并尝试去理解它们，我们成为求知者、教师和学习者。若我们处于最高境界，表现出色，那就是因为伟大事物的魅力诱发出我们的美德，赋予教育共同体最佳、最优的状态。”[①]

当然，有人仍然会提出异议：并不是所有的知识都具有魅力，甚至教学中的有些知识明显是错误的，也并不是所有的学科都能够吸引所有学生的兴趣，因此，发掘知识这一伟大事物的魅力，会不会是海市蜃楼、空中楼阁，是实验室里的浪漫构想？它在实际的教学中是不是很难实现？

要理解这一点，我们可以先回顾新教育的另一个核心概念：共读共写共同生活。新教育主张通过共读共写，师生、亲子间拥有共同的语言和密码。我们同样可以反驳说，这个过程并非容易，许多家长或者学生已经很难改变，而且大家都带有各自的利益诉求汇聚在一起，这种追求只能是乌托邦的浪漫设想；而即使实践这种理念，这个过程中也一样会充满猜疑、争斗、挫败感。是的，所有这一切怀疑并非毫无道理，但是事实总是一再呈现：我们不仅是应该共读共写共同生活，通过共读共写，师生、亲子间拥有共同的语言和密码，而且只要坚持这样行动，教育的命运共同体就会慢慢形成，真正意义的共同生活与共同的价值，乃至共同的精神家园就会出现，一种幸福完整的教育生活，就会在整个艰难、探索的过程中不断闪现。在常丽华老师的“农历的天空”的展示中，我们已经初步见到了这样的图景。

完全是同样的原理，我们首先要把“发掘伟大事物的魅力”这个概念视为对自己终归将要经历的教学生活的一种新的描述。

如果我们把以前的教学与学习生活描述为：教师把上级规定的教材（由问题与答案构成）通过某种活动转交给每个学生，并对学生的接收效果进行检查。那么我们所想要的新的教学生活，在第二境界的层面上，我们希望描述为：师生围绕着一个“问题—知识—文本”（由教材、考试所提出，与背后深广的学科及更为深广的人类生活相联系），展开一段发现问题、理解问题、解决问题的旅程。在这段旅程里，将充满怀疑、困惑、挑战，也不能完全没有机械记忆、挫败感、羞辱感，但是，它的核心永远是智力挑战、思维训练，是知识作为问题解决的工具而涌现时的惊奇与喜悦，是对复杂问题形成新的理解时的豁然与顿悟。

那么，在课堂教学中，应该如何发掘知识这一伟大事物内在的魅力

---

① ［美］帕克·帕尔默：《教学勇气——漫步教师心灵》，吴国珍、余巍等译，107页，上海，华东师范大学出版社，2005。

呢？法国哲学家埃德加·莫兰提出的"构造得宜的头脑"的理论，大致可以回答这个问题。他认为，与一个充满知识的头脑相比，一个构造得宜的头脑要重要得多。而构造这样的头脑，关键是：第一，提出和处理问题的一般能力；第二，一些能够连接知识和给予它们以意义的组织原则。[①] 关于提出问题与处理问题的一般能力，莫兰认为最关键的是让幼年期和青少年期的最充沛和最生动的天性能够得到自由发挥，要不断刺激和唤醒学生的好奇心，"从早年起就要鼓励和磨砺探询的禀赋，并把它引导到关于我们自身地位和我们时代的基本问题上去"[②]。

关于连接知识和给予它们以意义的组织原则，莫兰认为最关键的是发展把知识背景化和整体化的能力，而且声称这是"教育的绝对要求"。他严厉批评我们的教育从小学起就教我们"孤立对象（于其环境）、划分学科（而不是发现它们的联系）、分别问题（而不是把它们加以连接和整合）。它训导我们把复杂化归为简单性，也就是说分解联系起来的东西，进行解析而不是进行合成，消除任何给我们的知性带来无序或矛盾的东西"[③]。在这本书中，莫兰反复地引用帕斯卡在《思想录》里讲的一句话：任何事物都既是结果又是原因，既受到作用又施加作用，既是通过中介而存在的又是直接存在的。所有事物，包括相距最遥远的和最不相同的事物，都被一种自然的和难以察觉的联系维系着。所以，不认识整体就不可能认识部分，而不认识部分也不可能认识整体。

理想课堂的第三重境界：知识、社会生活与师生生命的深刻共鸣

如果我们把人类知识的创造过程，表述为"判天地之美，析万物之理"（《庄子》语），那么我们对理想课堂教学的追求，就是希望在课堂上既能够重现这个"美"，这个"理"，又能够重现这个"判"的过程，这个"析"

---

① ［法］埃德加·莫兰：《复杂性理论与教育问题》，陈壮飞译，109 页，北京，北京大学出版社，2004。

② 同上书，110 页。

③ 同上书，103 页。

的过程。

当然，如果我们错误地、片面地理解了上面的表述，忽略了"知识这一伟大事物"背后有个"共同体"的概念，忽略了从后结构主义的角度，用主体去重现、重写知识与真理的意义，而把教学的全部重心都放在认知这一维，那么有可能我们会达不到预期的目标，而犯下另一种错误。对这种错误，早在多年之前，叶澜教授就进行过批判："把课堂教学目标局限于发展学生认知能力，是当前教学论思维局限性的最突出表现。这一方面是近代以来理性主义哲学和主智主义教育主流思想的反映，同时也是习惯于把原本为整体的事物分割为部分、方面的思维方法的表现。具体地说，就是把生命的认知功能从生命整体中分割出来，突出其重要性，把完整的生命体当作认知体来看待。"她还认为："课堂教学蕴含着巨大的生命活力，只有师生的生命活力在课堂教学中得到有效发挥，才能真正有助于新人的培养和教师的成长，课堂上才有真正的生活。因此，要改变现有课堂教学中常见的见书不见人，人围着书转的局面，必须研究影响课堂教学师生状态的众多因素，研究课堂教学中师生活动的全部丰富性，研究如何开发课堂教学的生命潜力。"①

无疑，理想的课堂不会停留于人与知识的对话这一维度。依据建构主义教育学的观点，我们可以把学习视为一个同时展开的三重对话：

人与知识（世界、文本）的对话；

人与他者（教师、学生、其他读者）的对话；

人与自己的对话（反思的，历史性的，生长性的）。

人与知识的对话无疑是课堂教学的核心，这一点在上面两个层次中已经详细论述。这里要加以论述的是后两种几乎同时发生的对话。

与虚假主体性强调课堂上"说话（发言）"不同的是，理想课堂所追求的是"倾听"与"应对"，也就是实现真正的主体间的对话。如果说以"说话（发言）"为主要表现形式的课堂旨在倡导学生的自我表现的话，那么对话的课堂（倾听与应对）旨在倡导相互间的理解，并通过对方的异议，来加深对知识的理解程度，并在此过程中，产生共同体成员之间息息相关的共鸣。如日本的佐藤学教授所说的那样，这样的倾听不仅要能够听懂表

---

① 叶澜：《让课堂焕发出生命活力——论中小学教学改革的深化》，载《教育研究》，1997（9）。

达者所说出的话中之意，而且还要能够"站在欣赏、体味学生发言的立场……不是听学生发言的内容，而是听其发言中所包含的心情、想法，与他们心心相印，从而产生'啊，真不简单'、'原来如此'、'真有趣呀'等共感共鸣"[①]。

同时，用对话理论或者说社会建构主义观点来理解课堂，那么我们还将认识到，教师在此过程中不仅是用高超的应对在组织课堂教学，而且他还扮演着一个重要的角色，他对知识的理解在绝大多数情况下是学生最近发展区能够抵达的上限。也就是说，在大多数时候，他理解的高度也就是课程及课堂能够达到的高度。如果没有教师的引领，个体学生的学习会局限于"跳一跳，摘桃子"的有限水平，而群体学生的对话也同样会停留于菜市场式的表面热闹。在社会建构主义理论中，有一个重要的概念叫"最近发展区"，这一理论是由苏联心理学家维果茨基提出来的。维果茨基的研究表明：教师所组织的教学能对儿童的发展起到主导作用和促进作用。儿童的发展有两种水平：一种是独立学习能够达到的水平；另一种是在成人的帮助下，在集体活动中，通过模仿等手段能够达到的水平。维果茨基把这两种水平之间的距离叫作最近发展区。[②]这一理论表明，如果课堂上没有能够发挥教师的主导作用，教师没有参与学生与知识之间的对话，那么无论是个体学生与知识的对话，还是学生群体之间的对话，都有可能停留于肤浅的层次，而达不到理想的效果。

也就是说，从某种意义上讲，要让课堂教学实现学生与知识的共鸣，重现知识这一伟大事物的魅力，其前提是教师首先要能够认识到知识内在的魅力，并参与整个知识重现的过程。

教师参与伟大事物的魅力重现的过程，不能仅仅停留于从"促进有效学习"这个角度来认识。我们还应该认识到，教师的教育生命本身也是目的，而不仅仅是手段。过一种幸福完整的教育生活的主体，不仅仅是学生，也理所当然地包括教师在内。对一个教师而言，其生命最宝贵的时光大都投注于学校教育中，而其中心就是课堂教学。我们认为，在教室里，在讲台上，在学生中间，在知识面前，教师的形象应该是一个真诚的探索者，

① ［日］佐藤学：《静悄悄的革命》，李季湄译，长春，长春出版社，2003。

② 余震球选译：《维果茨基教育论著选》，385～390页，北京，人民教育出版社，2005。

一个智慧的求知者，虽然他有足够的耐心等待学生自己去发现，他有足够的勇气承认自己并不是全能全知，但是，他确实应该有把握把学生带向一个至少他领略过的理想境地。

当然，这里所说的人与他者的对话，严格地说，还不仅是教师，更应该是学生之间的学习合作。佐藤学在讲到作为“学习共同体”的学校的时候，特别强调了这一点。他提出，在课堂教学中，应该以实现活动性、合作性、表现性的学习为课题；在教师集体中，应该以彼此观摩教学、建构作为专家一起成长的“同事性”为课题；在学生父母方面，应该以协助教师、参与教学、实践“参与性学习”为课题。[①] 在杜郎口等学校的课堂中，我们已经看到了学生合作学习的成效，而在常丽华的学校中，我们已经看到了亲子共读的神奇魅力。

至于人与自己的对话，也是课堂教学中非常重要的环节。所谓反思性教学，说的就是这个意思。莫兰曾经论述过学习生活的一个重要路径：“自我审察、自我分析、自我批评”，这其实就是人与自己的对话。因此，教师应该学会反思自己的教学过程，而学生应该学会反思自己的学习历程。新教育实验主张的“师生共写随笔”和教师的专业写作，就是努力推进这样的对话。

唯此，我们才能说，课堂教学在实现人与知识深刻共鸣的同时，也实现着人与人之间、自我之间的深刻共鸣！我们才能说，课堂教学不仅实现了知识的复现，而且也实现了人的复活——学生与教师生命的复活。

实现以上两点，我们可以说，就课堂教学的形态而言，它几乎已经是完美的、无可挑剔的理想诉求。但是，如果站在更高的教育哲学平台来看，这样的一个课堂教学形态，仍然存在着一点危险：我们的教室可能已经脱离于世界，脱离于社会生活，它可能是一个完美的象牙塔，它可能将培养出一批不关心人类命运的智慧儒雅之士。

也就是说，理想的课堂教学在实现人与知识、人与他者、人与内在的灵魂深刻共鸣的同时，还需要实现最后一个维度：课堂与社会生活的息息相通，课堂与人类命运的息息相通。我们希望，在我们的中小学课堂上，“与其粉碎任何刚刚觉醒的意识所具有的自然的好奇心，不如把它引向最

---

① ［日］佐藤学：《学习的快乐——走向对话》，钟启泉译，北京，教育科学出版社，2004。

初的探询:什么是人类、生命、社会、世界、真理?”[①] 也唯有如此，才能说课堂上的师生关系，或者说学习共同体的关系，已经超越了以亲密为依据，超越了以知识多寡为标准，共同体成员已经成为一群为人类，也为自己的存在追寻真理的志同道合者。

这就是新教育理想课堂的第三重境界:知识、社会生活与师生生命的深刻共鸣。

当然，如果从教育思想发展的历史来看，对于知识、生活、生命的侧重，本身也可以视为整个教育观念的三重境界。以赫尔巴特为代表的传统教育学，相对重视知识传授的精致与效率;以杜威为代表的现代教育学，相对重视的是生活，认为学校只是社会生活的一种形式，不仅仅是一个传授知识、学习课业、养成习惯的地方;而以人本主义和后现代教育学为代表的当代教育学，则把知识、生活、生命的高度融合与深刻共鸣，作为教育的重要使命。毫无疑问，这是一种最高的境界。问题是，在急功近利的教育现场，这样一种理想有多大的生存和发展空间?新教育人所要做的，就是在这样的教育现实中，去寻求空间，这需要勇气和智慧。

新教育理想课堂的三重境界，只是提供我们观察课堂、理解课堂、构筑课堂的一组模型，一组阶梯式的范型。这组范型是新教育实验对课堂教学持久思考、实践的又一个里程碑——从里程碑这个字面的最初意义上来理解。它是继新教育构筑理想课堂的“六个度”和“新教育有效教学框架”之后，新教育实验在课堂教学及课程方面诸种思考与探索的一个小结。

① [法]埃德加・莫兰:《复杂性理论与教育问题》，陈一壮译，164页，北京，北京大学出版社，2004。

第九章　新教育的完美教室

从物理视角来看，一所学校，是由一间间教室组成的，而从社会学角度看，每一间教室都是一所小学校，一个小社会。一所学校的品质，在很大程度上是由一间间教室的品质决定的，新教育实验的最终成就与品质，也取决于每一间教室里的故事与成就。

教室是什么？新教育的榜样教师常丽华曾经说：教室是我们的愿景，是我们想要到达的地方，是决定每一个生命故事平庸还是精彩的舞台，是我们共同穿越的所有课程的总和，它包含了我们论及教育时所能想到的一切。

生活于同一间教室中的人们，应该是一群有着共同梦想，遵守能够实现那个共同梦想的卓越标准的志同道合者。他们彼此为对方的生命祝福，为生命中偶然的相遇而珍惜珍重，彼此做出承诺：共同创造一个完美的教室，共同书写一段生命的传奇。

完美教室的内涵与价值

什么是“缔造完美教室”？简言之，就是在新教育生命叙事和道德人格发展理论的指导下，利用新教育儿童课程的丰富营养，晨诵，午读，暮省，并把理想课堂的三重境界作为所有学科追求的目标，师生共同书写一间教室的成长故事，形成有自己个性特质的教室文化。

缔造完美教室，就是要让教室里的每个孩子穿越课程与岁月，追求有德行，有情感，有知识，有个性，能审美，在各方面训练有素又和谐发展的目标，一天天地成长着。

在新教育人提出“缔造完美教室”时，许多人问我们：为什么你们要把原先的班级、班集体，说成一个仅仅具有空间概念的教室？

从约定俗成的定义来讲，班级是学校中的班次与年级的总称。班级是学校的基本单位，也是学校行政管理的最基层组织。一个班级通常是由一位或几位学科教师与一群学生共同组成，整个学校教育功能的发挥主要是在班级活动中实现的。而教室（classroom，schoolroom）则是指在学校里教师对学生正式讲课的地方，是学校对学生进行教学的空间。所以，一个是从组织的角度来界定班级，一个是从空间的角度来定义教室，而从教师与学生生命活动的形态，以及师生共同活动的场域而言，两者其实是相同的。

我们在这里之所以说教室而不说班级，是想强调教室是师生的生命在此展开的一个“场”。同时我们又不希望这个概念仅仅停留在空间上。因为在这个空间里，不仅世界得以展开，而且历史也得以书写，它是叙事的、时间性的，用新教育人喜欢的词语说，它又是岁月的。

缔造，在字源上有最初创造的含义。我们选择这个词语，是想强调作为教室缔造者之一的教师，可能起着比我们原先认识的更为重要的主体作用。在我们喜欢说学生是目的、是主体的时代里，我们往往会忘记一个事实：没有人不是目的，不是主体。新教育实验主张，为了一切的人，为了人的一切。这里所说的人，无疑是包括了学生、教师、父母等所有与教育相关的人。

教室的叙事主体，必然是它的所有参与者。但是，在这个叙事中，教师既是演员又是导演。他不仅仅是主角之一，而且还是参与剧本创作的人。一间平庸的教室并不完全源自一个平庸教师的所为，但一间卓越的教室，一定源自一个不甘平庸的教师的梦想。而且，正是凭借这一梦想，这位教师才可能得以超越自身的局限，自身也抵达卓越。

关于“完美”二字，也有不少质疑的声音。因为很多人认为，完美，是不可能实现的目标，远不如“优秀”“卓越”这样的提法实在。我们认为，这里一方面是为了在我们“开发卓越课程，缔造完美教室”的表述中显得更对称，另一个方面是提出一个愿景，一个朝向。缔造完美教室是我们追寻的理想，是“虽曰不能，心向往之”的前方。所以，完美教室并不是一个苛刻的衡量当下的标准，而是一个使命，一个愿景，并且在这一表达中体现了我们的价值观：我们并不想只是完成上级布置的一些任务，而是想从自身的领悟与梦想开始，创造一个足够美好的事物。

要全面理解“缔造完美教室”的内涵，还需要把握好几对重要的关系。

一是教室与学校的关系。学校是完美教室存在的大背景，任何教室都不能孤立于学校之外而独立存在，教室文化和理念的确定同时要以学校的文化为背景。在一所学校很强大的时候，教室更要置身于学校的大文化背景之下，并从中汲取养分。但是，在学校的文化不够强大的时候（如雷夫的第56号教室），教室（班级）就要突出自我，拥有自己的文化和镜像。而且，教室不是一个单一的狭窄的空间，操场、图书馆等学校的其他场所，都是教室的延伸。

二是成长与成绩的关系。完美教室与优秀成绩并不矛盾。新教育不把分数作为自己唯一的追求，但是好的分数，一直是对新教育人额外的奖赏。新教育人明白：“缔造完美教室有一个绝对的‘硬指标’：所有孩子在教室里可见的进步——无论是在道德上的、情感上的、智力上的。”没有可见的显性的成长，不是真正的成长，单个学生的成长也不是真正的成长。在德行养成上，孩子们“既质又文，君子堂堂”，他们的一举一动，一颦一笑，从内至外散发的儒雅气质和宁静之气是显性的。但道德人格以外，我们同样需要智力上的显性成就——最终的分数是很好的体现。我们把分数的要求放在灵魂的成长之后，但最终学生的成长一定能用分数来表现。分数将是成长的一个表征。没有合理的分数，世界无法懂得你也无法承认你，如果把分数抛开，完美教室就无法真正完美。当然，在我们已经存在的完美教室中，因为新教育的课程，因为两套教学大纲的相互促进，孩子们最终的分数都比普通班级要优秀得多。

三是教室与家庭的关系。作为有教育学自觉的教室，应该在思想上领导着家庭，凭借专业素养和技能引领父母。在一定程度上，家庭也是教室的延伸，是另外一个重要的教室。没有父母的成熟，很难有孩子的成熟。所以，建立家校联盟是非常重要的，这也是我们成立新教育亲子共读中心的缘由所在。因此，完美教室也一定是教师与父母充分交流、交融的教室，是父母充分参与教育教学的教室，是学校和父母高度认可的教室，没有他们的认可和信任，不是真正意义上的完美。

在厘清“缔造完美教室”的概念内涵以后，我们有必要再来审视一下其价值与意义。

教室与生命联系在一起，是为生命而存在。教室一头挑着课程，一头挑着生命。没有生命绽放的教室，就不可能是完美教室。生命，是新教育最重要的词汇。

教室的重要性，一直被低估。生命，在任何阶段，都需要一个自由舒展的领地。最初，这个领地被称为母亲的子宫——一个大生命为一个新的小生命创造的舒适的宫殿；然后，是襁褓，是摇篮和家庭；再然后，是校园和教室；最后，是职场与社会。

摇篮和家庭、校园和教室、职场和社会，在生命发展的不同阶段具有不同的价值和意义。其中，校园和教室对于生命具有特别重要的意义。因为，在这个时期，生命一边在象征着起点与过去的家庭和当前的校园与教室之间往返，一边将触角伸展到自己未来将独自面对的世界（职场和社会）……生命的这个过程，被理解为是从安全到自由的进程，而生命发展中的任何一个阶段，都需要有一个具有双重意义的场所：为了安全的庇护所和为了自由的训练场。如果家庭意味着更多安全，社会意味着更多自由的话，那么教室正好是在这二者之间且同时具备二者功能的特殊领地，是孩子生命从安全到自由的最重要的驿站。

同样是一间教室，或者平庸、冷漠，甚至充斥着暴力、专制、欺骗，或者完美、温馨，对于每个穿越其间的孩子的意义完全不同，对于每个生命成长的意义完全不同。

从某一刻起，一位教师（或几位教师）和几十个孩子相聚在一个称作“教室”的地方，生命中一段最重要的时光在这个地方度过，大家的成就与挫败、悲哀与喜悦源自这个地方。我们能够对它无动于衷吗？

日本教育家佐藤学认为，学校改革的中心在于课堂，真正意义上的教育革命是从一间间教室里萌生出来的。没有哪间教室与其他教室里飘溢着完全相同的气息，或有着完全相同的问题。只有从教室开始，从课堂教学层面的改革开始，才可能有新的课程创造、新的“学习共同体”创造。

新教育人探讨缔造完美教室的意蕴以及可能性，正是希望有更多的新教育教师，能够清晰地认识教室的价值，理解生命的成长，让缔造完美教室的项目成为师生成长的一个契机，在行动中不断趋向完美。希望有更多的新教育教师，能够“守住自己的教室”，让每一个生命在教室里开出一朵花来。

完美教室的文化构建

2010 年石家庄的新教育年会上，我们曾从一所学校的使命、愿景、价值观来观照学校文化，也曾从学校的校徽、校歌、校训、仪式、庆典以及建筑、英雄故事等角度来剖析学校文化。这种观照与剖析，我们同样可以运用于教室。也就是说，一间教室，应该在构建过程中，拥有自己的使命、愿景、价值观；一间教室，应该在叙事过程中，拥有自己的独特命名、象征标志、英雄与榜样，或者说，一套属于自己的形象符号系统。跟学校文化对于学校形象、学校历史一样，教室文化是完美教室的灵魂，是一个班级的使命、价值观、愿景的集中整合与体现。

在教室文化的思考中，呈现在世人面前的第一形象是教室命名，而最终呈现的则是教室文化的整体构建。一间教室的名字，应该是教室文化的具体承载与体现，是班级成员的自我镜像。

通常情况下，许多学校的教室是用数字来命名的，如一(3)班、二(4)班等，或者如雷夫的“第 56 号教室”。用数字作为教室和班级的代号，无疑是最简单的，但也是最枯燥、机械和重复的。

在新教育的教室里，往往通过具象化的命名，把格式化的数字符号，转化为一种精神意向，赋予教室一种精神力量。教室命名，就像每个人出生时被命名一样，是生命中一件特别重大的事件。因此，许多班主任老师总想别出心裁，起一个与众不同、独一无二的教室名字。是的，每一间教室应该是独特的，但这里的独特不是非要起一个多么新颖别致的班名，创造一个多么漂亮夺目的班徽或是象征物，让自己的教室与众不同，另类张扬。我们所说的独特，只是相对于这间教室及其特定的老师和孩子而言，它是非同寻常的，是意味深刻的。

江苏海门海南中学有一间教室的名字就非常特别——不一班（般）。班主任江斌杰介绍说，孩子们刚上中学，走进学校就说：“校园不一般呢！”

他介绍任课老师时，有学生说："这些老师不一般呢！"一天课下来，有学生感叹："真的是不一般呢！"所以，他就想：干脆用"不一班（般）"来命名自己的教室，激励学生做最好的自己，创最好的班级。这样就能够拥有不一般的孩子，不一般的教室。

如果当个性（追求与众不同）与贴切性（就像我们希望的样子）有了冲突的时候，我们建议宁选贴切，不选个性，哪怕与其他教室有所重复也行——毕竟对这些孩子而言，它仍然是独一无二的！而且，因为经历的不同，同样的名字背后完全可以有不同的含义，不同的故事，因为最终它的意义是由师生的共同生活所赋予，而不是有一个名字就自足了的。

在许多新教育学校里，教室命名用"小毛虫""蒲公英"之类的小动物或者花草的名字，看起来平淡无奇，甚至简单重复。但只要能够从这些平淡的名字、平常的事物中，充分挖掘其不平凡的内涵，通过阅读、课程、活动不断擦亮这些平淡的名字，它就能够在学生们的心中真正地活起来，成为大家共同生活的愿景。正如海子所说，"给每一条河每一座山取一个温暖的名字"。名字叫什么也许不重要，重要的是能够传递灵魂碰撞产生的温度。

完美教室的命名，并不一定要求教师在学生没有到来之前，就已经完全确定。取一个名字等候孩子出生，这在生孩子时是贴切的，但对于已有自己的情趣、性格、历史的学生及其父母而言，教师的这种做法容易让教育的另一方感觉过于被动。而且一个一开始就定下的名字，对被动接受的孩子而言不过是个词语，是个空洞的符号。所以，教室命名，可能已经在老师的心里酝酿了很长时间，甚至已经有了非常完备的构想，但是正式命名的时机却仍然需要寻找甚至等候。最好是师生共同生活一段时间之后，教师创造时机，譬如在相关的电影观看或诗歌学习之后，巧妙地提出来，成为一种共同的命名。

没有一个名字是完美无缺的，重要的是它是我取的名字，就像晨诵诗《草的名字》所说："给我喜欢的草取我喜欢的名字，我取的名字只有我在叫。"是的，一棵树，一棵草，一块石头，一粒沙……几乎所有的事物都可以通过这种命名，成为意蕴深刻的象征物。

命名只是教室文化建构中的一个事项，和它相关的事务包括班徽、班旗、班歌、班诗、班训、班级承诺（誓约）等，它们是一个有机的整体。

班徽，是班级的图腾，班级的象征物，一般是围绕班名展开，由全班同学集思广益，共同绘制而成。班徽确定可以采取全班征集评选、在优胜方案的基础上修改完善的方式。

班旗，是班级的旗帜，在运动会、学校庆典等大型活动时使用，可以活跃气氛，增强凝聚力。一般是把班徽放大以后印制在白色或其他颜色的布上。班旗可以制作成不同规格，有学生人手一份的小旗帜，也有列队展示时使用的大旗帜。

班歌，是与班级愿景、名称的精神气质吻合的歌曲，可以是自己创作、请人创作，也可以是选用现成的歌曲，或者根据现成的歌曲稍加改编的歌曲。如李镇西的“未来班”，是学生们写信请谷建芬老师作曲的；而山西绛县的“山水人家教室”，则选用了《我爱你中国》。班歌歌词和旋律不应成人化，应该符合儿童的志趣。

班诗，与班歌相同，也是与班级愿景、名称等和谐一致的诗歌，可以由班级师生共同创作，也可以选用现成的诗歌。如山西绛县的“小蜗牛教室”的班诗就是《小蜗牛》，激励孩子们不怕慢，只怕站，只要心怀梦想，执著前行，总会遇到属于自己的风景。

班训，与学校的校训类似，是用简洁明了、寓意深刻的语言，阐明班级的价值追求。班训的文字可以成为班徽的有机组成部分，也可以印制在班旗上。

班级承诺，是教师与学生彼此之间对未来的一个美好的约定，它往往是以誓词的形式出现。如马玲老师在给自己教室学生的父母第一封信中就提出：“我是教师我承诺：让每一个与我相遇的孩子，因我而优秀”，“我是学生我相信：我将在这里品尝到知识的快乐，生命的尊严”。班级承诺在重要的场合和时刻由教师和学生宣誓，具有强烈的仪式感和震撼力。

上面这些内容作为一个有机整体，没有必要在教室成立的第一时刻就预先准备好。最好的方式是在师生共同生活的岁月中逐渐建构起来，这是一个以教师为引导者，师生共同体为主体的自我书写过程。譬如对一间小学教室而言，它的使命、愿景、价值观，就完全可以等到三四年级之后再来确定，只有等学生的精神境界达到能感受并理解规则的阶段之后，讨论这一切才有鲜活的意义。

教室文化，也会体现在教室的布置上。没有经过精心安排的教室，是缺少文化意蕴的。从总体上来说，我们希望教室的布置要有切合孩子生命的美学风格，比如在班级里摆放一些绿色植物，或者小金鱼等动物，让孩子们能够随时看见生命的成长，与大自然保持联系，感受自己以外的生命呼吸。教室里的色彩也可以丰富多彩，如低年级可以考虑偏近粉红色系，用绘本童话场景和角色来装饰，让孩子直接感受到亲切、温馨和安全；高年级可以偏近青蓝色系，或者回归黑白，装饰以成熟的字画作品，创造一种清澈高远的意境；而中年级则可以考虑选择介于二者之间的绿色系，配以东方风格的清新插画等等。

当然，装饰教室的最重要的事物，应该是师生的作品：大家共同生活过的照片和文字，大家从稚嫩到成熟的艺术作品——甚至许多新教育教室提倡宁可有不完美，也要让每一个孩子的作品上墙，因为这是“我们”的阵地。所以教室布置，应该把教室墙面当成我们自己的杂志社、电视台、档案馆。同时，教室还可以成为我们自己的园艺房、展示厅，大家种植的花草盆景，烧制的泥巴陶艺等，也可以利用这个空间陈列交流。总之，教室里的每一个空间都应该由师生共同创造，这是一段共同成长的生命旅程的见证。对于孩子们来说，让他们在其中发现自己，认可自己非常重要。

特别需要指出的是，教室文化，既要考虑到儿童生命成长的阶段性和普遍的人类精神，也要考虑到一间教室的民族与地方的风格特色。譬如，对新教育完美教室而言，我们与雷夫的“第 56 号教室”就处于不同的语言文化之中，5000 年的悠久历史，中国儒道释文化的根本精神与特质，是新教育缔造完美教室的文化场域，如果我们的教室将中国文化吸纳得特别透彻，它就必然呈现出一种与“第 56 号教室”生命精神上息息相通，但文化风格上迥然有异的气质。

完美教室与道德图谱

教室是个小社会。有关这个社会的一切：道德规范、行为规则、规章制度、榜样底线……全都与这个社会同步建构而成。一间教室总不是凭空存在的，它总是处于特定的环境中，并且是环境的一部分。也就是说，虽然我们强调完美教室由我们亲手缔造，其实它的根苗，一直孕育于更大的文化系统中。我们的语言文化，我们的民族精神，我们的国家法规，我们时代的习俗与风貌等等，都不可避免地成为我们教室的肤色，成为我们教室自我编织的纺线。

完美教室价值系统的缔造，是一个双向同步的过程：一方面，它是传统和法规中的要素，源源不断地传递到教室，传递给孩子，成为教室文化的一部分；另一方面，它是师生，尤其是学生的不断成长，不断对话，不断取舍与抉择，完全自主地体认某些价值。也就是说，它既是一个传统继承的过程，也是一个民主创造的过程。单纯且过度地强调这两个因素中的某一点，而否定另一点的重要性，必将导致教室价值系统缔造过程中的偏颇。一间真正的完美教室，必然是对话的，革新的，民主的，也必然保存着传统中美好的元素。作为自我叙事的教室构建，它总是基于传统与自由之间，并在二者之间不断穿梭。通过这种来回穿梭，自由拥有了历史的厚度以及力量，历史传统拥有了自由所赋予的现代感与创造性。

道德系统总是信仰系统的落实和具体化。事实上，广义上的道德系统，包括了类似于习俗层面的行为规范、人与人共同生活所需要的处世守则以及人的内在良知三个相互渗透与交叉的子系统。

对一个教室的师生而言，习俗指的是那些先教室而存在，但并不源自生命之必然的行为规则。这种习俗是无所不在的，它们赋予人们的生活以一定的形态与秩序，但也可能隐蔽地让人服从于某种压制。所以，缔造完美教室，意味着教师对习俗的二重性要有一个清醒的认识。构建完美教室的过程，既不应该是让孩子服从全部的既定习俗，让孩子们习俗化的过程，也不应该是鼓励孩子们反抗习俗的过程，而应该是一个让习俗与生命不断对话，既通过习俗规范人的身体（包括言行举止），又让人审慎地对待习俗，不视为理所当然的真理的过程。

我们这里所思考的习俗问题，在很大程度上接近于《弟子规》的“规”。但我们的态度显然不同于《弟子规》编撰者的态度，我们强调的是一种基于生命自由的对话，一种对生命和传统文化的双重尊重，而不是一味地以习俗规训生命。

除了习俗，一群人相处，总会生成一些特定的“游戏规则”。对一间教室而言，显性的游戏规则其实就是班规班约。当我们把班规班约理解为一间教室集体的共同约定时，事实上已经赋予教室民主生活的含义，要求教师不能够将班规班约当成自己旨意的替代品。因此，一间教室里的班规班约，没有必要在一二年级就确定下来，因为依据儿童道德心理的发展规律，人在三年级之前，一般不会进入鲜明的“我要捍卫游戏规则”的道德发展阶段。所以，新教育实验建议把班规班约的制订放在三四年级之间（依据各个教室里的不同情况而定具体时机），而且应该以一种民主的方式进行。它是一间教室的重大事件，也意味着孩子们的内在道德发展到了一定的阶段。

为了更好地指导缔造完美教室工作，更好地形成学生的道德人格，我们在西方心理学家科尔伯格的道德发展阶段六阶段理论和中国儒家文化关于道德三重境界学说的基础上，提出了新教育实验的道德发展图谱（见下图）。

新教育实验道德人格发展图谱

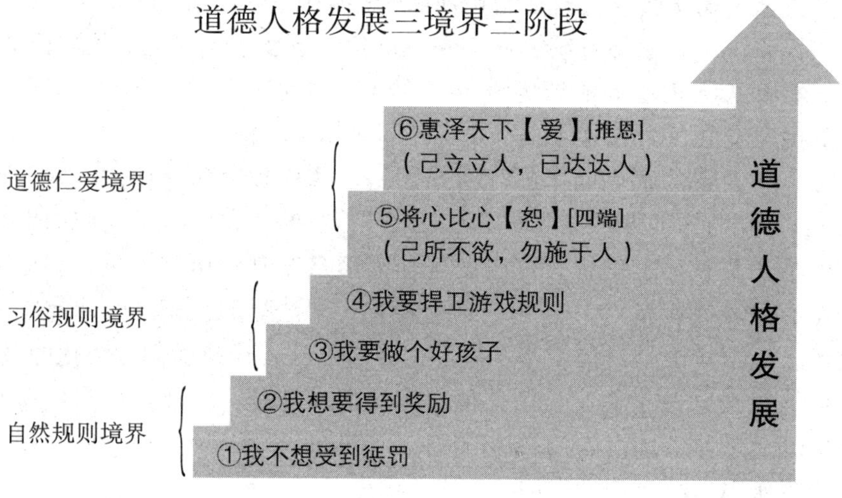

这个新教育道德图谱，可以称为新教育道德人格发展的三境界六阶段学说。我们认为，人的道德发展，会经历自然功利境界（包括“逃避惩罚”和“渴求奖励”两个阶段）、习俗规则境界（包括“我要做个好人”和“我要捍卫游戏规则”两个阶段）和道德仁爱境界（包括“将心比心”与“惠泽天下”两个阶段）这三个相继的境界（六个发展阶段）。

任何一个人的道德水平，总是同时具备六个阶段的可能性。也就是说，圣人也会逃避惩罚并渴求奖励，孩子也会拥有并非只是交易或者笼络的友爱之心。但是，任何一个人当下的道德水平，总是侧重于某一个阶段，虽然在不同的场景中，其道德行为会退化到以前的方式，或跳跃到更高阶段的方式。更为重要的是，决定一个人的道德水平处于哪个层级的水平上，一般需要利益冲突的检验。也就是说，在没有利害关系的情况下出现的友爱行为，并不表示一个人的道德发展已经成熟地进入到第三境界的水平。相反，只有一个人在利害相关的处境下，总是会自由地做出某种抉择，思想和行为已经具有高度的稳定性，这才能反映出他的道德发展处于何种水平。

自然功利境界，表示它和人的道德自由相对，且和普通生物的自然本能遵循着同一原则。说它是功利的，表示在这一阶段，人是否采取行动，主要遵从趋利避害的原则。简单地说，就是有危险、要受到惩罚就设法避免之，有好处、能尝到甜头就去实现它。行为主义心理学之所以被教育界批评，就是这种看似有效的“胡萝卜加大棒政策”，把人的道德人格下降到和动物相似的自然阶段，而没有能够有效地激发起人的道德自由。当然，无论人的道德上升到何等境界，人终归是动物，这意味着趋利避害将永远是人进行道德抉择时的重要原则，而且有时候还相当牢固。

但是，人的道德发展的伟大意义，正来自对这一阶段的超越。在共同生活中，作为群居的特殊生物，人在进化中发展共同生活所必需的相关道德水平，就是超越个体趋利避害的习俗规则境界。这个境界包括“我要做个好人”和“我要捍卫游戏规则”两个阶段。其中“我要做个好人”“我要做个好孩子”，是依据社会既定的规则标准来看待自己，来规范自己的言行，但人对这些规则是不够自觉，也不自主的，而且更多是为了取悦别人的。可是，在“我要捍卫游戏规则”阶段，人往往更加自主地捍卫游戏规则，其中固然包括那些自己已经认同的先于自己存在的社会规范，但更强调那些普遍的共同创造的游戏规则。就这样，人在道德生活中开始由被动进入主动的阶段。道德发展的这一境界，相当于孔子仁学体系中的“克己复礼”。

道德发展的最高境界，我们称为“道德仁爱境界”，包括儒家的所谓“将心比心”和“惠泽天下”两个阶段，即从消极意义上的将心比心，从而不害人，到积极意义上的推己及人，从而惠人、爱人。在中国传统文化中，无论是儒家还是道家，都把“道”视为最高的真理，而把“德”理解为对道的遵循。所以道德一词的本义不是社会规范，而是对宇宙以及人性最高真理的履践。有哲学家曾经提出中国文化中的天地境界高过道德境界，其实这是没有深刻领会中国传统中的道德概念。在儒家文化中，道与德已经是最高的概念，天与地反而只不过是自然的一个称谓而已。据孔子的说法，己立立人、己达达人，人就已经达到圣贤的境界，但他认为自己还没有做到，自己能够努力做到的，只是“己所不欲、勿施于人”这一阶段。

我们不妨以《夏洛的网》中的几个人物来分析一下：总体而言，老鼠坦普尔顿是处于自然功利境界的，它大部分的行为都是为了逃避惩罚或者得到好处。小猪威尔伯为了让它把夏洛的卵袋拿下来，还必须庄严地承诺让它优先吃食物。它的出发点，始终是以功利为中心的。威尔伯，则更多地处于习俗规则境界，它努力想成为别人的好朋友，成为受大家欢迎的猪。自从夏洛开始帮助它，它就努力活得跟它的名声相称。夏洛说它是王牌猪，威尔伯就尽力让自己看上去是只王牌猪；夏洛说它了不起，威尔伯就尽力让自己看上去了不起；夏洛说它光彩照人，它就尽力让自己光彩照人，他是按照社会习俗来行动的。他就是一个孩子，主要处在“我要做个好孩子”这一阶段。而蜘蛛夏洛，毫无疑问是达到了道德仁爱的境界。当威尔伯遇到危险的时候，它总是想办法设身处地为威尔伯考虑，帮助它渡过危机。夏洛在回答威尔伯为什么要帮助它时说：“我为你结网，因为我喜欢你。再说，生命到底是什么啊？我们出生，我们活上一阵子，我们死去。一只蜘蛛，一生只忙着捕捉和吃苍蝇是毫无意义的，通过帮助你，也许可以提升一点我生命的价值。谁都知道人活着该做一点有意义的事情。”这些语言与行动，显然就是道德第六阶段的写照。所以坦普尔顿、威尔伯、夏洛，正好处于我们道德人格发展的三个不同的境界。

我们为什么如此详细地阐述道德人格养成的三境界六阶段学说？这是因为对新教育实验所理解的缔造完美教室而言，这一学说意义重大，它是一间教室里最为重要的元素，是师生生命的发展镜像，也是贯通一切道德生活的线索。

在我们众多的新教育教室中，这个道德图谱并不只是被高高地挂在教室里，而是一个真正的纲领。几乎每一本童书的人物形象分析，以及教室中的重大事件，都将和这个纲领相关联。在一二年级，孩子们被引导“我要做个好孩子”。因为在实际开端时，孩子往往受制于自然功利境界，为得到奖励和逃避惩罚而努力。但道德的引导总是先行一步，应该让孩子们的目光超越行为主义的标准，追求“我要做个好孩子”这个更高目标，在这个过程中，需要列出“一个好孩子”的德目（良好行为习惯）让他们践行。

在三四年级，在巩固“我要做个好孩子”的同时，应该让班级呈现一种“民主的共同生活”，让孩子们共同创建、遵守与捍卫教室里的各种游戏规则，并在必要时对规则进行不断修正（避免让既定规则成为教条）。这样就让孩子自觉地接触以及进入道德第四阶段。而从一开始，利用任何一个伟大的、触及道德第三境界的童书故事，孩子们就被引导认识人性的至高境界：己所不欲、勿施于人的基本守则，以及己立立人、己达达人的无条件友爱他人的道德仁心。利用故事和诗歌，这个道德图谱将不是枯燥机械的说教；利用这个道德图谱，故事中的人物分析也有了一个显明的道德维度的分析工具。

当然，这一切最终要回归到活生生的教室生活。它们永远有待于我们和我们的孩子，在共同生活中身体力行，来慢慢地完成。而最终完成的，就是我们的生命本身。事实上，在人的生命中，并不存在着一个可以切割出来被叫作道德的部分，道德，永远是渗透于完整的生命之中的。

总而言之，一间完美教室的根本是为了生命的绽放，是为了让人性充满道德的光辉。在完美教室中，道德人格的养成始终是基础性和关键性的。具体来说：

1. 一间教室，应该有自己鲜明的价值追求，有一种基于生命自由的信仰；

2. 一间教室，应该是传统文化习俗与孩子生命天性之间的缓冲带——既是训练场又是庇护所，孩子们既能够体认这些传统又能够有资格对这些传统加以审视与反思；

3. 一间教室，应该以民主的方式生成自己的游戏规则；

4. 一间教室，应该有自己的道德人格系统，以及相关的一些用来理解人性的理论工具，并引导我们去理解整个世界，同时以此指导我们在教室中的共同生活。

如果对照上述标准，我们不难发现，像美国著名的罗恩·克拉克——《优秀是教出来》的作者，电影《热血教师》中的原型，他的55条班规，其实强调的正是上面所述的第2点和第3点——这可能是因为他的处境使得他必须强调这二者。而《第56号教室的奇迹》的作者雷夫·艾斯奎斯则更强调第3点和第4点，这使得他的“教室教育学”显得更为深厚与合理一些。

在这个意义上，新教育人的缔造完美教室，要求我们从一开始就关照这全部因素，既关心培养学生的良好习惯与儒雅素养，又关心帮助学生建立人生信仰与道德追求，从而更理性地缔造一间完美教室。

完美教室的课程建设

新教育教室的课程，在理念和实践的层面上有两个相关的课程子系统：一是理想课堂的三重境界，一是以人的全面和谐整体发展为宗旨的儿童课程。理想课堂的三重境界，是以新教育的视野，重视审视和改造官方教材或者学科课程，对其进行新的阐释、解读、批判和创造。儿童课程，是针对当前教育的缺失以及生命的无限潜能，开发出一套更人文、更诗意、更整体性的综合课程。在真正的实施中，这两套子课程既相互渗透，又有着不同的风格特点：理想课堂的三重境界在强调“浪漫—精确—综合”这一认知的全过程的同时，侧重于中间精确环节的实现，即具体知识的分解与建构；而儿童课程则在强调同一认知过程的整体性的同时，更强调兴发感动、生命在场，更强调这三环节中的第一和第三个环节的实现。这样，二者就有了非常有益的补充。我们知道，现行教材最大的缺憾就是过早的精确，以及与生活、生命的疏离感，而儿童课程强调浪漫与综合阶段的兴发感动与生命在场，正好是对这种偏差的有效纠正。

具体到每一间教室，到每间教室的不同阶段，以及不同的学科，就需要有更为具体的课程规划以及实施方案。譬如，在一二年级，许多新教育教室语文改革了入学就教工具性的拼音的做法，而直接在学科课程中强调整体认读与精确识字，在儿童课程中，则引进读写绘课程与晨诵课程，阅读量是普通学校的数十倍，而且都是充满意义感的阅读，而不是工具与程序性的阅读训练，这充分符合我们倡导的低段浪漫整体的特点。而在数学上，不少教师引入皮亚杰的实验，引入集合的概念，在识数和加减乘除的开端，就把隐性的数理概念与显性的数学操练结合起来。

再如，在中高年级，晨诵课程中的“农历的天空下——中国古诗词之旅”已经被普遍地认同、接受；而三四年级通过海量阅读实现阅读自动化，以及以人物形象分析和道德主题讨论为主要手段的全班及亲子的整本书阅读，也越来越成为许多教室的常态。这和高年级语文教学的高度精确化相映成趣。而在数学上，已经有有识之士在三重境界的指引下，开始追求创造数学、发明数学的新教学。

除了学科课程之外，许多新教育学校还开发了经济学课程、旅游课程、电影课程、童话剧课程、开学课程和毕业课程等形式多样、生动活泼，整合多个学科的课程。

我们知道，开学第一周，很多孩子会出现紧张、焦虑的入学不适应症。一般学校过早地（几乎就是开学第一天）进入学科教学，或过严地进行“规则教育”，都会令孩子产生极大的心理反差，从而出现畏学情绪。而畏学、恐惧，恰恰是学校教育的最大敌人。雷夫曾经坦诚地说：“第56号教室之所以特别，不是因为它拥有什么，而是因为它缺乏了这样的东西——恐惧。”

银河小学开学课程一周课程表

	星期一	星期二	星期三	星期四	星期五
上午	1.绘本《小魔怪要上学》 2.习惯培养：如何就餐，怎样如厕（班主任）	1.晨诵《新新的书本》（班主任） 2.绘本《好饿好饿的毛毛虫》，制作书签 3.巩固就餐习惯（美术老师）	1.晨诵《蚂蚁搬米》 2.绘本《笨拙的螃蟹》，画画最棒的自己（班主任） 3.队列训练（体育老师）	1.晨诵《勇敢的小蚂蚁》 2.绘本《鳄鱼怕怕》 3.画画最勇敢的自己（班主任）	1.晨诵《小老鼠打电话》（班主任） 2.认识自己的学号 3.培养整理物品箱的习惯（数学老师）
下午	1.参观校园 2.画画我们的校园（体育老师协助班主任）	1.数学绘本《乱七八糟的魔女城》 2.练习如何整理自己的书包和课桌（数学老师）	1.参观音乐、美术等专业教室，看一看、坐一坐 2.小电影《三个和尚》（音乐老师）	1.电影《海底总动员》 2.鉴赏交流（英语老师）	1.小电影《小熊猫学木匠》，鉴赏交流 2.总结一周中最快乐的孩子，举行小型班级典礼（班主任）
放学前20分钟	回顾一天生活，交流学到的本领以及最开心的事	回顾一天生活，交流学到的本领以及最开心的事	回顾一天生活，交流学到的本领以及最开心的事	回顾一天生活，交流学到的本领以及最开心的事	回顾一周生活，鼓励孩子们向下周的正式学习发起挑战

为此，浙江萧山银河小学的韩婧老师开发了“以儿童课程为核心的小学入学第一周课程”（见上表）。这个课程试图借助儿童课程“晨诵—午读—

暮省”活动，用符合孩子年龄特征的美妙诗歌童谣、有趣的绘本故事以及经典的动画影片润泽他们的心灵，同时用写绘的方式让他们尽情表达所思所想，消除他们对陌生环境的畏惧与恐慌心理，培养孩子爱学、乐学、积极、自信的良好心态，帮助他们顺利迈出求学之路的第一步。

尽管这个课程还处于探索阶段，但是它的创意、思考，显然值得关注和期待。

在新教育中学里，也涌现了许多类似案例。譬如海门东洲中学百合班，他们开学第一周的课程如下：初一，围绕“我要开花，是因为我知道自己有美丽的花”这一主题，老师朗诵《心田上的百合花开》，赠送每个孩子一张印有百合花、写有老师寄语的名片，师生一起将《心田上的百合花开》编成课本剧表演，根据文字创作“百合之歌”，教室四周张贴孩子们亲手绘制的心目中的百合图画，孩子在这一系列的活动中感受着百合的美好，自主悦纳着“我要开花，是因为我知道自己有美丽的花”，开学第一课唤醒了孩子对未来的无限信任。初二，围绕“我要开花，是为了完成作为一株花的庄严使命”这一主题，师生一起深度共读《心田上的百合花开》，读出百合昂扬向上的生命态势，从心底鄙视杂草猥琐的生活，无限憧憬生命的美丽与蓬勃，将“我要开花，是为了完成作为一株花的庄严使命”作为自己生命的航标。孩子自己制作名片，将向往的百合的德行放在自己名字的前面向各科老师亮出。初三，围绕“我要开花，是由于自己喜欢以花来证明自己的存在”这一主题进行演讲。师生一起商定本班的宣言为：成长自己，美丽世界；给力自己，给力世界。师生一起制作班徽，红色的心型班徽上，是一朵盛开的百合，每个班徽都有自己鲜亮的名字，预示着每个人都将实现人生的最大价值。孩子们把班徽佩戴在胸前，自豪地在全校面前亮出自己。

同时，开学课程与结业课程遥相呼应。在百合班，每个学期结束，都是全班师生家长一起在场的隆重的颁奖典礼。根据学年的不同，颁奖的内容有：努力颁奖词、思考颁奖词、最佳学力颁奖词、亲和力颁奖词、成长颁奖词、优秀习惯颁奖词等等，每一个奖项都有一段精彩的颁奖词。除了肯定每个孩子每学期的成长之外，更重要的是孩子们在班级同学、老师、家长面前的“总有一些约定，能照亮未来”的宣言，其实也是假期的自我约定。学期结束，不仅仅是上学期学业的完成，更是假期主动学习、健康生活的开启。

正因为百合班的课程顺应孩子生命的节奏，所以，百合班的孩子，在汶川大地震中，40 多人捐献了近 2 万元的善款；百合班的孩子想当科学家的原因是想发现另一个可居住的星球，把地球上的人们引渡过去；百合班的孩子想当作家的原因是想唤醒人们真善美的心灵；百合班的孩子想当山村老师的原因是想改变那些穷孩子的命运。因为，美丽世界已经成为百合班孩子的信念。

在这里，我们要特别强调新教育实验的三个概念或者说三个课程，我们认为，这是值得每间新教育的完美教室一以贯之坚持下去的基本课程。这三个概念或者课程包括：一是被精确编排了的晨诵课程，二是道德人格发展图谱指引下的阶段性的整本书阅读，三是教室里人人成为角色一个都不能少的童话剧。在任何学校，如果能将其落实到教室里，无论三年还是六年，坚持着执行下去，也就成了“课程”。

晨诵课程赋予一间教室每个早晨同时也是精神上的黎明，擦亮生命中的每一天。整本书阅读为生命寻找理想的镜像，在不同的人物自居与穿越中，面对种种人生抉择并做出决断、担负责任。童话剧整合各种艺术元素，让孩子们的生命直接与人物同在，把大家对童话故事的理解，呈现在世界面前。这三个课程，正好对应着一间教室的每一天、每一月、每一学期。而这些日子不断地积淀下来，也就成了岁月。

相信种子，相信岁月，种子在岁月中的过程，这就是课程。所以课程的终点，就是教室里的每一个生命，都不仅经历了时间的洗礼，而且通过不断地成长，能以开放结实的姿态，呈现在世界面前。

完美教室的生命叙事

无论有多少或深奥或浅显的理论，无论有多少系统、精致的课程规划与资源，缔造完美教室的要义，最后必须落到一个个原本平凡的日子，以及这些日子里师生们如何共读共写共同生活，如何相互编织。

穿越，编织，赋予，显现……我们曾用无数个美好的词语来试图描绘新教育实验中理想的教室生活，但这一切最终无法替代实际形态的教室生活。而事实上，实际形态的教室生活里，不只有欣喜，不只有成就，不只有一帆风顺的喜悦，反之，越是心怀完美的梦想，就越能够真切地感觉到教室里的另外一面：劳累，怀疑，机械重复，单调，形式主义的束缚，甚至还有考试压力与无数造假工程带来的厌倦与动摇……

因此，缔造完美教室，并非是构想一个完美无缺的童话故事——不，这是我们误解了童话。任何一个伟大的童话，主人公都必须首先经历一次磨难，然后是漫长的历险，最后才是获得拯救：靠神仙的帮助，或者自我的努力。

缔造完美教室，意味着一种宣告：或许我们只能生活在充斥着平庸和厌倦的淤泥之中，但我承诺将带着孩子们日渐脱离这种平庸，在任何处境下实现超越，而任何一点超越，就是生命的一次绽放，彻底与根本的超越，就是我们最终的成就，就是缔造完美教室梦想的实现。

也就是说，我们必须把缔造完美教室视为一个教室与师生的自我叙事：一个童话的构想，一部传奇的书写。所有伟大的童话都将是一间教室与每个孩子的成长镜像，而所有伟大的人物——无论是故事中的还是历史上的——都将成为这间教室里的老师和同学。

一间完美教室的缔造过程，就像一个小说家展开他的梦想，并最终创造出一部伟大的作品。但这并不意味着，它只是一个教师的梦想，而孩子们只不过是他冥想中的角色。如果我们赋予这个比喻以共同建构的特点，那么它仍然是适用的：这个叙事由师生共同完成，但总有一个人，它先于其他教师和所有学生朦胧地构想着这一切，并在和师生共同体的对话过程中不断地修正完善着这个梦想——这个人就是我们今天所称的班主任，无论明天还会有什么名称，他都是真正意义上的教室的第一缔造者，一个行动的梦想者，一个理想主义的行动者。

然后，就像电影《盗梦空间》所讲述的那样，完美教室的形象，无论是空间的结构，还是时间上的成长过程，都像是这一梦想的种子，在孩子们到来之前就被细致地构想。也就是说，远在成为事实之前，它已经在蓝图上成为一座美妙的宫殿。这想象成为一种沉甸甸的渴望，甚至会让你在每个假期过半，就开始盼望着开学，开始想象着“写下明亮诗篇的第一行”，想象着教室的新设计，孩子们的新课程，班级的新生活。

于是为了让它成为事实，真正的劳作就开始了。伟大的梦想家与狂热的设计师转化为辛勤劳作的砖瓦匠，开始垦荒、奠基。给还没有到来的孩子及其家长写一封封信，精心准备好第一个晨诵，第一个故事，第一个单元的教学内容。直到孩子们到来，把 9 月 1 日当成生命中简洁而隆重的庆典。

接下来的教室生活，漫长的一天又一天，一个星期又一个星期，一个学期又一个学期，时间是如何度过的，就像新教育榜样教师所说的“日子”：“种子怀想着岁月深处，平静地过好当下的每一个日子。”

一间教室，应该有一份自己的日历。它开始于某年某月某日，将结束于某年某月某日。在每一年中，哪些日子会被我们隆重地标注——不是那些追随着新闻和商业炒作的情人节、愚人节，也不仅是这样那样的传统节日，更重要的是真正属于自己教室的日子：每一个孩子的生日，大家春游踏青、秋游赏叶，星星节或者麦子节，结业庆典的日子……另外，每个课程的结束都是一个或大或小的收获节，它被规划在这间教室日历中，像一个必须兑现的美好承诺，一段值得孩子们期望的美好旅程。

教室里的生日祝福是新教育实验的一大特色，它体现的是我们对每一个生命的独一无二的关注。有没有生日蛋糕等物质载体并不重要，重要的是让孩子感受到生命被平等地尊重和接纳，感受到生命的庄严与美好。在生日庆典的许多项目中，生日故事和生日诗，是最为新教育化的两种形式。生日故事，就是为孩子量身定做，选择一个和这个孩子的经历或内在秉赋有关联的故事，以他生日的名义，讲给全班孩子听。生日诗，就是教师改编晨诵中的某些诗歌，或者自己创作，利用孩子们名字中的含义，生活经历，性格特征，编织出特别的词语，就像蜘蛛夏洛为小猪威尔伯织字那样，织下最郑重的期许。

每个学期的结业庆典，对许多新教育榜样教室来说，是所有节日中最为隆重的。以罕台新教育实验小学为例，结业不是一天，因为每个班级至少要用半天时间来举行结业庆典，占用童话剧场，仅有六个班级的学校，要用整整三天来完成结业庆典。每一个教室，首先要进行一个师生互动的“教室叙事”，用照片、录像、重新编辑组合的诗歌，回顾刚刚走过的一个学期旅程。因为罕台新教育实验小学每班都有教室日历、教室周历，所以这样的回顾注定充满了细节。教室叙事之后，是为每个孩子颁奖，无论学科分数如何，无论性格脾气如何，每个孩子都能够得到一些奖项，得到对自己作为独一无二的生命的特别期许。最后，老师、孩子和家长汇聚在童话剧场，观赏由全班孩子们演出的童话剧。从一二年级天真烂漫的童话，到三四年级颇有深度与象征的故事，再到未来高年级的经典，他们把最美的童话，视为一间教室的自己的故事。不是背诵或念出台词，而是用心倾诉那些话语，真切感受成长所必需的那些曲折的情节，并在主角面对困境与两难情形时学会抉择，在主角履践承诺的过程中学会担当。

就这样，一间新教育教室里的所有日子，那些形形色色的课程，因为特别的仪式和庆典而有了温度。其实，仪式和庆典也是课程的一部分，而且是课程中最炽热的部分。仪式让生命或时间停顿，让此时此刻与其他时候不同。每一年中除了国家的重大节日庆典和孩子生命中一些特殊的日子（开学日、入队日、生日）外，每个课程的开启是仪式，课程的结束、回顾是庆典，还有围绕班级课程而衍生的节日也是庆典。除此之外，每一周中升旗和班会，每一天的晨诵都是仪式。这些仪式和庆典，让课程更加具有生命的光辉。

在漫长的穿越中，有些特别的日子会沉淀下来，成为一间教室特别的节日。譬如不少新教育教室里有“旺达节”，这是师生共读《一百条裙子》之后，为了提醒不要对任何人怀有歧视，以及学会做出玛蒂埃式的承诺，而特别设立的“旺达节”。一间教室每年重过“旺达节”，可以让师生共同回顾走过的一年，在过去的一年中，班级中有没有伤害他人的事情？当有不公平的事情时，你是否勇敢地站出来了？在这一年中，你是否画出了属于自己的一百条裙子？……还有不少新教育的教室里有“夏洛节”，这是师生共读《夏洛的网》之后，为了提醒同学努力成为别人生命中的“重要他人”，学会编织爱的大网，而特别设立的节日。

反之，倒是有些流行的节日，却并不需要年年都同样郑重地过，如教师节，母亲节，只需在整个教室叙事中，特别隆重地过一次就足够了。否则，有些感情一再重复地表述，也就成了廉价的旧分币，徒然留下虚假的形式。也就是说，新教育的仪式与庆典，不是简单地为过节而过节，为仪式而仪式，而是为了擦亮这个拥有特殊意义的特别日子，一经擦亮，从此这个日子就有特别的温暖、特别的味道，从而永存心间。

就这样，我们用“晨诵”唤醒每一个日子的黎明，用“暮省”保存每个日子的黄昏，用“含英咀华、如品如尝”的姿态，一天天地汲取人类文化的精髓。

就这样，我们从珍惜每个孩子的生日，珍惜每个孩子的生命，从郑重对待每个孩子的期末评语，超越分数以及纪律，来反观我们的教育观。

就这样，我们用伟大故事的英雄人物作为榜样，用经典童话作为自我叙事的原型，用共读共写共同生活的方式让一间教室里的师生拥有共同的语言和密码。

像一条涓涓小溪，穿越岁月，最终汇成江河，汇入生活的大海，而我们这间教室里的教师，在离别之后，仍将是孩子们心目中那朵最值得怀念的花儿，历经岁月，四季不败。

而孩子们的生命，就如同无数不同的种子，在一间叫教室的花园里，经由我们的守护，经由我们的浇灌，经由我们的等候，最终将亭亭地开放于岁月的深处，世界的面前。

与我们思考学校文化时曾经说过的一样，没有故事的学校，一定是没有文化的学校。思考完美教室的缔造，与学校文化建设一样，一定要有故事，而且要有伟大的故事。故事源自何处？源自挑战和遭遇，没有挑战和遭遇，没有一颗不安分的心，没有一种创造奇迹的冲动，就不可能有完美教室。完美教室应该让每一个生命创造奇迹，没有挑战不可能，没有战胜各种遭遇，谈何奇迹？如果雷夫不能够把贫民窟孩子组成的教室打造成快乐的天堂；如果陈美丽不能够使苏雪妮的成绩从零分到良好，甚至再到优秀，他们的教室就要平淡得多。所以，奇迹发生的过程，就是挑战不可能的过程，就是参与其中的教师和学生共同见证和经历的过程。所有的奇迹都会告诉大家：要永远学会挑战不可能，要让孩子养成追求卓越的习惯，有一颗不甘平庸、不安分的心。无论是今天在教室的学习，还是未来在任何岗位上的工作，都是如此。在人生的任何一段旅途上，应该永远努力成为卓越者和创造者。

缔造完美教室，创造生命传奇，离不开教师真诚且深刻的爱。对于教师来说，教室就是我们的星球，孩子们就是我们的"玫瑰"与"狐狸"，或者就是我们的"小王子"。我们原本孤独的生命，我们原本并无隽永意义的人生，将因为这种彼此归属而拥有意义——就像我们和家人更为持久的深刻的彼此归属一样，这都是相互的驯养。但这种超越家庭间的彼此归属和彼此驯养，不是基因与血脉所赋予的自然禀赋，而是一种人类最高潜能的实现：为一个原本陌生的人，倾注我们的生命。而我们自己的生命，也将在这样的倾注之际，获得深远恒久的回响。

缔造完美教室，创造生命传奇，离不开教师的真正觉醒。对于教师来说，纵然他今天尚未卓越，也至少有一颗追求卓越的心，这样他才能带领孩子走向卓越。如果一个教师缺乏能量，缺乏成长，他的教室也就无法获得能量，无法成长。就像魏智渊老师对新教育网师学员所说的那样："当我们内心充满软弱与恐惧，教室里就会显现出恐惧与暴力；当我们内心充满茫然与混乱，教室里就会显现出浮躁与无序；当我们远离阅读与思考，教室里就会显现出浅薄与轻率；当我们充满借口与不满，教室里就会充斥着抱怨且缺乏责任感……总之，当我们的内心丧失了生机，丧失了滋养，教室里就会丧失生机与进一步发展的可能。"

缔造完美教室，创造生命传奇，离不开教师的深厚学养。完美教室要求教师在成长中努力汲取教育学、哲学等知识，提高教育理论修养；努力研读心理学、文学等人类知识的精华，让自己的爱和使命感更强大；努力实践教育教学，不断地践行、修正，让自己如同雷夫一样，从普通到优秀，从优秀到卓越。正如我们一再倡导的那样：己立立人，己达达人——立，就是生命在大地上劳作、栖息、歌唱；立，就是人类顶天立地，成为天地间最美的风景。只有己立立人，己达达人，追求卓越的教师才能带出不断追求卓越的孩子。

缔造完美教室，创造生命传奇，离不开教师的心理修炼。一个教师的内心世界，与一间教室的生活世界息息相通。缔造完美教室的过程，从教师自己的成长叙事来看，同时也是一个不断磨砺生命特质，弥补自我缺陷的过程。教师就如同一个教室的导演，他的优缺点会在无形中影响孩子，他的性格会在无形中烙印在教室里。如有的教师多愁善感，孩子们也多愁善感；有的老师言语犀利，班级的孩子也个个出语不凡。临淄区齐都花园小学的崔国建老师给我们讲述过这样一个故事：他的学生刚入学一个月的时候，调皮任性纪律差，他的脾气也非常急躁。几乎每天都是心平气和地走进教室，气急败坏地离开教室。开学的第一次家长会上，父母们谈论起孩子上学以后的变化时，几乎都反映，孩子们变得比较急躁，动不动就发脾气。后来他才认识到，教师的性格会直接影响孩子的性格。所以，千万不要让自己的负面性格影响了孩子，一个完美教室的教师必须重新认识自己，不断地反省自己的长处和不足是什么，可发掘的资源是什么，如何把自己的生命能量最大限度地释放给孩子，最大限度地发扬自己的优势，如何矫正自己的缺陷，避免自身的缺陷和不足影响到孩子。

缔造完美教室，创造生命传奇，离不开教师的独特风格。教师的风格，将成为一间教室特色的最重要根源。有人在评价雷夫老师的教室时曾经说："一间教室能给孩子们带来什么，取决于教室桌椅之外的空白处流动着什么。相同面积的教室，有的显得很小，让人感到局促和狭隘；有的显得很大，让人觉得有无限伸展的可能。是什么东西在决定教室的尺度——教师，尤其是小学教师。他的面貌，决定了教室的内容；他的气度，决定了教室的容量。”

特色是什么？特色的本质是生命风格，即生命密码（独特的潜能、境域、资源）得到充分发展时的风格状态。特色，往往始于共同的穿越，且始终伴有共同的穿越，只是在过程中，渐渐地有了独特的事物、路线，独特的思路、理解。特色并不是大家选择做不同的事，你专攻画画，我专攻书法，他练习气功……这只能叫特长，一个人可以也应该有特长，一间教室也可以与应该有特长，但这不能理解为特色。特色应该是一个生命本质特征（及丰富的可能性）不断地实现、呈现于世界面前。一间教室的特色并不是让所有孩子拥有相同的气质、性格与特长，而是一个集体拥有极高的创造力，而这种创造力的外在表现，就是教室的文化，就是教室的特色。

缔造完美教室，创造生命传奇，离不开教师与学生的共同生活。完美教室的生命叙事，应该是教师与学生的共同叙事，因为完美教室的主体是教师和学生。我们发现，在一些新教育教室的叙事中，往往过于突显教师的引导力量，而缺乏儿童的视角，学生状态常常以群貌呈现。即便是关于学生个体的叙事，也大多由于缺乏对场景的细节描述，而流于表象或想当然的推断，孩子的个性和个体生命状态仍然是模糊不清的，儿童自身的魅力还没有充分展示出来。所以，如何真正地发现儿童，走进儿童，关注每一个儿童，关注每个儿童的特质，是缔造完美教室时应该特别关注的问题。离开了学生个体生命以自己最好的方式独特成长这一事实，任何教室终将无法完美。

缔造完美教室，就是要求我们下最平凡的苦功夫，做最不平凡的大事情。一间小小的教室，一个大大的梦想。居里夫人说：“我们要把人生变成一个金色的梦，然后再把这个梦变成现实。”新教育是我们共同的金色梦想，而缔造完美教室，就是我们“把这个梦变成现实”的必由之路！

第十章　新教育的卓越课程

如果把教室作为学生生命发展的重要“场”的话，那么，课程本身就是学生生命成长的历程。课程的丰富性决定着生命的丰富性，课程的卓越决定着生命的卓越。十多年来，新教育人研发了以“在农历的天空下”“晨诵、午读、暮省”等为代表的一系列卓越课程，在课程的理论与实践方面进行了许多有益的探索。现在，我们有必要进行系统的总结与反思，言说和探讨新教育的课程论，为新教育的再出发提供一个课程理论的基础。

什么是课程?

现代意义上课程理论的出现，一般以杜威的《儿童与课程》(1902)和博比特的《课程》(1918)为标志。此后，尽管课程理论层出不穷，但是有两种理论最为流行，一种是以拉尔夫·泰勒和希尔达·塔巴为代表的线性课程观，他们认为课程是一种行动计划或一种书面文献，包括设计目标到评价目标是否实现的四个阶段：1. 学校应当试图达到什么教育目标？2. 提供什么教育经验最有可能达到这些目标？3. 怎样有效组织这些教育经验？4. 怎样确定这些目标已经达到？这也是泰勒课程论最经典的四个问题。

一种是以杜威、卡斯威尔和坎贝尔为代表的经验课程观，他们把课程理解为“儿童在教师指导下所获取的所有经验”，也就是说，学校里发生的所有事情，乃至校外的事情，只要是有计划的，都可以视为课程的组成部分。

作为这两种观点的融合，当前作为共识的课程意义，一般是把课程理解为：为了实现学校教育目标而规定的教育内容的总和。

我们比较喜欢课程最本初的比喻，即称课程为道路。如果把此刻的教育作为我们教育的“起点”，那么“教育目的”就是一个终点或阶段性终点。在起点与目的地之间的这段道路，就是我们所说的课程。

所以，在我们的课程概念中，“起点”首先意味着课程实施的具体对象，意味着教育要从受教育者那里开始。而“终点”，则意味着课程目的的实现程度，意味着社会与国家诉求的落实程度，意味着学生们有没有达到理想的人的境界。而居于二者之间的，有计划、设想、方法、途径、资源、评估、修正……这三者合起来，就是我们所说的课程。简言之，在我们的课程意蕴中，起点处，是活生生的人，终点处，也是活生生的人。起点处，是活生生的人的问题，是人的各种可能性；终点处，是这些问题的解决，是人的可能性的实现。

课程与教学是两个密切相关又各有重点的概念，课程作为教学内容是相对静态的，教学作为一种师生交往活动则是动态的。课程是教学的“蓝图”，教学是按照这个蓝图施工的过程；课程是教学的“乐谱”，教学是按照这个乐谱演奏的过程；课程是比赛前的方案，教学是根据这个方案比赛的过程。这三个比喻是非常恰当的。第一个比喻强调施工和建筑蓝图的吻合程度；第二个比喻强调预设和生成都非常重要，不同的指挥、不同的乐队，演奏风格也是不同的；第三个比喻强调创造的精彩。所以，教学不再是教师单纯“教书”，学生单纯“念书”的过程，而是师生亲身参与创造课程的过程。课程本身也具有多种形态，具有潜在性、生成性、活动性等特征。

什么是卓越课程?

什么是卓越课程？如果把课程视为以活生生的人为中心，包括起点、目的地组成的道路的话，那么，所谓卓越课程，就是最大限度地实现了人的可能性，最好地完成了课程的目的。

什么是新教育实验的“卓越课程”呢?

首先，卓越课程应该实现新教育实验“让师生过一种幸福完整的教育生活”的使命。强调“教育生活”，是强调教育的当下性，它不能脱离当下的教育生活，抽象地指向一个未来的人。强调“幸福”，是强调在学习过程中的愉悦、兴奋、激动，对未来生活的憧憬和向往，不能够以牺牲师生当下的幸福感而追求所谓未来的幸福。但强调当下，却并不表示否定未来，否定终极性设计。强调“完整”，是强调学校应该让学生的身心得到和谐的发展，真善美得到全面的培育，学校只有成为汇聚美好事物的中心，只有给所有孩子无限的可能性，才能够实现真正的“完整”。所以，卓越课程应该服务于“幸福完整的人”——也就是自由的人——这个终极的目的。任何一个新教育课程的研发，其目的应该指向“人的自由，人的幸福完整”，而具体实施过程，也应该是幸福完整的，而不是痛楚与异化的。

其次，卓越课程应该重视学生的认知规律，以学生的生命为本位。如果把课程比作道路的话，这条道路就是学生生命实际走过的道路，虽然我们教育者也走在自己的道路上，而且在相当程度上和学生一道上路，但是毕竟我们设想的这条道路的起点是学生，终点是学生，走着的主要也是学生，所以这个主体理所当然应该是学生。以学生的生命为本位，首先意味着尊重学生认知发展的内在规律。这方面，皮亚杰的发生认识论和维果茨基的最近发展区理论做了许多有意义的探索。皮亚杰强调课程的可接受性，主张通过课程让儿童在每一个阶段都能够有精彩观念诞生，由形象的具体运算，发展到抽象的形式运算，由生活概念发展到科学概念。维果斯基则强调挑战学生的现有认知发展水平，让学生“跳一跳，摘桃子”。所以，卓越课程应该最大限度地吻合各阶段儿童的认知特点，最大限度地开拓学生认知的最近发展区，最大限度地满足学生生命成长的需要。

再次，卓越课程应该经历浪漫、精确、综合三个阶段。怀特海的过程教育哲学认为，人类认知包括浪漫、精确、综合这三个循环往复，相互包含的阶段。浪漫，就是兴发感动，就是生命面对事物的“初感觉”：困惑、好奇、美的冲击等。这种“感觉”对于最初的学习具有特别的意义，没有这种“感觉”，学习就难以为继，勉强用纪律等强制手段维持下去的学习，将破坏学习的美好，精确学习就会缺乏一个浪漫丰富的背景。精确，就是条分缕析，举一反三，使浪漫阶段掌握的内容更为精确，通过“对事实的详细分析”，使第一阶段的认识具体化，系统化。综合，就是摆脱细节，进入自由，即脱离知识的细节而积极运用原理，脱离被动的状态而进入主动应用知识的自由状态。卓越课程必然同时既是全息的，又是局部精确的。我们没有办法也没有必要穷尽一切知识，但是需要具体某个课程的深透。凡完整地做过“农历的天空下”的老师都知道，一年的穿越，孩子们的生命事实上都发生了根本性的变化，他们变得细腻起来，雅致起来，对语言和生活，乃至万物都变得敏感起来。所以，在有限的教育时间里，经历浪漫、精确、综合三个阶段，尽可能做到“少而透”，在卓越课程课程的重要特征。

最后，卓越课程应该充满惊奇，触及灵魂，生命在场。博而诺夫的教育人类学认为，“遭遇”在教育中具有特别的意义。人与知识的相遇，人与人的相遇，应该是一个深刻的事件，而不应该是平淡无奇的任务。卓越课程，不应该是一个资料集，而首先应该理解为一个心灵事件，一次冲击或一系列的冲击。也许新教育实验外或处于新教育课程实施初级阶段的老师可能很难理解这个说法，可是深入课程中的老师们对这一点却是深有体会的。一首晨诵的诗歌，在许多新教育教室乃是一个事件，一本伟大童书的共读，或一场精心酝酿的童话剧，就自然更是一个扣人心弦的事件，是一次与美好事物，与自我内在灵魂的深刻遭遇。所以，遭遇惊奇，触及灵魂，生命在场，是卓越课程的重要特征。

新教育实验的“研发卓越课程”，是指在“过一种幸福完整的教育生活”的价值引领下，在执行国家课程和地方课程、校本课程的基础上，鼓励教师对教材进行二次开发和新的整合创造，通过课程的创新使课堂成为汇聚美好事物的中心。在课程实施过程中带领学生经历体验、合作探究，建立知识与世界、与自我的内在联系，将所有与伟大知识的遭遇转化为智慧，从而使生命更加丰盈。

新教育卓越课程的体系

新教育卓越课程应该具有怎样的体系架构呢？我们认为，以生命的幸福完整为终极目的和当下尺度，以哲学、心理学、社会学及相关学科理论为潜在的理论工具，以活生生的人为中心，新教育实验在这三个维度的空间里，可以试图建构起自己卓越课程的体系构架。

我们可以把新教育的卓越课程体系做这样的设计：以生命教育课程为基础，以公民教育课程（善）、艺术教育课程（美）、智力教育课程（真）作为主干，并以“特色课程”（个性）作为必要补充。

新教育的生命教育课程，我们可以将其命名为“新生命教育”，这是一门综合性课程，其目的在于引导学习者认识生命、欣赏生命、尊重生命，进而不断超越，把握生命发展的无限可能性。新生命教育应当有五个纬度，那就是：生命与健康，生命与安全，生命与职业，生命与伦理，生命与价值。

新生命教育应当有三级目标，那就是：珍惜生命、热爱生活、成就人生。生命教育不是另起炉灶，单搞一套，而是整合现有的中小学教育资源，将体育、生理健康教育、心理健康教育、性教育、防艾教育、毒品预防教育、安全教育、环保教育以及国际理解教育等予以整合，用生命教育来贯穿。

我们希望能够独立设置生命教育课程，类似于美国的《Health and Wellness》（健康与幸福）课程，配备必要的专兼职教师开展教学，同时对青少年的心理问题、青春期困惑、逃逸、自杀等危机状况提供咨询服务、指导和救助、帮助。为此，我们也进行过许多努力，早在2005年，新教育的老师就开设了《生命课》，我们还翻译引进了国外的相关教材进行解剖研究，组织了研讨会，在教育在线网站开设了专题等。

生命教育的基础是身体的教育。如果我们画一个身体教育学的金字塔，那么从基础到顶端的关键词，应该分别是健康、安全、营养，舒展、健壮、纪律，礼仪与美。

健康、安全与营养的课程，要求我们把食堂、宿舍、医务室都优先地加以考虑，并视为生命课程的重要组成部分。舒展、健壮与纪律，要求我们从另一个维度来审视我们的体育，包括体育课，大课间，课外活动。如果仅仅把“每天运动一小时”狭隘地理解为一个运动的时间量，这显然是不够的。舒展，强调的是生命节奏中身体的节奏，儿童的身心，应该获得足够的舒展，在这个意义上，每天运动一小时就首先应该依据生命节奏，提供学生舒展身体的机会——这对小学低段的儿童来说尤为重要。舒展、健壮和纪律这三条，我们提倡以舒展为先，当然并不表示否定健壮与纪律，而是说，这三者的关系中，舒展最容易被忽略，但它恰恰是最本质的。体育中的队列和体操，则是关乎身体的纪律，它们也是生命课程必要的组成部分。如果说舒展是浪漫的话，那么这就是精确，而身体达乎礼仪与美，就是最高的综合。

如果说生命教育课程主要是解决个体的健康与幸福问题的话，那么，公民教育课程则是解决作为一个社会人的权利、责任与义务问题。公民教育课程的目标是培养遵守社会公共道德，认同、理解、遵守与维护共和国宪法，关心及参与公共事务，具有独立思考与敢于承担责任，对民族的传统和文化有归属感的现代公民。包括公民道德、公民价值观、公民知识和公民参与技能四个方面的内容。公民道德方面，包括仁爱、宽容、感恩、友谊、尚礼、诚信、责任、尊严、合作等主题；公民价值观方面，包括自由、平等、人权、民主、法治、正义、和平、爱国、追求真理、与自然和谐共处等主题；公民知识方面，包括国家与政府、民主政治、政党制度、司法公正、社会公共生活、公民的权利与责任等主题；公民参与技能主要是指公民参与公共生活的基本能力，如与人沟通、演讲、讨论、组织活动、参与选举、处理纠纷、维护权益、向责任部门或媒体反映问题和提出建议等主题。

新教育实验在公民教育方面曾经进行过一些有益的探索。早在 2005 年的成都年会上，我们就把新德育、新公民作为重要的主题，并且编辑出版了 8 册从小学到高中的《新公民读本》教材。这套教材被称为“1949 年新中国成立以来，第一套针对中小学生的完整意义上的公民教育读本”。另外，我们研制的道德发展六阶段图谱，和马斯洛的需要层次图，在公民课程的道德教育系统中起到非常重要的作用。

新教育的公民教育课程系统除了作为学科整合的《公民课》外，日常的暮省、班会课，以及渗透到整本书共读和童话剧、电影课，以及我们的仪式文化、生日文化，独特的期末庆典都应该纳入其间。

但是，在最好的状态下，新教育公民教育甚至不应当被理解为一种精确规划的课程，而应该是一种生活方式或文化范式，我们或者可以把这部分称为“半隐蔽课程”。它们应当归属于我们新教育年会曾经讨论过的主题：学校文化和缔造完美教室。新教育学校和新教育教室，应该拥有一种德行充沛、情意充沛的教育生活，而不是用一个个补丁性课程来试图拼凑出一间教室的道德生活，以及儿童健康向上的整体人格。

艺术教育在新教育的卓越课程体系中具有十分重要的位置。正如斯坦纳曾经说过的那样，“艺术是智力、认知和构思能力的重要唤醒者”。那些没有学会以美的方式散步的人，那些不会通过美来捕捉真理的人，“将永远达不到成年人的充分的成熟”。

孔子曾说：“兴于诗，立于礼，成于乐。”这三阶段非常接近于浪漫、精确、综合，同时，在这一教育过程中，我们可以看到艺术或曰审美课程无可替代的重要作用。在《论语》的记录中，孔子是一个伟大的艺术家，而不仅仅是古琴和磬的演奏家，他还把艺术与社交、生命体验深刻地融通在一起。而在欧洲古典时期和中国古代社会，我们也可以看到一个博学的人往往首先是审美的人，艺术的人。艺术，在完整的人的教育中，同时起着浪漫与综合的作用。

由此，新教育的艺术课程，就绝不是简单地学一门两门乐器，更不是乐器的考级与加分。艺术应该成为新教育的本质，它应该渗透在教育的所有地方，尤其是在所有课程的起点与终点处。

在小学阶段，艺术教育更加具有独特的不可替代的作用，“整个教学应当受到艺术的激发和带动”。从每天早晨的晨诵开始，到每学期的童话剧课程，每一所新教育的学校都应该具有浓郁的艺术氛围。在罕台新教育实验小学，艺术已经成为学校的一种生活气息，师生在课间，在黎明之前，在黄昏来临之际，在节假日，无不弹琴抚笛，相和而歌，从而让每天充实的学习生活不显得拥挤，而时时有闲暇的意味。在前些日子学期考试的阶段，艺术仍然是罕台的主旋律。艺术能够让机械枯燥的生活变得轻松、美好，把被课表分割的生活重新连缀为一个和谐的整体，让生命在高强度的学习过程中，并不显得紧张与忙碌，而仍然拥有从容与优雅。艺术课程，是新教育课程中有待开发的重要组成部分；而艺术教育的理念，则必须渗透到新教育生活的所有时刻、所有地方、所有课程。关于艺术课程的话题，我们将在明年的年会上作为重点研讨的主题来加以展开。

在许多学校里，曾经错误地用讲授和考试的方式来实施国家规定的绝大多数课程，这使得道德、情感，甚至艺术和体育，都变相为一种“智育”：传授某方面的知识，而不是以某种方式生活。但一个可以出试卷考试，然后评定得分的“公民课”或“思想品德课”“美术课”“音乐课”，是有违道德教育与艺术教育的本质的。

也就是说，在许多学校中，异化了道德教育，窄化了艺术教育，片面地用智育的方式，展开着学校生活的绝大多数领域。导致这个错误的原因，是因为智育确实是现代教育中份额最大的部分。作为国家行为的新课程改革，主要也是针对这部分的改革。

以上生命教育课程、公民教育课程、艺术教育课程和智力教育课程，基本上已经涵盖了新教育过一种幸福完整的教育生活和成为一个幸福完整的自由人的所有范围。在实际的教育过程中，作为基础的生命教育应该贯穿始终，而在幼儿时期、小学时期和中学时期，可以有相应的侧重点，按照人的身心发展的内在规律，先后次序大致的善的教育（公民课程）、美的教育（艺术课程）和真的教育（智力课程）。

在以上四类课程的基础上，作为培养“完整的人”“自由的人”“有个性的人”的特色课程，也具有特别重要的价值。特色课程专指别人没有唯我特有，或者说大家一般只是点到为止地做一做，我却在此大下功夫，把它做到一般人难以企及的程度。

用特色课程来追究与众不同，这在严格意义上是幼稚的。因为真正的与众不同是在常规性的事务上，我们拥有更为风格化的处理方式。即使我们是艺术特色学校，或有舞蹈、跳绳、书法等诸多特色课程，但如果我们在生命教育、公民教育、智力教育以及学习型组织与教科研等方面极为平庸，那我们就仍然是一所平庸的学校。特色课程只能是整个课程框架的有益补充，在学理或逻辑上，我们应该首先强调解决主要的课程——如果一个特色课程具有更高意义上的实现教育目的的功能，那么它就理应成为课程框架中的主要部分，而不只是特色课程。就像在新教育，艺术应该是最本质上的学校教育，而不应该理解为我们学校要把艺术作为特色来追求。

在某种意义上，特色课程往往是对个别生命的特别恩赐，无论是书法还是轮滑，一方面每个人都可以享受或应该习得的，但另一方面，只有少数天赋出众的人才可能把它当成一生的技艺。所以全面推广而且深度推广，就有可能以个别学生的成就，掩盖了这背后的浪费与异化。我们建议少做为了地方而地方的地方课程，鼓励做超越地方的地方课程。建议少做高价请来高手传授特长的兴趣特长班，鼓励创造发挥教师个体兴趣或生命特质的课程。

通过对新教育课程框架的粗略描绘，我们可以看到这是一个宏伟的蓝图，今天我们已经展开并做到的还只是冰山一角。而且我们还没有办法加快速度，因为课程少而透的原则，要求我们自己警惕教育改革的大跃进思维。但这种留白未尝不是新教育改革的“自由”，也就是说，新教育留给所有实验者的空间还非常大。新教育实验强调，每一个参与者都是不可替代的主体，所有的实验者都可能是卓越的创造者。从严格地按照既定的规范学习晨诵、读写绘等成熟课程开始，然后，每间教室，每个老师，都应该因地制宜，利用自己的地方资源和个体生命特质，成为卓越课程的研发者。

我们衷心地希望，这个蓝图中还只是设想的地方，能够缓慢而坚定地逐一成为现实。

如何研发卓越课程？

研发卓越课程，是在既定的国家课程、地方课程和校本课程的框架下进行的。

新课程是国家意志的体现，新课标是国家标准，不同的地方和学校，可以有不同的课程内容，有不同的课程实施方式，但是作为尺度的课程标准，是必须遵循和落实的。新教育所能够做的，是依据自己的理念和理解进行具体的落实，尽最大可能开放性地对一切资源加以整合，使之更完美地达成国家标准。

所以，新教育的研发卓越课程，主要是在两个方面下功夫：一是对现有课程进行“二次开发”，即根据需要对课程内容进行适当的增删、调整和加工，从而更好地适应学生的学习，实现理想课堂的三重境界。二是在执行规定课程内容的同时，作为研发主体开发出新的校本、班本教材。

这些年来，新教育实验研发的“儿童阶梯阅读”，“晨诵、午读、暮省”，“读写绘”，“在农历的天空下”，“每月一事”，“童话剧”等一系列课程已经得到广泛的好评，这次评选表彰的萧山银河实验小学“十品性编织润童年”主题月德育课程等一批卓越课程，也是实验学校与教师们辛勤劳作的成果。新教育实验之所以被广大的学校和教师所喜爱，在相当程度上，就是因为有一套不断成长、修正和检验中的卓越课程。

在这里，我们再和大家一起探讨一下，在一所学校或一间教室，究竟如何研发新教育的卓越课程的问题。

研发卓越课程，关键是要有强烈的课程意识。首先要考虑的一个问题是：为了实现生命的幸福完整，我们还需要些什么？这个问题也可以这样表述：我们应该以怎样的方式推进课程？我们还缺失哪些必要的因素？对生命或生活之幸福完整的认识，是新教育研发卓越课程的绝对前提，是我们课程思考与行动的起点。做课程不能盲目行动，因为教育时间与学生生命是那样的珍贵，由不得我们浪费。我们总是从企及幸福完整的教育生活这一目的出发，来思考我们如何推进课程，或如何创制某种全新的课程。

其次，应该考虑的是我们拥有什么，即关于课程资源的问题。除非已经开辟出课程，否则课程资源总不可能是全部现成存在的，它总需要一个发掘的过程。一个老师自身喜欢什么，拥有什么，这非常重要。一个老师喜欢歌曲，不仅能唱，而且懂得如何教学生唱，这样开发一个与演唱有关的课程就有了基本前提；若一个老师五音不全或根本不喜欢唱歌，那么想开发合唱、唱诗等课程就丧失了基础。但是老师没有并不表示家长没有，更不表示附近社区中没有。人力资源是课程的第一前提，但作为社区的中心，在整个社区中一定会蕴藏着丰富的课程资源，这种开发社会教育资源，尤其是人力资源的意识现在的学校还普遍不够。社区资源不仅仅是人力资源，还有文化资源、自然资源、科技和经济资源，一个公园，一个沙丘，一个池塘，都可以作为一个内蕴丰富的课程资源，一片普普通通的树林所蕴含的课程资源，甚至远超过一个静态的单调的博物馆。地方的名人，地方的物产，地方的物候，地方的民俗，这些全都可以成为课程资源，但正如我们前面所提到的那样，其实与众不同的特色课程，在本质上并不比看似平常的常规课程更有益于孩子的经验成长。一个池塘的生态系统是一个普世的科学课程，如果真正开发成为课程，它的综合教育意义不会比一个婚礼风俗课程要低，更不会比到精美的博物馆做一个参观课程要低。

第三，一定要从学生那里来理解课程。课程的主体是学生，课程在一个角度讲就是每个学生的生命旅程，在大多数课程里，是一段并不脱离情感、道德的认知过程。一个好的课程，这个认知过程或生命旅程应该有着每部分特征明显的三阶段：浪漫、精确、综合。课程的浪漫阶段，就是事实上引发了作为课程主体的学生的兴发感动（也可以称为好奇、惊奇、积极的疑惑、智力上的挑战等等）。正如干国祥老师在评价常丽华的“在农历的天空下”的课程时所说：“一个课程，就是一个完整的叙事。这个完整的叙事，应该有自己特定的主题，有主题诗词，有字体音乐，有主题画面。但是，叙事的主体，却不是诗词，而是活生生的我们——是每一个孩子，是教师自己。穿越的，朗诵的，悲喜的，兴发的，感动的，觉悟的，是我们而不是任何别人。”（《在农历的天空下》，第5页）。

为诱发浪漫阶段的产生，仅仅动用多媒体式的刺激是不够的，因为课程与认知在本质上都是内在的旅程，浪漫阶段自然也是内在的过程，若没有对一个事物有着原初的、整体的先行领会，浪漫阶段就是不可能充分实现的。没有先行领会，学生面对老师设计的课程开端，即与一个新事物或新问题相遭遇，他极可能是麻木不仁的，是冷漠的。苏霍姆林斯基的在大自然中进行的“思维课”（新教育把这个课程理解为是活生生的词语课，或命名的由来、万物的因果课），就是一种为学校教育作浪漫补充的努力。事实上，所有事物的认知，都需要有这样的一个前提，一个前有、前见。好奇、惊奇的产生，在本质上是原先良好的思维图式突然似乎不能准确地把握住新事物了，概念需要创新，才能够重新把事物把捉。所以新教育往往在浪漫阶段同时提出“丰富”这个词，作为浪漫阶段的重要补充。浪漫、丰富和整体性，无外在压力的兴发感动，是课程浪漫阶段的主要特征。

而精确阶段，就是在整体的背景下，进行到局部的认识或某个阶段的认识。一首晨诵诗，老师带着理解的范读，可能引发学生浪漫阶段的出现；而对词句的理解，对诗意起承转合的理解，就是它的精确阶段。一个晨诵单元，譬如梅花单元，对梅花图片和国画的认识，对梅在中国文化中崇高地位的了解，对《一剪梅》《梅花三弄》等音乐的习唱，这都可能触发学生浪漫阶段的形成；而每一首诗的了解，从而构成自然的梅花、人文的梅花等多个层面的理解，这就是梅花课程的精确阶段；而最后人梅合一，把梅花的精神象征与文化精神统一到对梅花诗词的深切领会中，这就已经是课程的综合阶段。

综合阶段，就是回到整体，回到浪漫。晨诵课程的最后，不应该是要求学生把这首诗背下来，这是一个可有可无的任务，在学生的内在认知过程中，最好的综合阶段，应该是把它吸纳到自己的精神与认识中，让它成为自己的语言与精神。甚至为了这种复归浪漫，我们不能急于要求背诵，背诵往往是在一种不知不觉的美好重复中轻松达到的。也就是说，没有真正的浪漫阶段，没有良好的精确阶段，最后的综合阶段是很难实现的。我们前面以晨诵为例，只是因为它比较容易做举例说明，便于大家理解，但若我们细加追究，所有课程若想成为卓越课程，就必然地都需要穿越这三个阶段——虽然这三个阶段完全可以用思维五步或另外的理论框架来解释。所有理论，无非是我们描述与解释的工具，我们想要强调的实质，是研发卓越课程，必须从学生内在经历来思考，必须“少而透”——用朱熹话说，就是“小立课程，大作功夫”，浪漫阶段不但不能缺失，而且必须“丰富”“丰厚”。最后的综合不是完成什么作业，而是达到一种对细节的“遗忘”，就像爱因斯坦所说的那样：“当你把学过的知识都忘掉了，剩下的就是教育。”

然而，研发课程本身也是一种不可能从天而降的本领，它在超市里买不到，听讲座同样不能达成，甚至阅读许多理论书籍和实践案例也最多只有启发的作用，就其本质，它也需要教师自身穿越相关的课程。所以，我们完全没有必要因为研发卓越课程有这么多讲究而望而却步，虽然我们自身的不够完美，会使得我们的课程探索带给孩子们的，可能是暂时达不到理想的境界，但是行动就有收获，若我们不勇敢地迈出第一步，那么不仅今天的孩子们得到更少，而且未来我们的学生面对的，仍然是没有研发卓越课程能力的不成熟的我们。

愿望，渴望过一种幸福完整的教育生活；聆听与观摩，看到愿望花教室、小毛虫教室、小种子教室的幸福生活，直观地感受到新教育的生活方式。这些都可以称之为一个新教育教师走上研发卓越课程、缔造完美教室的“浪漫阶段”，愿有多大，感触有多深，在一定意义上也就是浪漫阶段有多丰富、多丰厚。

第十一章　新教育的每月一事

新教育实验主张，要教给学生一生有用的东西。到底哪些是学生一生最有用的东西？我们的答案是良好的习惯。习惯如何养成？我们的答案是从一件件小事开始做起。从微笑开始，学会交往；从打球开始，学会健身；从吃饭开始，学会节俭；从演说开始，学会表达；从走路开始，学会规则；从植树开始，学会公益；从记日记做起，学会毅力；从唱歌开始，让学生热爱艺术。

心理学家认为，人的习惯养成一般要经过21天的重复练习。所以，我们想到了用“每月一事”的办法来培养习惯。这样就形成了学校的主题月活动。通过不同年级的重复练习，螺旋式上升，经过六年的巩固，是完全可以逐步养成良好的行为习惯的。有实验学校的老师评价说：“当我们正在为学生养成教育而老虎吃天无从下口时，认真品味一下新教育的每月一事，我们便不难找到养成教育的切入口。”

从2006年开始，新教育实验一直在思考如何把“交给学生一生有用的东西”的理念，落实到学校教育的具体实践中去。经过反复讨论与研究，我们决定开展“新教育每月一事”的尝试。初步的想法是：（1）主题的选择立足于学生一生有用的最重要的习惯，如运动的习惯、阅读的习惯、写日记的习惯等。（2）主题的内容都是从一件非常具体的小事展开，如“让我们不闯红灯”“让我们去踏青”“让我们去玩球”等，而每一件事情后面，是一个重要的主题，如关于规则、关于人与自然、关于运动与健康等。而且，我们希望在具体落实的时候，要根据不同年级的特点螺旋式上升。（3）主题的活动与新教育实验的十大行动结合起来，要通过广泛的主题阅读、主题实践、主题研究、主题随笔，通过聆听窗外声音、培养卓越口才，通过网络等路径，把公民教育、生命教育贯穿其中。

我们初步设计的每月一事主题如下：

吃饭（节俭）（1月）

走路（规则）（2月）

种树（公益）（3月）

踏青（自然）（4月）

扫地（劳动）（5月）

唱歌（艺术）（6月）

玩球（健身）（7月）

问候（交往）（8月）

阅读（求知）（9月）

家书（感恩）（10月）

演说（口才）（11月）

日记（自省）（12月）

1月，让我们学会吃饭

写下这个题目，我想许多人会诧异：吃饭有什么好学习的？

这是我从一个小故事中得到的启发。据说，有一个中国人在意大利罗马曾经遭遇过他一辈子也不会忘记的耻辱：在下榻的第一家酒店的电梯门上，他看到了用钢笔书写的并且是加粗了笔画的四个中文大字："请勿吐痰"。这四个字在这美丽的酒店里非常刺眼！酒店里使用的是意大利语，酒店服务单上有三种语言：意大利语、英语和日语。中国文字在这些堂皇的地方排不上号，却在电梯门口以警告的形式出现。可见，中国人吐痰的习惯是多么的令人厌恶。更加可怕的是，甚至有人把随地吐痰作为我们民族的"国粹"而加以讽刺。吐痰是一个我们已经与之斗争了几十年的坏习惯！

随地吐痰是一件小事，甚至比吃饭还要小。但是，它是一个恶习，是呼吸道疾病传播的万恶之源，是影响环境景观的罪魁祸首，同时，它又是一种损人不利己、缺乏道德的恶习。几乎没有人不懂得这些基本的道理，但是为什么随地吐痰仍然是我们独特的“风景线”呢？因为我们的教育一直没有认真地关注这些小事情。所以，当我听说江苏翔宇教育集团把“不随地吐痰”作为校训的时候，我曾经为卢志文校长的用心而喝彩。

人生的许多大道理其实都在这些小事情之中。所以，古代教育往往要从“洒扫、应对、进退”开始。

选择“让我们学会吃饭”作为一年的第一个月的主题，首先是因为“民以食为天”，吃饭是我们日常生活中最常见的行为。学会吃饭不仅与节俭的美德有关，“谁知盘中餐，粒粒皆辛苦”，不仅是我们应该知道的道理，珍惜粮食更应该是我们要学会的习惯；学会吃饭也与文明的礼仪有关，如何吃得更加有教养，如吃饭的时候不应该大声说话，不应该把筷子伸到别人面前，不应该发出奇怪的声音等；学会吃饭还与身体的健康有关，现代人的病基本与吃有密切的关系，如何了解食物的营养、如何控制饮食的适量等，也是我们应该知道的常识。

在进行新教育每月一事的时候，各个学校可以结合自己的特点，进行创造性的探索与尝试，选择什么样的阅读材料，开展什么样的活动，没有必要千篇一律，可以充分调动教师与学生的创造性。

印度谚语说：“播种一种行为，收获一种习惯；播种一种习惯，收获一种性格；播种一种性格，收获一种命运。”行为变成了习惯，习惯养成了性格，性格决定了命运。希望我们有更多的学校进行新教育每月一事的实践，探索新时期道德教育的新路径，为学生一生的发展奠定坚实的基础。

2月，让我们不闯红灯

说起闯红灯，有这样一个“经典”的故事：某青年出国留学期间，交了一个外国女朋友。两人情投意合，相亲相爱。有一次，男青年与女朋友外出逛街，走到一个十字路口的时候，恰巧遇上了红灯。他左顾右盼，发现没有一辆车子往来，于是闯过红灯直接往前走了过去。走了几步以后，发现女朋友没有跟过来，于是就对她说：“走呀，现在没有车子经过呀！”女孩很不高兴，等到绿灯亮了才走过来。后来，女孩离开了他。女孩说：“像你这样闯红灯，不守交通规则，说明你是很不讲公共规则的人，我们将来没有办法一起生活。”

后来，这个青年回国了。一段时间后，他又交了一个女朋友。巧得很，他们一起上街的时候也遇上了红灯。这次，这个青年没有闯红灯，而是站着等绿灯亮了才走过马路。但是，他的女朋友不高兴地说：“你这个人怎么这么老实？这样老实的人，将来不吃亏才怪呢！”于是，他们也分手了。

这个故事是值得玩味的。它说明，中国人与西方人对待规则问题的态度是明显不同的。我们的许多问题，如在公共场合大声喧哗、随地吐痰、排队加塞等，其实最重要的就是对规则的淡漠甚至无视。

选择不闯红灯作为2月新教育每月一事的主题，一个重要的原因是许多学校已经或者正要放假，学生和教师将有更多的出行机会。有的要回老家看望父母，有的会有更多的时间在自己的城市或者乡镇行走。

而对于出行，安全非常重要。交通事故的死亡率非常高。中国每年交通事故死亡人数约10万人，占总死亡人数的1.5%。据统计，我国平均每天有一个班级人数的孩子因交通事故而失去生命，这令人感到惊恐。国外的交通事故致死率大大低于我国。如日本的致死率为0.9%，美国的致死率为1.3%，我国的致死率平均为27.3%，这与医疗急救水平有关系，也与我们违反交通规则的比例高有关系。据统计，在中国，交通事故每死三个人，就有两个是因为违章驾驶。违章的原因主要有两个，一是超重、超载、超车，一是酒后驾车。所以，为了我们的生命安全，让我们学会遵守交通规则，从不闯红灯开始。

不闯红灯，也不完全是一件小事，其背后是“规则”的意义。其实，我们生活在一个规则的世界，规则是这个世界能够顺利运行的前提。小到游戏，大到外交，规则让我们成为有信用的人，文明的人。

遵守规则的最高境界是慎独，即规则在自己的心中。有警察有监督的时候遵守，没有警察没有监督的时候也能够如此。最好的办法是提醒自己：天上有一双眼睛正在看着自己。

不遵守规则的人可能会得到一些便宜，但是往往聪明反被聪明误，最后成为被规则抛弃、受规则惩罚的人。

在2月的活动安排中，我们要让教师和学生们知道，除了交通，生活中间处处有规则，规则是人们为了生存和发展而共同制定的契约，规则是权利、责任与义务的统一，规则也是让我们的生活更加有序、让我们的人生更加和谐的保障。所以，成为一个遵守规则的人，是教育最基本的要求。

我看过江苏省海门市树勋中心小学关于这个主题的活动方案，有四个基本的环节，一是“博采众家懂规则”，通过举行班级交流会，请学生们说说自己对“规则”的认识；通过搜集有关各项规则的经典小故事，让学生阅读相关的书籍，懂得规则在人们生活中的意义。二是“小事开始学规则”，主要进行行为习惯的训练，如利用班队课向学生介绍各种交通标志的含义，让学生了解各种交通规则；开展“交通知识小竞答”活动，评选“交通小卫士”等。三是“持之以恒遵规则”，让学生在家庭中、学校里进一步延伸对于规则的理解和实践，通过自评、互评、师长评等形式，采用“日日反思、周周评比、月月表彰”的方法，提高规则意识，强化规则。四是“英姿飒爽展规则”，以队会等形式展示活动成果。

也有学校把《小学生守则》作为规则学习与实践的重要内容。我希望，无论采取什么样的方法，能够通过不闯红灯这样的“小事”，让我们真正学会遵守规则，学会慎独，是新教育人2月份的必修课。

3月，让我们一起去种树

如果你细心地看一下3月的节日，就会发现，3月的节日是最多的。从3月3日的全国爱耳日，到3月5日的青年志愿者服务日；从3月8日国际妇女节，到3月9日的保护母亲河日；从3月12日的中国植树节，到3月14日的国际警察日；从3月15日的世界消费者权益日，到3月21日的世界森林日；从3月21日的世界睡眠日，到3月22日的世界水日；从3月23日的世界气象日，到3月24日的世界防治结核病日；如果加上中小学学生安全日和西方的复活节，就更加丰富多彩了。

学校如何利用这些节日做文章，开展各种生动活泼的活动，对于学生的人格成长和公民情怀的形成具有积极的意义。在这些节日中，我建议以3月5日和3月12日为重点展开活动。活动的主题是：绿色与公益。在这个月，以种一棵树，做一件好事（如去一次敬老院，去社区捡一次垃圾等）为形式，让师生有公益的意识和情怀。活动的口号可以是：“播种希望，收获未来”，“赠人玫瑰，手有余香”，“用心感动每个人，用爱拥抱每一天”。

这里重点介绍一下江苏海门镇中心小学关于“植树，奏响公益活动的交响曲”的活动设计。他们的活动分为四个部分。一是“在绿波里寻觅”。主要包括让学生搜集与绿化、公益相关的知识，并在班内交流，让同学们了解生存环境的绿化现状，知道绿化对我们的生存环境所起到的积极作用。搜集与绿化公益有关的故事、诗歌、书籍，讲一讲这些故事，读一读这些诗歌，看一看这些书籍，如《秘密花园》《种树的男人》《花婆婆》《胡萝卜种子》等。搜集与雷锋相关的知识，组织交流，了解雷锋的事迹，并从中获得启迪。搜集与绿色公益或与雷锋有关的歌曲或童谣，唱一唱这些歌曲或童谣。

关于种树有许多精辟的文字和图书。老师们可以引导学生去研读和思考。如两千多年前的管子曾说：“一年之计莫如树谷；十年之计莫如树木；百年之计莫如树人。”而“前人栽树，后人乘凉”“树欲静而风不止，子欲养而亲不待”“参天大树，叶落归根”“树有春夏秋冬，人有悲欢离合”“一叶障目，不见森林”“大树招风，小树易折”，这些成语典故更加会让学生从树中悟出人生哲理。如果深入下去，学生们会对于“种子与岁月”的哲学问题进行思考。

二是“在研究中成长”。主要是结合阅读、调查、研究，让学生了解植树节的由来以及世界各国植树节的活动，了解为什么要在春天植树，本地区可以栽种哪些树，植树的步骤和方法，了解环境、植物和人的关系等。

三是“在春光里实践”。主要包括结合 3 月 5 日的学雷锋日为社区、班级、邻居或同学做一件有意义的事，为植树活动写一封富有创意的倡议书，开展有效有意义的植树活动，如学校里的手拉手班级，可以一起种下一棵象征彼此友谊的“友谊树”；几个好伙伴为一组，一起种下一棵“成长树”；同一个月生日的学生在一起，共同种下一棵“生日树”；邀请热心志愿者家长一起参加植树活动，种下一棵“家庭树”；邀请校外辅导员或其他领导一起参加，种下一棵“祝福树”等，并记录小树的成长过程，在班级里进行一次植树登记统计等。同时，结合三八妇女节为母亲和奶奶制作一张感恩卡，帮助做一些家务等。

四是“在护绿中收获”。主要包括“我们是爱绿小天使”活动（以班级或者小组为单位，甚至是一个人认养一棵植物或者一块草坪，在植物或者草坪上悬挂名称、领养班级或学生姓名，并进行科学的照料，写好观察记录）、校内捡垃圾活动、环保征文评比、班级环保小报评比、环保绘画比赛、“绿色小卫士”评选等。“绿色小卫士”的评选条件非常具体：（1）不乱丢垃圾，并自觉捡拾垃圾，看到不文明行为能及时加以劝阻。（2）和父母或好朋友种植至少一棵花木。（3）积极参加班级“绿意角”里绿色植物的领养活动，能精心养殖，并认真做好养殖和观察研究记录。（4）会唱一首和雷锋有关的歌曲。（5）为邻居、同学或社区做一件有意义的事。（6）制作一张精美的感恩卡送给自己的长辈。（7）能自觉宣传植树绿化的重要性，为植树活动写一封倡议书。（8）积极参加征文、小报、绘画比赛并获得好成绩。（9）积极参加其他相关的活动。

当然，在重视植树的公益主题的同时，还可以挖掘它的环境保护、资源保护等方面的价值，并且结合3月9日的保护母亲河日、3月21日的世界森林日、3月22日的世界水日和3月23日的世界气象日等进行相应的教育。

4月，让我们去踏青

一年之计在于春。

4月，大江南北，长城内外，到处都是春天的信息。

4月的节日特别多，如4月2日的国际儿童图书日，4月7日的世界卫生日，4月22日的世界地球日，4月23日的世界图书和版权日（阅读日），4月25日的全国儿童预防接种宣传日，4月30日的全国交通安全反思日，4月第四个星期日的世界儿童日，而中国人最重要的节日之一——清明节也是在4月。

如何利用和整合这些节日的教育资源，通过每月一事的主题教育方式，让我们的教育更加有实际的效果？因为这些节日都发生在春天里，所以，新教育实验提出了：与春天约会，“让我们去踏青”的主题活动设想。

春天让人有好的心情，让人萌生更多的希望和信心。古人也有踏春之俗，野游之乐：“暮春者，春服既成，冠者五六人，童子六七人，浴乎沂，风乎舞雩，咏而归……”说明我们古代的学校已经把春游作为教育的重要内容。

然而，我们今天的学校却往往出于安全的考虑不敢让学生春游，只好于春和景明之时将学生圈在校园里，一关了之。这与孩子的天性显然是相悖的，人是自然的一部分，只有回归自然，才能亲近自然、热爱自然，才能尊重自然、保护自然。

因此，过一种幸福完整的教育生活，我们就不能杜绝学生和春天亲密接触。

我们不能因为强调“安全第一”就不去搞活动，而搞活动的时候强调“安全第一”才是必需的。我们要考虑的不是禁止春游，也不是为了安全而紧张地进行春游，而是要研究如何使春游既安全又不失去本来的意义。

通过踏青，我们希望培养师生“亲近自然，热爱生活”的品质，体验“天人合一”的境界。让我们的学生和老师能够在紧张的校园生活之余，放松心情，疏松筋骨，感受春天，走进大自然，亲近大自然，聆听大自然的声音。有一位农村老师对我说，每年 4 月他都要让孩子们嗅嗅春的气息，看看小草的萌发，摸摸池塘里水的温度，让他们在地上翻几个跟头，让他们和春天的柳枝一样舒展，让孩子们在狂欢中感受春天。这是孩子们一年中最快乐的时光。

通过踏青，我们也希望在丰富多彩的春游活动中，增进师生间与学生间的心灵沟通和理解，培养学生的团队精神和集体情怀，为教育生活留下美好的回忆。

通过踏青，我们还希望形成“珍惜光阴，爱惜时间”的意识，让我们的师生深刻理解“一日之计在于晨，一年之计在于春”的内涵。通过踏青，我们更希望孩子们能够培养发现美的眼睛。苏霍姆林斯基曾经说：“自然界里许多美的事物，如果不事先指给孩子们看、讲给孩子们听，他们自己是不会留意的。”所以，踏青既要让孩子们尽情玩耍、放飞心情，也要注意指导点拨，让孩子们用心留意、学会观察。

4 月的清明节，扫墓往往是踏青的传统项目，可以组织教师和学生们前往烈士陵园，缅怀为了中国革命和建设而牺牲的先烈们，也可以让学生参加家庭的纪念扫墓，怀念逝去的长辈。这样的活动，对于学生认识社会、认识人生，具有非常重要的作用。

4 月 23 日的世界图书日，也是值得特别重视的日子。可以通过让孩子们吟诵春天的诗歌美文，或者进行儿歌、童谣的创作比赛，让孩子们寻找春天的踪迹，发现春天的美丽。无论是杜牧的“清明时节雨纷纷，路上行人欲断魂。借问酒家何处有？牧童遥指杏花村”，还是苏轼的“梨花淡白柳深青，柳絮飞时花满城。惆怅东栏一株雪，人生看得几清明”，在这个特别的时候，应该会给学生特别的感受。

当然，4 月踏青的活动设计可以是丰富多彩、别出心裁的。如江苏海门的一所小学进行的“我给鸟儿安个家”活动，就非常有创意。他们让学生亲手做了许多鸟巢（爱心屋），将这些鸟巢安装在一棵棵大树上，期望鸟儿途经学校时有一个休闲的驿站，有一个遮风避雨的家。孩子们亲手制作的鸟巢各式各样，有的变废为宝，在装牛奶的大纸盒前面剪一个洞，然后在牛奶盒的四周粘上树叶；有的用木头和钉子做了一个巨大的鸟巢，里面放了一些干草；还有采取原始环保的方法，用树枝和干草编织。这项活动提高了学生的动手操作能力，激发了学生的创新潜能，引导学生学会“互爱共存”，帮助学生逐步认识和理解生态城市的内涵，延伸了和谐社会的构建体系——“鸟 · 人 · 自然——和谐发展”。

所以，我衷心希望，每一所新教育实验学校都能有一次快乐的踏青，让我们和美丽的春天约会！

5 月，让我们学会扫地

5 月的鲜花开遍了原野。5 月的第一天就是国际劳动节。因此，新教育实验把 5 月的每月一事主题定为劳动——让我们学会扫地！

说起扫地，有一个经典的故事：东汉名士陈蕃少年时，自命不凡，一心只想干“大事业”。一天，其友薛勤来访，见他独居的院内脏乱不堪，便对他说：“孺子何不洒扫以待宾客？”他答道：“大丈夫处世，当扫除天下，安事一屋？”薛勤当即反问道：“一屋不扫，何以扫天下？”陈蕃无言以对。

这个故事是说做大事与做小事的关系，任何大事都是由小事积累而成，任何伟大的人都要从会扫地这样的小事做起。但是，从另外一个方面来看，这个故事也阐述了劳动的意义与价值。

在应试教育的压力下，我们已经远离扫地这样的“小事”。现在的许多学生连削铅笔、穿衣服、整理书包这样的事情都需要父母代劳，甚至有报道说有学生在外面参加夏令营时连鸡蛋壳也不会剥。我们的学生缺乏基本的生活技能，80 后、90 后的年轻人成立家庭后不会自己做饭，无法安排基本的家庭事务。这些问题，与我们的学校教育远离了劳动技术教育是有密切关系的。

新教育认为，对于每一位深爱自己孩子或学生的父母和教师来说，应该学会让孩子和学生自己的事情自己做，应该让孩子和学生承担必要的劳作。从某种意义上说，剥夺了孩子和学生的劳动权利就等于使他们丧失了成长的机会。而放手让他们参加劳动实践，使他们具有起码的生活自理能力，在劳动中学会尊重他人、理解他人，培养良好的劳动习惯，将使他们终身受益。

劳动也是塑造学生良好个性品质的一个有效途径。通过适当的劳动实践，能磨炼学生的意志，有助于学生形成不畏困难、勇往直前、锲而不舍、不达目的誓不罢休的精神；在劳动中鼓励学生克服困难最终取得成功，能增强学生的自信心，增强学生热爱劳动、热爱生活的思想感情；让学生在集体劳动中通过分工与合作，完成共同的劳动任务，可以使学生认识到个人服从集体的重要意义，可以培养学生的集体观念以及团结协作、乐于奉献的精神，使学生获得团结互助、同甘共苦的体验；对学生的劳技操作进行严格要求，可以让学生在劳动实践中学会自我调整、自我约束和自我管理，培养学生的质量意识和劳动纪律；指导学生在劳动实践中将体力劳动与脑力劳动相结合，能激发学生追求卓越、追求创造性和不断超越自我的作风；让学生在劳动实践中加深对劳动人民的了解，可以培养学生对祖国、对人民、对劳动的深厚感情。通过劳技教育还可以使学生体验到物质财富的来之不易，从而培养勤俭节约的优良品质。江苏茶中学曾经有一个响当当的誓言："扫地也要扫出全国第一！"这说明，任何事情只要用心去做，总能够做到卓越。

劳动是脑力和体力的结合。进行劳动教育，实质上就是进行生存教育。著名教育家苏霍姆林斯基说："儿童的智慧在手指尖上。"父母、老师都极力想成功地开发儿童的智力，虽然开发智力的方式很多，但我们认为，学会劳动是其中最廉价、最有现实意义的智力开发方式。劳动离不开双手，手上有大量神经末梢直接通向大脑，从而促进脑神经元发育更加完善；劳动过程可以为孩子提供触觉、视觉、嗅觉、味觉等多种感觉刺激，训练运动器官，促进大脑对各系统和肢体的调控能力。在劳动和制作过程中，始终伴随着思维和想象，必然促进智力的发展，所以自古以来都把"心灵"（脑子灵）与"手巧"连在一起，说明大脑和"双手"是紧密相依，互相促进的。现在孩子成长环境的特殊性，要求我们一定要教会孩子学会劳动并热爱劳动。

5 月的劳动主题仍然可以结合书香校园的活动进行。有许多反映劳动的文学作品，如高尔基的许多小说，对于劳动就有丰富的描写，他曾经写道："热爱劳动吧，没有一种力量能像劳动那样使人成为伟大和聪明的人。"另外如唐代李绅的《悯农》，宋朝翁卷的《乡村四月》、王禹偁的《畲田调二首》等，与学生共同温习这些名篇，可以让孩子从中国源远流长的文化中发现劳动的伟大和劳动的美！还有一些学校让学生学习和欣赏劳动号子，也取得了非常好的效果。

在活动的设计上，江苏海门新教育实验区的方案有许多创新，其基本做法是利用"五一"假期或其他休息日，开展"小鬼当家"的活动，让学生掌握基本的生活技能和简单的家务劳动。主要内容包括：

一、"天天扫地"活动。要求学生在家里和学校中坚持天天打扫，利用双休日打扫楼梯间的地面或结伴打扫社区公共活动室的地面。在这个活动中，要具体指导学生掌握正确的扫地方法。（如打扫要遵守由上至下、由里而外的规则，可先用半湿的毛巾把家具上的灰尘轻轻抹去，如果地面是水泥的、木质的或瓷砖的，可以用半湿的拖把将地面拖干净。拖地时，用前后移动的方式，身体要跟着移动，由左至右照顺序拖，遇到桌椅、角落时要特别拖干净。如果地面上还有一些小纸片、碎屑，再用干净的扫帚清扫一遍。地扫完后，将所需的清洁用具集中存放，以保持已打扫过的房间干净整洁，防止清洁过的家居再染上灰尘。）

二、开展"劳动最光荣"班会活动。围绕"劳动的快乐与艰辛"设计几个问题，并首先对父母进行采访；更换板报，设计以"劳动最光荣"为主题的板报；搜集有关劳模的简介和图片，如袁隆平、李素丽等，为班会活动准备充分的素材。

三、进行"小能手"擂台赛。让学生在班级里登台献艺，进行做饭、叠衣服、小制作、折纸、洗衣等劳动技能的比赛。评选各类奖项，如"谁的家务干得最好""谁做的饭菜最可口""谁的小制作最精美"……最后评出"劳动小能手"。

四、让学生学会使用劳动工具。主要包括：熟悉厨房常用的用具，如钢精锅、铁炒锅、高压锅、菜刀、砧板、瓢、盆、碗盘、筷子、小勺等（农村还有火钳）；家用主要炉灶具，如城镇的煤气灶、电炉、蜂窝煤炉，农村的柴灶、沼气灶等；家用主要电器，如洗衣机、电风扇、电视机、DVD、VCD、微波炉、冰箱、抽油烟机、电饭煲等。让学生知道这些劳动工具的性能以及正确的使用方法。同时，应该让学生掌握几种家庭必备的搞小修理的常用工具的使用方法，如钉锤、电工钳、小刀、手锯、剪子、小铲等。

五、学会一生有用的劳动技能。如做饭（让学生知道如何洗米，如何根据人数加米加水，如何使用电饭煲等），烧菜（让学生学会烧几个家常菜，如炒鸡蛋、番茄鸡蛋汤、醋熘白菜等），洗衣（让学生学会手洗衣服和用洗衣机洗衣），打扫（让学生与父母每周进行一次家庭大扫除，全家人一起动手，分工合作做家务劳动），缝补衣服等。

特别需要注意的是，当学生做错事、犯错误时，教师和父母切不可用劳动作为处罚手段，那样会使他对劳动产生误解。另外，特别要强调劳动过程的安全，让学生了解使用厨房的灶具、家用电器时需要特别注意各种安全事项，如保证厨房空气畅通；每餐结束之后，做厨房清洁卫生工作时不要忘记切断三源（电源、水源、气源），检查是否切断了电源，是否关紧了水龙头，是否关闭了煤气开关。农村的柴灶更应注意，不要在灶前堆放过多的柴草，不要烧长柴草。使用高压锅煮饭时，一定要经常检查垫圈和易熔片。饭煮好后内部的气未放完时，不能打开盖子。端稀饭菜汤时，最好用托盘，以防烫伤；给来客倒开水泡茶时，也要注意防止烫伤，等等。

陶行知先生说过："人生两个宝，双手与大脑。用脑不用手，快要被打倒。用手不用脑，饭也吃不饱。手脑都会用，才算是开天辟地的大好佬。"让我们从扫地做起，把学生培养成为热爱劳动、尊重劳动、善于劳动的人！

6月，让我们学唱一首歌

我一直有这样的梦想：在我们的新教育实验学校中，每一个孩子的身上都洋溢着艺术的气息，他们有的会乐器，有的善书法，有的能舞蹈，有的精绘画；他们有的能够亲近徐悲鸿、齐白石、毕加索、雷诺阿、罗丹；有的能够沉醉于《春江花月夜》《二泉映月》《梁山伯与祝英台》《蓝色多瑙河》《田园交响曲》；还有的能够欣赏中国的古典戏曲如昆曲、越剧、京剧等。我不是希望每一个孩子都成为艺术家，而是希望他们能够成为一个懂得欣赏艺术、热爱艺术、尊重艺术的人。一个人如果能够让艺术陪伴一生，他一定是一个精神生活丰富的人。

在所有的艺术中，涂鸦（绘画）和唱歌（音乐）也许是最容易亲近和走进的，而唱歌是最自然、最不需要成本、最容易学习和表现的。其实，人的一生就是从婴儿时期“咿咿呀呀”的歌唱开始的，儿童本来就是世界的天使、音乐的精灵。在人们的日常生活中，唱歌也是最普及最方便的调节情绪、活跃气氛的艺术活动。忧伤的歌曲有助于宣泄不满、压抑等不良情绪；轻快的歌曲能振奋精神、增加快乐，唤起人们对生活的激情。著名匈牙利作曲家、钢琴家、指挥家李斯特就曾经说过：“音乐可以称作人类的万能语言，人类的感情用这种语言能够向任何心灵说话和被一切人理解。”

6 月是属于儿童的。6 月 1 日就是国际儿童节和国际儿童电影节，6 月 30 日是世界青年联欢节，所以，我们选择 6 月作为艺术教育月，选择学唱一首歌作为艺术教育的抓手。希望通过每年一个月的艺术教育活动，让我们的孩子能够会一两样自己喜欢的乐器，会几首能够陪伴自己一生的歌曲。

在 6 月，可以向所有的师生提出能独立、自信地清唱一至两首歌的基本目标要求。有学校总结出一些学习唱歌的经验：一是反复聆听。可以通过“每周一歌”的活动，利用课间活动时间在学校广播台反复播放需要学唱的歌曲，学生通过反复聆听学会歌曲。同时，可以请音乐专业老师或者校园歌手，利用学校闭路电视系统，在每周的第一天安排 30 分钟时间，通过视频向全校学生进行面对面的教学，之后的三天采用播放广播的方式，让学生反复聆听，最后一天播放伴奏带，学生和着音乐来演唱。二是认谱视唱。利用音乐课，采用课堂教学与视听结合的方式，教会学生运用上述媒介来学习视唱乐谱，拥有自主学唱新歌的本领，奠定终身学唱歌曲的基础。三是旧曲新谱。鼓励学生借助熟悉的旋律，填上喜欢的歌词，进行二度创作，这不仅能够提高学生创编能力，还能够激发学生学习唱歌的兴趣，巩固已学会歌曲的成果。

在学习唱歌的时候，应该教会学生一些基本的方法和技巧，如指导他们正确地呼吸、换气，指导他们正确地发声，善于用自然声音来唱歌，以及如何运用不同的声音演唱不同性质的歌曲，纠正学生不良的歌唱习惯等。

除此之外，我们建议可以开展各种丰富多彩的活动，推进新教育的每月一事的 6 月主题。

第一，成立多彩艺术社团。学生的艺术鉴赏能力和表现水平的提高，需要通过参与丰富多样的活动来实现。建立艺术社团（兴趣小组、俱乐部等），开设更多适合学生的艺术项目，如合唱、舞蹈、剧社、曲艺、书法、绘画、摄影、插花等。让每一个孩子至少参加一个艺术社团，拥有一项艺术特长，让艺术伴随孩子一生的生活。

第二，开展 6 月校园歌会。开展新教育每月一事的学校，可以在 6 月举办丰富多彩的校园艺术节活动，其中“六月校园歌会”应该是一道亮丽的风景。应该让学生成为校园歌会的主人，从创意到实施，都可以由学生主导。可以有校歌齐唱、童谣吟唱、儿歌联唱、诗词新唱、小组表演唱、男女二重唱、师生同台歌唱、亲子一起献艺，以及校园十佳歌手、校园歌王、优胜班级评选等。让孩子们的歌声、笑声和掌声传遍校园的每个角落。校园歌会还可以邀请社区的领导和代表，邀请家长共同参与，让更多的孩子有展示歌唱才华的机会，让更多的孩子得到快乐成长的契机。

第三，创设浓厚的艺术环境。现在我们一些豪华的校园像宾馆和商场购物中心：在水磨石地面或大理石圆柱上缺乏自然的绿色藤蔓，在明亮的走廊墙壁上挂的往往是各级领导同志视察该校的照片和题词，而不是高雅的国画或油画。苏霍姆林斯基曾这样自豪地介绍着他的帕甫雷什中学：“我们十分重视给孩子们积累美的印象——我们关心环境美就是从这一点着眼的。孩子跨进校门所看到的一切，所接触的一切都是美的。绿树葱葱的校园全景是美的；绿叶映衬的串串琥珀般果实的葡萄丛是美的；各楼之间甬道两旁的排排蔷薇是美的；学校果园中的繁茂果木一年四季都是美的；盘绕着野葡萄蔓的学校正门门廊也是美的……”① 所以，我们应该让校园充满艺术的气息，到处可以捕捉艺术的身影，让经典名曲回荡校园，让文学名著驻足校园，让世界名画悬挂校园。同时，校园应该有充分的空间展示学生的才艺作品，让学生自己装点校园，让艺术点亮学生的生活。

第四，挖掘地方艺术资源。教育部出台了京剧进校园的政策，虽然引起了广泛的讨论，但是对于中华传统文化和地方特色文化艺术的重视，已经成为全社会的共识。如何发挥学校传承文化的功能，组织学生继承和弘扬区域文化艺术的传统，培养学生对于乡土艺术的兴趣，让学生了解乡土的戏剧、歌谣、绘画（年画）、剪纸、雕刻等，应该成为学校艺术教育的重要内容。

苏霍姆林斯基曾经说过：“教育，如果没有美，没有艺术，那是不可思

① ［苏］苏霍姆林斯基：《帕甫雷什中学》。

议的。如果你会演奏某一种乐器，那么你作为一个教育者就占有很多优势；如果你身上还有一点哪怕是很小的音乐天才的火花，那么你在教育上就是国王，就是主宰者，因为音乐能使师生的心灵亲近起来，能使学生心灵中最隐秘的角落都展现在教育者面前。”① 我们希望，通过音乐，通过歌唱，架起教师与学生之间的桥梁，架起学生的今天与明天的桥梁，让欢快的歌声在校园里徜徉，让美妙的歌声伴随孩子成长。

7月，让我们玩球去

忙碌了一个学期的学生终于可以稍事休息调整了。一个长长的暑假，如何有效科学地安排？新教育每月一事建议，让学生每天有三十分钟到一个小时左右的运动时间，培养学生的运动习惯和运动兴趣，是一个非常重要的选择。

目前，学校体育已经成为少数体育尖子的“专利”，在有些学校，甚至不能正常开设体育课程，学生的体质明显下降，小胖子和“豆芽苗”越来越多。

事实上，运动是教育最重要的内容之一，让学生懂得运动、热爱运动，养成运动的习惯，对于学生来说是终身受益的。体育的魅力之一就在于它体现了人类意志力的能量。无论是在课堂上的训练，还是在竞技场上的比赛，都要求学生或运动员挑战自己的体能，挑战自己的过去，挑战自己的极限，要求学生或运动员咬紧牙关，抗衡对手，坚持到最后一刻。“两强相遇勇者胜”，在势均力敌的情况下，往往是意志力成了决定胜负的关键。所以，几乎所有的教育家都提出过“文明其精神，野蛮其体魄”的主张。

在所有运动中，开展最便捷、学生最喜欢的是球类运动。无论是普及性非常高的篮球、排球、足球、羽毛球、乒乓球，还是最近几年开始流行的网球、台球、橄榄球等，各种各样的球是中小学生最喜欢的玩伴，球类

① ［苏］苏霍姆林斯基：《给教师的建议》，杜殿坤编译，97页，北京，教育科学出版社，1984。

运动不仅能让他们的灵活性、耐久力、速度、毅力得到锻炼，让他们变得更加勇敢、机智，还能够增强他们的规则意识，培养他们的团结合作、集体主义的品质。

有些新教育实验学校已经对7月的玩球进行了探索，并且取得了较好的成效。他们具体的做法有：

一是“徜徉文字，捕捉运动精、气、神”。让学生通过阅读诸如《奥林匹克圣歌》《运之蕴》《同在南方天空下》《运动员赞美之歌》《体育之研究》，以及中国女排姑娘的报告文学等体育方面的文字，感受体育运动的内在美。

二是“驰骋赛场，体会运动快、高、强”。在暑期到来之前，可以组建各种各样的小球队，学生自由组合（可以跨年级甚至跨学校）、自己命名（苏州的姑苏晚报—可口可乐杯暑期足球比赛有100多支自己取名的中学生足球队）、自选队长、自定章程、自请教练（可以是学校的老师指导，也可以邀请社会上的体育爱好者或者父母），以俱乐部的形式开展联赛，球队还可以设计自己球队的标识、球队精神、行动口号等，以加强凝聚力和吸引力。除了各种各样的球类俱乐部，还可以成立游泳、跳绳、长跑、自行车等方面的兴趣小组和俱乐部，让孩子们在绿茵场驰骋，在游泳馆里逐鹿，挥洒汗水，绽放活力，体验夏季的热情。也可以举行各种球类游戏（模仿与创编、小型与大型）、开展球类技能运动（个人与个人、个人与组合、组合与组合）等，调动他们的运动兴趣。一句话，让他们好好“疯”一下，放松一下，体验运动的激情与美丽。通过这样的活动，让每一个学生找到自己喜欢和擅长的体育运动项目，逐渐形成终身热爱的运动项目。

当然，暑期的体育运动特别要注意安全的问题，无论是游泳还是球类运动中，都经常会出现意外伤害事故，这也是许多学生尤其是女生不喜欢运动的原因。所以，在放假前的体育课上，要让学生们了解如何预防各种可能的伤害，掌握一些自我保护和自我救助的方法，包括如何使用消毒药水、胶布、棉绷带、邦迪胶布、止血药粉、止泻药、杀菌药膏、小剪刀、湿纸巾、毛巾等基本药品和物品。

三是“研究学习，揭开运动玄、妙、趣”。走进才会尊敬，运动的兴趣与对于运动的了解有密切的关系。学生关注运动往往是从一个个问题开始的，如“为什么会有奥运会”“各种球类运动是怎样起源的”“篮球比赛的规则为什么这样设置”“乔丹为什么那么伟大”“罗纳尔多为什么这么棒”“姚明为什么那么受人欢迎”“为什么说乒乓球是中国的国球”，等等。可以从学生们的这些问题出发，确定关于运动的研究性学习主题，这些主题可以是关于运动本身的，也可以是关于特殊运动员的；可以是关于运动精神的，也可以是关于运动之国的，还可以是对与运动有直接关联事物如运动服装、运动器械等内容的，让他们在兴趣的驱动下，通过网络、书籍、家长、同伴等各种资源和途径，自主开展研究性学习，洞悉运动的奥妙，培养他们善于思考、善于追问、善于学习的优秀品质。

四是“交流汇报，展示运动新、奇、乐”。开学以后，为了检验学生暑假的体育运动成果，可以开展各种各样的展示、比赛，来巩固学生的运动兴趣和运动习惯。在主题研究展示方面，可以通过“运动群英会”展示交流活动，让所有的学生把自己写下的运动故事、画下的运动场面、拍下的运动照片等，做成PPT、班级网页或学校资源库，与大家一起分享。在运动比赛方面，可以通过“我行我秀”的方式进行表演，也可以组织各种各样的篮球、乒乓球、排球等比赛。

运动往往与青春、活力、激情联系在一起，真正的运动是把输与赢放在一边的。让学生热爱运动，不是为了培养运动员，而是为了让他们拥有一个健全的体魄和健康的心态，有生活的情趣和运动的习惯。体魄、心态、情趣、习惯，应该在中小学阶段形成。新教育每月一事的价值就在于此。

亲爱的老师和家长们，在激情似火的7月，让孩子在运动中收获快乐，在运动中成长吧！

8月，让我们笑着和别人打招呼

8月，许多孩子暂时离开校园，投身到社会中去。他们或者跟着父母去远行度假，或者到亲戚朋友家去小住，或者在社区参加各种活动，接触的人更多了。因此，学会交往的艺术，对于休息在家的学生们来说，是最好的机会。

人是社会性的动物。与他人的相互理解、相互交流是每个人与生俱来的心理需求。心理学的研究表明，一个人的幸福感，在很大程度上取决于他的人际关系，取决于他是“人缘儿”还是“嫌弃儿”。所以，良好的人际关系，既是身心健康的需要，获得安全感的需要，也是确立自我价值感的需要，是人生幸福的需要。

建立良好的人际关系，关键是学会心理换位，站在对方的立场思考问题，尤其是在遇到矛盾的时候，首先想一想，如果我是对方，我会怎么处理？同时，学会尊重对方，尊重别人的习惯、思维、隐私，不要让对方难堪。

与此相联系，美国人际关系学家金普琳先生将社交中征服人心的奥秘概括为容纳、承认、重视三大公式。他还提出了人际交往的十条最佳准则：（1）充满自信。在充满自信的状态下行动，就会受到别人的信任。你要别人喜欢你，就要让对方知道你是一个会成功、有强烈成功意图和行动的人。（2）保持轻松的微笑。容易使人接近的人，毫无例外的都经常面带微笑。（3）冷静的态度。"静静的回答赶走愤怒"指的是理智地驱散敌意，远离是非。（4）关心对方。当你被人瞩目时，就像得到了非常大的赞赏，似乎对方在告诉你，你的重要性得到了承认。（5）树立起你的良好形象。如果你像一个伟大而有成就的人那样去行动，作为一个进取者，其他人会很好地看待你的形象和价值。（6）适当地表现自己。在谈话中插进自己的事，比方说"我也……"，这样可以得到对方的赞同。（7）倾听。良好的人际关系，是靠意志相互传达而成的。如果不了解对方的欲望和感情，就无法与对方的看法一致，也就无法说服他。所以要尽可能地倾听对方的想法。（8）向别人请教。尊敬地问他："有关这事，你有何高见？""这事如果是你，你会怎么办？"（9）学会说"谢谢"。每个人都会为获得诚心诚意的感谢和称赞而兴奋。（10）暗示。让别人由衷高兴地做你希望的事或者让别人不做你不赞成的事，采用隐而不发委婉曲折的暗示方法，有时候往往比直截了当地提出要求要高明、有效得多。

我个人认为，在这些原则中，学会微笑着与别人打招呼，也许是最重要的交往技巧了。在法国等地有一首非常流行的关于微笑的诗歌：

微笑一下并不费力，但它却产生无穷的魅力。
受惠者变得富有，施予者并不会变得贫穷。
它转瞬即逝，却往往留下恒久的回忆。
富者虽富，却无人肯抛弃；
贫者虽贫，却无人不能施与。

它带来家庭之乐，是友谊绝妙的表示。

它可以使疲劳者解乏，又可给绝望者以勇气。

如果偶尔遇到某个人没有给你应得的微笑，将你的微笑慷慨地给予他吧，因为没有任何人比那不能施与别人微笑的人更需要它！

我曾经说过，我们的孩子越来越不会笑了，有各种各样让他们笑不起来的理由。但是，我希望新教育实验的学生和老师们笑起来。其实，生活就是一面镜子，你对它笑，它也对你笑；你对它哭，它也对你哭。所以，希望我们的学生和老师能够主动与见到的每一个人微笑地打招呼，微笑地面对生活，面对你见到的每一个人、每一件事。希望我们的学生和教师能够在见到别人的时候说一声“您好”，让对方听得出你心灵的微笑。希望我们的学生和老师在家庭里对你的亲人微笑，在学校里对同学和同事微笑。有那么一天，你会发现，微笑改变了你的生活。

的确，微笑地问候是很重要的，因为它是与人相处的第一步，会给别人留下第一印象。一个人给别人最初的印象往往是在见面的几分钟内形成的。

事实上，人与人之间的沟通与交流正是从打招呼开始建立起来的。打招呼一般由四个基本环节组成：一是看着你要问候的人的眼睛；二是真诚地微笑，一个微笑会像一束阳光照亮别人的心田；三是问好，问好的时候如果知道别人的名字，叫名字或者尊称也很重要，因为它使问候更有针对性；如果不知道名字，点头叫一声“您好”，也是非常重要的。

8 月的每月一事，也可以利用主题阅读的方式进行，许多学校选择了关于“交往与朋友”为主题的诗歌散文，让学生领略友谊的价值和意义；许多学校开展了研究性学习，让大家讨论交往的技巧和原则。也有一些学校在不同的年级设计了不同的综合实践活动。如江苏海门的一所学校，把小学低年级的实践主题定为“我是小主人”。让学生在家里当一当小主人，邀请一些同学或者亲友的孩子到家里做客，学会招待小朋友；也可以进行“我是小客人”的活动，到别人家里做一做小客人，学会做客的礼仪和方法。让孩子们走出以自我为中心，学会接触、接纳不同角色的儿童。在交往中体验有朋友的快乐，培养主动招待别人的能力。

把小学中年级的实践主题定为“我是小天使”。活动立足点是爱家、爱生活。独生子女的骄纵现象，留守儿童隔代亲的交往问题，都是这个阶段孩子需要思考的主题。应该让学生学会主动地对父母和家人说“早上好”“晚安”，主动地帮助爸爸妈妈做一些家务，或者跟着他们到社区做义工，帮助弱势人群，在感恩中健康成长，寻找到更多的成长意义。

高年级的实践主题，则可以定为“我是小记者”。让学生以“小记者”的身份走入社区，了解社会，通过采访、调研等活动，在与陌生人的交往中树立自己的人生理想。在感兴趣的话题中，学生自然能体验交往在生活中的意义。

酷热的8月，让我们从一声问候、一个微笑开始，建立起与朋友、家人、师长间心灵沟通和交流的桥梁与纽带，为别人也为自己带去一缕清凉。

9月，让我们每天阅读十分钟

没有一艘船能像一本书
也没有一匹骏马能像
一页跳跃着的诗行那样——
把人带往远方。
这条路最穷的人也能走
不必为通行税伤神——
这是何等节俭的车——
承载着人的灵魂。

这是美国诗人狄金森关于阅读的著名诗篇。是的，世界上有什么事情能够比阅读更加重要、更加美好呢？苏联的教育家苏霍姆林斯基曾经讲过，无限地相信书籍的力量是他教育信仰的真谛。我们每天需要各种各样的营养来充实，才能成为躯体发育健康的人。其实，人的精神成长同样需要吃东西，教材教辅也需要，但那是母亲第一年的乳汁，是为孩子最初的精神成长准备的。如果只看教科书、教辅书，可能会成为精神发育不良的人。所以一个精神世界丰富的人一定要大量地阅读，而且我认为，一个人阅读的兴趣、阅读的习惯，以及把阅读作为一种生活方式等，必须在中小学阶段养成。这是人的精神成长最敏感最关键的时期。

金色的9月，新学期伊始，这是莘莘学子播撒新的希望的季节，我们可以把阅读活动作为一次新的播种和耕耘。9月28日，又是孔子的诞辰日，这个已经成为中华民族文化精神象征的伟大人物，他读书好学的精神一直激励着人们自强不息。所以，新教育实验把9月的每月一事，确定为每天阅读十分钟。而在新教育实验的学校中，书香校园的建设，更是体现在日常的教育生活之中，无论是“晨诵、午读、暮省”的儿童生活方式，“毛虫与蝴蝶”的儿童阶梯阅读，还是教师的专业阅读、家庭的亲子共读，阅读已经成为新教育最亮丽的一道风景线。

在这个阅读的9月，有着无限的阅读创意。阅读的“阅读”无疑是必修的课程。14世纪英国德伦主教理查·德伯利在他的传世之作《书之爱》中说过：“借助书的辅助，我们可以记忆过去，预知未来；我们因为文字的记载而使得变动的当下化成永恒。”阅读不能改变人生的长度，但是可以无限延展我们人生的宽度、厚度；阅读不能改变我们人生的物象，但是可以改变我们的人生体验，提升我们的人生境界和品质。所以，让学生了解更多的关于书的故事、关于阅读的意义，不妨从“阅读”的阅读开始。

建设浓郁的书香校园氛围，让学生处在一个催人奋读的环境之中，是非常重要的阅读推进策略。可以在校园里利用黑板报、宣传画、读书角等布置一些关于阅读的标语，如“一个人的精神发育史就是阅读史”“读经典的书，做有根的人”“书籍引领成长，读书丰富人生”“最是书香能致远，读书之乐乐无穷”“与经典为友，为人生奠基”“我读书，我成长，我快乐”“书籍是人类进步的阶梯”“今天，你读书了吗”等。

可以邀请各界文化名人、科学家走进校园，讲述他们的阅读故事，激发学生的阅读兴趣。也可以邀请知名的儿童文学作家和学者走进校园，开展学生与作家面对面的活动，平等对话，共同交流，实现学生阅读后的追问，提升学生的阅读品质，拓宽他们的阅读眼界。

可以组建各种读书俱乐部，开展阅读挑战、藏书票设计大赛、“我的阅读故事”有奖征文、“跳蚤”书市、儿童剧场——经典影片展播、诗篇朗诵会、课本剧表演等丰富多彩的系列活动，把学生带入节日一般的欢乐中。

可以在学校开展“感动接力”图书漂流活动，让学生捐出一本曾经感动过自己的图书，并且写上感动的理由，让感动过自己的书在全校的范围内漂流，去感动更多的人。也可以开展“我最喜爱的十本书”的评选活动，了解学生的阅读兴趣，进而有针对性地向学生推荐一些优秀的文学读物。

应该鼓励学生以自己喜欢的方式展示自己的读书成果，如新书发布会、读书报告会、优秀读书摘记本展览、辩论比赛、亲子读书大赛、情景剧和课本剧表演等，也可以开展诸如“阅读之星”“故事大王”“小小图书收藏家”等评选活动。特别要鼓励各种形式的亲子共读，因为这是培养学生阅读兴趣，建设学习型社会的关键所在。

在广泛阅读的基础上，可以组织学生开展一些阅读研究的综合实践活动，如低年级学生可以进行“魅力童话”“魅力诗词”“走近 ×× 作家”“我看送别诗（怀古诗、战争诗、思乡诗、借景抒情诗、托物言志诗）”等活动；高年级学生还可开展“名著人物性格研究”“诗人与作品风格研究”等活动。

这里特别介绍江苏海门新教育实验区部分学校的一些内容丰富的阅读推进活动。在小学低年级，他们开展诗情画意的读写绘活动，要求：（1）每周师生共读一本图画书，如《爷爷一定有办法》《猜猜我有多爱你》《逃家小兔》《小猪变形记》等。（2）学生将听到的绘本故事讲给家长或自己的弟弟妹妹听。（3）选择学生喜欢的绘本，如《鸭子骑车记》《月亮的味道》等，开展仿写、续写等活动。（4）学生给自己的作品配上一幅幅插图。同时，每天中午 1:00—1:30，要求低年级语文老师给学生大声朗读 10 分钟，其他学科老师也要引入精彩故事，认真组织好学生的读书读报活动，让学生通过阅读度过中午的时光。另外，鼓励学生制作“毛毛虫书”“口袋书”“魔术书”“花形书”等手制小书，在小书上写写画画，创编故事，讲述生活。

在小学中年级，他们组织学生搜集、诵读、记录名人的读书名言，鼓励学生创作一条自己的“凡人读书名言”，并且把这些“名言”制作成精美的宣传牌张贴在校园内，让校园内充溢着浓浓的读书氛围。同时，举行“作家见面会”，事先让学生充分了解来校作家，主动阅读作家的作品，在此基础上，举行作家见面会，让学生零距离接触他们，聆听他们的报告，面对面地和他们对话交流。另外，举行“方寸世界——藏书票设计”“读行天下——寻找阅读侠”等活动，也特别富有情趣。

在小学高年级，他们开展了“共读一本书——共写心灵历程”“百家讲坛——秀出我的风采”“童星舞台——书本剧比赛”“儿童文学形象——成长路上好伙伴”等丰富多彩的活动。如“百家讲坛”是专为五、六年级拥有广泛阅读兴趣的学生搭建的展示平台。每班在班级选拔的基础上推荐1人参加，主讲的主题与形式均由学生自主策划。活动评选出“钻石主讲”“金牌主讲”“银牌主讲”若干。而儿童文学形象的活动则更加充满趣味，各班在教室的显著位置贴一些各具特色的卡通形象或富于趣味的名词，比如“红蜻蜓班”“红草莓村”“魔法教室”“皮皮鲁”“夏洛”“柴斯特”等，各班根据自身实际确定班级儿童文学形象，让一个个优秀的儿童文学形象成为凝聚班级力量的重要因素，激励儿童的精神成长。

最是书香能醉人。在金色的9月，让我们沉醉在浓浓的书香之中，让书香飘溢在我们的校园。每天十分钟的阅读，最终是希望让书香伴随着我们的人生。

10月，让我们给爸爸妈妈写封信

我来自偶然／像一颗尘土／有谁看出我的脆弱／我来自何方／我情归何处／谁在下一刻呼唤我／天地虽宽／这条路却难走／我看遍这人间坎坷辛苦／我还有多少爱／我还有多少泪／让苍天知道／我不认输／感恩的心／感谢有你／伴我一生／让我有勇气做我自己／感恩的心／感谢命运／花开花落／我一样会珍惜

每当我打开电脑，播放这首《感恩的心》的时候，我的眼睛都会湿润。是的，我们偶然来到这个世界，需要感谢的人太多太多。我们的血管里流淌的是父母、是祖父母、是家族、是这个民族的血液，没有他们就没有我们的存在。我们每天的衣食住行，来源于那些与我们素不相识的工人、农民和许多其他的劳动者。我们赖以生存的大自然，给我们蓝天白云，给我们河流海洋，给我们鲜花绿荫，让我们享受它的恩惠。在我们学习、工作的地方，无论是老师、同学、同事、领导、朋友，那么多温暖的手，在最需要的时候总会无私地紧握住我们的手，让我们不再孤独。这一切的一切，需要我们用一颗感恩的心面对，用一颗感恩的心回馈。

有人说，感恩是人生的最大智慧。也有人说，感恩是人性的一大美德。其实，感恩应该是人类和大自然最美丽的花朵和最美好的种子，说它是最美丽的花朵，是因为它展示了人类和大自然最感人、最亮丽、最光辉的本性；说它是最美好的种子，是因为它能够传播最纯真、最淳朴、最浓厚的情感。

有人说，感恩是连动物都会的事情，是人的本能。其实不然，感恩是需要学习的。西方的许多父母在孩子很小的时候就要求他们写感恩日记，让他们学会感恩阳光、感恩自然、感恩一切给予微笑和爱的人。在美国著名教师克拉克的教室里，就有他经常要求他的学生掌握关于感恩的许多教育细节。

事实上，感恩不仅会给被感恩的人带来快乐，也能够给自己带来幸福。学会感恩，我们对生活充满信心；学会感恩，我们就会懂得给予永远比索取更加快乐；学会感恩，我们就会呵护身边的小草、动物；学会感恩，我们就会关爱老人小孩、弱势人群；学会感恩，我们就会赢得别人的关爱。

虽然西方人的感恩节在11月，但是我们新教育实验仍然把感恩的主题放在10月。这是因为，10月有许多节日与感恩有关：1日的国庆节、4日的世界动物日、6日的国际老人节、13日的国际教师节，特别是在阴历八月和九月之际、阳历十月的中秋节和重阳节。无论是祖国母亲还是大自然，无论是长辈亲人还是人民教师，都是我们必须感恩的对象。其中，以团圆为主题的中秋节，可以视为中国人的感恩节。因此，在这美丽的10月，通过写一封家书等形式表达我们美好的情感，对父母感恩、对师长感恩、对朋友感恩、对生活感恩，培养学生做一个心存感激的人，做一个对自己负责、对父母负责、对朋友负责、对社会负责的人，有着非常特别的意义。

为什么我们选择传统的“家书”作为感恩的载体，要求学生给自己的父母写一封信呢？首先是因为这是中华民族一个非常悠久的传统。“烽火连三月，家书抵万金”“鸿雁几时到，江湖秋水多”，从古到今，无论是战争年代还是和平时代，家书总是亲人之间交流的平台。从《颜氏家训》到《曾国藩家书》，再到《傅雷家书》，传递出来的文化信息和教育意蕴，总是让我们对家书充满着温暖的期待。在电话、网络越来越普及的信息化时代，人们已经开始远离“家书”，那种写信、寄信、盼信的时代似乎渐渐远去，这是特别需要我们注意的问题。

另外，现在的学生大多是独生子女，从小被父母呵护着，不知父母生活的艰辛劳累，不知父母的希望和期待，也不做任何家务劳动。他们常常埋怨父母的唠叨、麻烦，怨恨父母不理解自己。针对独生子女自私任性、自我中心的个性特征，有必要开展感恩教育，并赋予其丰富的内涵，通过真情体验，感悟亲情，激发学生爱的情感，丰富情感积淀，把亲情回报付诸实践。让每一个孩子从小学会感谢父母养育之恩，感谢老师教诲之恩，感谢他人帮助之恩，感谢自然赐予之恩，感谢社会关爱之恩，感谢祖国培育之恩。

关于感恩的主题，有许多经典的图书，如玛格丽特·怀兹·布朗的《逃家小兔》、艾芙瑞的《生气汤》、大卫·梅林的《像妈妈一样》、威廉斯的《妈妈的红沙发》、谢尔·希尔弗斯坦的《爱心树》、安德鲁·朗格的《朗格彩色童话精选——感恩故事》、亚米契斯的《爱的教育》、泰戈尔的《新月集》、金波的《乌丢丢的奇遇》、滕明英的《淘气包的感恩课》、张洁的《世界上最疼我的那个人去了》、周国平的《妞妞——一个父亲的札记》以及《傅雷家书》等，这些优秀的图书，通过其中人物、动物、植物的命运，揭示了感恩的意义和方法，对于学生的感恩教育有非常显著的成效。所以，有计划地推荐一些书给学生阅读是非常重要的。

江苏海门的一些小学在感恩主题教育的综合实践活动方面进行了一些有价值的探索，如低年级的“我爱我家，感恩父母”，中年级的“拥抱亲情，感恩父母”，高年级的“寸草春晖，感恩父母”活动，倡导学生用感恩的心去对待父母，以实际行动去回报父母，用一颗真诚的心去与父母交流，用一颗宽容的心去体会父母的唠叨。要求每位学生每天至少为家里做一件事，减轻父母的家务负担。具体来说，在低年级可以通过听听“亲情事”（“听妈妈讲讲我小时候的故事”，感受父母在养育自己的过程中的辛劳）、制作“感恩卡”（自己设计、制作感恩卡表达对父母亲的理解、关心和尊重）、说说“感恩语”（如“妈妈，我爱你”等）、做做“贴心事”（如早晨自己起床做饭，下午为下班回家的父母送毛巾，晚饭过后为父母亲捶捶背，坚持自己整理书包等）、画画“感恩信”（每周用手中的彩笔精心完成一幅感恩父母的读写绘作品，并向父母说说你这幅“信”的意思）。这些活动亲切、自然、可感，对于培养学生的感恩之心具有非常好的效果。

在中年级，提出了每天晚饭过后为父母亲端一杯茶，每天睡前为父母亲捶捶背等要求。同时，开展“心怀感恩写家书”活动，将感恩之情融进亲情信中去感恩长辈，去体会亲情。写完后邮寄给家长，鼓励长辈给孩子写回信。

在高年级，另外加上算算“亲情账”的活动，让每个学生学当一个月家，记录家庭一个月的开支，并与父母一起算算自己在生活、学习及其他方面的费用，体会父母在养育自己的过程中付出的心血。

此外，他们还设计了“感激老师的培育之恩”“感激他人的帮助之恩”，以及感激祖国、感激自然等各种丰富多彩的活动，取得了很好的效果。如举行“人生路上的领路人——感谢您，老师”的演讲比赛，《师恩难忘，师情永存》《同学如手足》的作文比赛，“感谢师恩”的感恩贺卡制作大赛，开展“我为同学做一事”活动等。

岁月无声，亲情有痕，愿我们都来亲近这“最温柔的艺术”。

11 月，让我们做一回演讲者

我一直认为，人的表达与沟通能力是非常重要的，也是一个人一生最需要的东西之一。有人说，语言的力量能征服世界上最复杂的东西——人的心灵。是的，口才的价值，在教育生活中远远没有被发现。无论是人际交往还是日常生活，无论是影响别人还是成就自己，口才其实都是非常关键的。在一定意义上说，人是通过口才被发现的。所以，让学生拥有演讲的经历，做一回真正的演讲者，是新教育实验每月一事的重要内容。

无论从事什么职业，善于表达和沟通的人，总会有更多的机会。教师是以“舌耕”为业的，自然应该有语言表达的能力；领导是以鼓动激励为重要工作内容的，自然应该是演讲的高手；企业家要营销自己的产品，自然应该“巧舌如簧”；演员要感动观众，不仅讲话要抑扬顿挫，甚至要调动肢体语言。就是我们每一个普通的人，在日常生活中，这种表达与沟通的能力也是不可或缺的。人与人的矛盾，90% 是由于沟通不畅造成的误会。

同时，一个人的口才，一个人的演讲能力，往往与他的自信心是紧密联系在一起的。敢于大声表达自己意见的人，往往对于自己有比较强的自信心。所以，在一定意义上说，锻炼口才的过程，也是增强自信心的过程。新教育实验之所以把“培养卓越口才”作为十大行动之一，就是希望通过口才的训练，让学生和教师拥有自信的人生，学会沟通和交往的能力，能够在公众场合大方地表现自己，在任何人面前自信地开口说话，当众表达自己的见解。

演讲能力不是与生俱来的，而是通过锻炼不断形成和发展起来的。数学家华罗庚不仅有超群的数学才华，而且还是一位不可多得的“辩才”。据介绍，他从小就注意培养自己的口才，认真学习普通话，努力背诵唐诗，以此来锻炼自己的“口舌”。他在总结自己练“口才”的体会时说：“勤能补拙是良训，一分辛苦一分才。”我自己本来也是一个不会说话的人，更谈不上讲演了。小学的时候，我甚至有很长一段时间结巴，不愿意讲话，经常是一个人沉浸在书本中。到了中学，情况有所好转，但是也只是与好朋友交流交流。所以，读大学之前，我好像连小组长也没有干过。进大学以后，读到一本传记，其中讲到这个传主如何把石子含在嘴里锻炼口才的故事，对我的震动很大，我开始意识到表达与沟通能力的意义，于是经常主动地讲话发言，甚至愿意“承包”别人不太愿意做的事情，代表小组交流讨论的结果。尽管有时候也出洋相、闹笑话，但是我行我素，依然如故。慢慢地，我发现自己会说了，自信了。

培养口才的重要内容是学会倾听。上帝给我们两只耳朵一张嘴巴，就是让我们学会多听。倾听是一种艺术，也是需要训练的。倾听意味着尊重、理解和沟通。所以，倾听的时候，应该学会与对方眼睛的交流，学会通过微笑、点头表示肯定和支持，学会通过提问、插话表示感兴趣和反馈。

在学校中，口才的训练不能游离于日常的教育生活之外。过分强调口才的技术路线，强调特殊的训练途径，反而让口才没有生命的活力。口才训练离开了日常的教育教学生活很难实施，所以，应该把所有的课程都作为口才训练的阵地。每天早上的晨诵，是学生口才培养的摇篮。从一年级起，鼓励学生每天大声地读书，大声地发言。洪亮的声音，既是演讲的物质基础，也是培养学生自信心的出发点。班级晨会和学校的国旗下的讲话，可以把讲话的机会留给学生。在语文课和英语课上，更加应该引导学生愿说、敢说、会说。校园里经常举行各种喜闻乐见的“故事大王比赛”“主题演讲比赛”“辩论会”“春天诗会”以及校园电视台、广播台，校园小导游团、小记者团等，更加可以为学生的卓越口才提供展示的平台。

口才训练，沟通技巧很重要。所以，在让学生做一回演讲者的时候，应该给予学生演讲方法的具体指导，让学生结合观看著名演讲的录像和文字，知道好的演讲应该有哪些基本的特点。让学生懂得积极地观察听者的情绪，根据听者的反馈及时调节演讲的内容。让学生掌握记忆演讲稿的方法和技巧，通过观看核心词提示等方法回忆演讲内容。让学生了解声音的轻重缓急、抑扬顿挫、绘声绘色等。

但是，严格地说，演讲的最高境界，其实并不是语言，也不是激情，而是思想。如果没有思想的力量，再好的口才也是不能够感动人的。要说得精彩，需要阅读得精彩，研究得精彩，思考得精彩。所以，口才训练离开了阅读就是缘木求鱼。没有内容的“口才”，其实是永远不会存在的。

践行新教育实验这么多年来，我还深深地懂得，演讲的效果不仅取决于思想的深刻，也取决于行动的力量。行动中的我，在知天命之年，开始懂得演讲的更高境界，不是用“嘴”说话，而是用“心”说话。在洁净的心灵面前，语言是黯淡的。讲演者需要训练的是技巧，是思想，是行动，离开了爱人爱世界的心灵，最高技巧的演讲，也会蜕变成缺乏人性的煽动。所以，让学生在学会演讲的同时，引导他们用心做人，是更加重要更加本质的要求。

山西运城新教育实验学校，在每月一事的实践中创造出一些行之有效的口才训练方法。

一是“课前三分钟，让自信洋溢”。即利用每节语文课前三分钟演讲。该校班级规模比较大，为了让每个学生每个月至少能有两次演讲的机会，他们采取两人一组的办法，请小组上台演讲，每次都评出优秀演讲者和进步者，让学生在一次次的锻炼中逐渐自信起来。虽然只有三分钟，但这三分钟背后是精心的准备和一次次的苦练。

二是“每级一形式，让激情飞扬”。他们根据不同年级的特点，采取阶梯性口才训练，低年级以故事演讲为主，中年级以命题演讲为主，高年级以即兴演讲为主进行。每个年级一个内容，不同形式的训练会让学生们在不同的年龄阶段接受不同的挑战，增强他们的演说、答辩能力。在低年级，结合教学进行课文复述式演讲，要求学生活用语言知识对课文内容情节进行重新加工、整理、归纳，或在老师所给的假想情景下进行大胆的续写想象。另外，鼓励学生做小导游、编排课本剧、主题辩论会、讲幽默故事，或进行小对话表演比赛等。在高年级，结合书香校园建设进行读书汇报式演讲，要求每个学生每月一本书，每月一交流。

三是“年级擂台赛，让星火燎原”。他们经常举行各种演讲比赛。如以年级为单位，全校同学参与，在各班中选出优秀选手参加年级擂台赛，优胜者冠名“小小演讲家”。这些小选手如同点点星火，带动了全体学生的演讲热情。

四是“特色班级行，让魅力绽放”。结合特色班级的建设，各个班主任根据自己的特点和学生的特长，制定了自己班级的特色演讲活动主题。有的班级举行“我要说，我敢说，我能说，我会说”主题班会，有的班级开展“自我介绍”“我的一家”的美丽自我活动，有的班级开展“故事大王”主题竞赛，有的班级开展“绕口令比赛”和模仿秀大赛，每次活动都带给师生不一样的感受。

总而言之，我们希望通过让学生做一回演讲者的活动，让他们真正扬起希望的风帆，树立生活的自信，学会倾听别人的意见，学会沟通和表达自己的意见，做一个“能言善辩”的人。

12月，让我们每天记录自己的生活

12月，是一年的最后一个月。盘点一年的生活，往往是这个月的必修课。其实，盘点一年，必须从盘点每一天开始。在古代，作为“备遗忘，录时事，志感想”的日记，就是盘点每一天最有效的形式。

我经常说，如果一个人用心地记录自己每天的生活、工作、学习和思想等，他一定是一个优秀的人。我甚至为此开了一个“朱永新成功保险公司”，鼓励那些坚持写教育日记的老师。

作家周国平先生曾经非常精辟地论述过写日记对于人生的价值和意义。他认为，日记是岁月的保险柜。每个人都只拥有一次人生，而人生是由每天、每年、每个阶段的活生生的经历组成的。如果你热爱人生，你就一定会珍惜自己的经历，珍惜其中的欢乐和痛苦、心情和感受，因为它们是你真正拥有的东西。但是，如果没有记录，这一切都将不可避免地随着时间的流逝而失去。所以，通过写日记，就可以把这些逝去的日子放进保险柜，有一天打开它，这些日子仍然会历历在目地重现。在这个意义上，日记使人拥有了一个更丰富的人生。

此外，日记还是灵魂的密室。周国平认为，人活在世上，不但要过外部生活，比如上学，和同学交往，而且要过内心生活，必须学会倾听自己的声音，学会自己与自己交流，这样才能逐渐形成一个较有深度的内心世界，而写日记正是帮助我们达到这一目的的有效手段。

当然，日记更是作家的摇篮。周国平曾经说过：“最纯粹、在我看来也最重要的私人写作是日记。我甚至相信，一切真正的写作都是从写日记开始的。”他认为，要成为一个够格的作家，基本条件是有真情实感，并且善于用恰当的语言把真情实感表达出来。在这方面，写日记是最好的训练，因为日记是写给自己看的，一个人总不会把空洞虚假的东西献给自己。对于提高写作能力来说，日记有作文不可代替的作用。许多优秀作家的创作就是从写日记开始的，而且，如果他们想继续优秀，就必须在创作中始终保持写日记时的那种自由心态。

不仅如此，我认为日记还有许多重要的功能和意义。首先，写日记可以培养学生的良好行为习惯和意志能力。日复一日，年复一年地坚持写日记，对于培养学生做事要有始有终、锲而不舍的精神无疑会起到重要作用。久而久之，韧性、毅力和习惯就会逐渐养成。

其次，写日记可以让学生练就一手好字。如果在写日记的同时要求姿势正确、书写认真、字迹工整，对于培养学生的写字能力也能起到促进作用。我一直期待中国的中小学生能够写好一手汉字，尤其是在电脑普及的时代，更加需要继承和发扬我们的书法文化传统。

再次，写日记可以培养学生自我教育的能力。除了记录的功能，日记的反思功能也是非常重要的。其实，教育的最高境界是自我教育，而日记是自我教育的最好的方式。为了写得精彩，就必须做得精彩，活得精彩；只有做得精彩、活得精彩，才能写得精彩。日记本身有较强的教育功能，它是自己对自己的诉说和交流，是自我成长的真实写照，是自我鼓励、自我批评、自我惩戒的有效手段。记日记本身是一种自我教育的过程，人生往往能在日记中得到升华。正是在这个意义上，魏书生称写日记为“道德长跑”，认为坚持写日记可以使人的心灵求真、向善、爱美。

从每月一事的操作指导来说，首先可以让学生们阅读关于日记的文献，了解那些伟大人物（如鲁迅）的日记生涯，掌握写日记的基本知识。如日记的基本格式，第一行要记上 × 年 × 月 × 日，星期 ×，天气状况（晴、阴、雨），正文写日记的基本内容。再如日记的主要分类，一般分成生活日记、观察日记和随感日记三种。生活日记，就是把自己每天的生活、学习、工作情况有选择地记录下来。观察日记是生活日记的进一步细化，把日常生活中的某一侧面，通过有目的的、细致的观察，比较完整地记录下来，类似一篇记叙文。随感日记主要是就生活中发生的某个事件、某篇文章、某本书、某部电影等，抒发自己的感想。

12月的每月一事，与其他月有所不同，可能无法安排许多综合实践活动。但是，应该对于学生提出一些具体明确的要求。也就是说，在每天记录自己的生活时，应该做到以下几点：

一是坚持。写日记最大的敌人就是三天打鱼两天晒网。所以，必须给所有学生提出明确要求：每天坚持，没有任何借口。周国平先生建议，尤其是开始的时候，必须每天都写，来不及就第二天补写，决不偷懒，决不姑息自己，绝不能给自己寻找任何借口，这样才能形成习惯。建议给学生留一些专门写日记的自修课时间，或者作为家庭作业。

二是认真。日记不可能每天写长篇大论，但是，“对触动了自己的事情和心情要仔细写，努力寻找确切的表达，决不马虎，决不敷衍自己”，这样日记才有价值和意义，如果天天是几句流水账，慢慢地就会失去写日记的兴趣。所以，在学习紧张忙碌的时候，可以先写一个纲要，在周末和假期的时候，再补充完善。对于中小学生来说，认真，还意味着尽可能用钢笔，偶尔甚至可以用毛笔来写日记，把写日记作为练习写字的手段。

三是真实。日记的内容一定要记真人真事，如实记录，不要弄虚作假。日记是写给自己的，如果担心日记被人看见，对于一些私密性特别强的内容，可以做一些只有自己能够看得懂的符号。

四是私密。周国平先生认为，应该把学生的日记看作他们的一块不容侵犯的圣地，要克制我们的好奇心，鼓励学生的日记不向我们开放。学生的心灵隐私越是受到尊重，他们就越容易培养起真诚、自信、独立思考等品质，他们在精神上就越能够健康地成长。他们在写日记时才能排除他人眼光的干扰，坦然面对自己，句句都写真心话。所以，在任何情况下，必须征得学生的同意，才可以举行日记的展示、竞赛，或者发表。一定要把日记和作文区别开来，语文老师可以布置学生写日记，并且对日记进行批改，但这样的“日记”实际上是作文，只不过其体裁是日记而已。

日记是忠诚地追随我们一生的朋友。坚持写日记，我们就有了这样一个帮助我们思考人生的朋友。希望新教育实验学校的教师和学生，通过“师生共写随笔”的行动，共同编织有意义的人生；通过每天记录自己生活的每月一事活动，养成终生写日记的习惯。

第十二章　新教育的九大定律

定律是为实践和事实所证明，反映事物在一定条件下发展变化的客观规律的论断。例如牛顿运动定律、能量守恒定律、欧姆定律等。定律往往是一种理论模型，它用以描述特定情况、特定尺度下的现实世界，在其他尺度下可能会失效或者不准确。没有任何一种理论可以描述宇宙当中的所有情况，也没有任何一种理论可能完全正确。

所以，教育定律就是为教育的实践和事实所证明，反映教育活动的基本规律的论断。在教育界，似乎还没有像物理学的牛顿运动定律这样成熟的定律，这里提出的九大定律，只是我们通过长期研究和观察提出的论断，不一定妥当，权当“靶子”，供大家批评。

态度决定一切

在米卢担任中国足球队主教练期间，中国足球队员的帽子上写着这样一句话：“Attitude is all.（态度决定一切。）”在预选赛上，中国队靠它打出了精神，打出了气势，终于冲出了亚洲。在世界杯赛中，中国队似乎把这个理念无偿地送给了韩国，在韩国队一往无前的时候，自己却大败而归。

其实，“态度决定一切”不仅仅是体育的定律，更是生活的定律、教育的定律。教育，在一定意义上说，就是培养学生积极的人生态度的过程。

积极的人生态度有以下几个维度。

一是对待未来的态度。一个人能否乐观地面向未来，能否用激情和诗意去追寻人生理想，能否具有明确的人生目标，把所有的行为纳入自己的目标轨道，锲而不舍地向理想迈进，是能否具有积极的未来态度的体现。

二是对待工作的态度。一个人能否认真地对待工作，用“没有最好，只有更好”的精神处理工作中的每一个细节，爱岗敬业，提高效率，不断地追求卓越，是能否具有积极的工作态度的体现。

三是对待社会的态度。一个人能否具有强烈的社会责任感，主动地参与各种社会公益活动，有没有公正心、正义感，是不是爱憎分明，见义勇为，乐于助人，是能否具有积极的社会态度的体现。

四是对待学习的态度。一个人能否具有良好的学习兴趣和学习习惯，能否不断地充实自己、完善自我，能否在信息化与国际化的浪潮中成为时代的弄潮儿，抓住各种机遇，利用点滴时间进行学习，是能否具有积极的学习态度的体现。

五是对待他人的态度。一个人能否与他人和谐地相处，能否具有优良的人际沟通能力，能否受到同事与朋友的尊重和爱戴，能否主动帮助别人，理解别人，是能否具有积极的交往态度的体现。

六是对待自己的态度。一个人能否正确地评价自己，能否拥有自信，能否充分挖掘自己的潜能，能否把握各种机会锻炼自我，是能否具有积极的自我态度的体现。

如果我们的教育能加强这些方面的训练，使学生形成积极的人生态度，可能会收到事半功倍的效果。

有什么样的态度，就有什么样的行为；有什么样的行为，就有什么样的人生。所以，培养积极的人生态度，是新教育的基本出发点，也是新教育生命叙事理论的基点。

说你行你就行

“说你行你就行，不行也行；说你不行就不行，行也不行。”横批是：“不服不行”。

这是社会上人们讽刺人事任免的长官意志时常常引用的经典妙句，这种领导眼里出能人的悲剧或是乔太守乱点鸳鸯谱的闹剧，若是出现在生活中，显然是可怕的。

然而有趣的是，这样一种“定律”用在教育方面常常令人拍案叫绝。如果你想激励一个学生，你就不断地（当然也是适时地）对他说：“你行，你行，你真行。”他往往就能做得比别人期望的更优秀、更卓越。慢慢地，这个学生会变得“行”起来。相反，要毁掉一个学生的意志，你就不断对他说：“你不行，你不行，你真笨！”这样，原本是“行”的学生，也会逐渐丧失信心，变得“不行”起来。

仔细留心中小学课堂上教师对学生的评价，你会发现一般是贬多褒少。似乎我们的教师认为：学生做正确是应该的，出错是无法容忍的。就在这种不成比例的褒贬之间，有多少学生的信心被碾磨得粉碎！真正的名师往往是严格与亲善的完美统一：他们既对学问一丝不苟，又能为不同的学生设定不同的近远期目标，并为学生点滴的成就而喝彩。会欣赏学生才会当好教师。

当然，这个“教育定律”更重要的是对于学生自身来说的。如果你能不断地对自己说“我能行，我真行”；如果你能拥有强烈的自信心；如果你能毫不计较别人说你不行，你肯定会变得很行。让我们看看坂本保之介的故事：日本能力开发研究所所长坂本保之介先生在《提高记忆力的奥秘》一书中说过一段令人回味的话：“对于来我们研究所请教的人，我首先让他懂得自信心的重要性，要‘相信一定能记住’这样一种自信。说来也怪，一旦来访者确实认识到这一点，好像就在这一瞬间，他们的记忆力一下就提高了很多。”

其实，自信心不仅是提高记忆力的诀窍，也是成才的先导。自信心是人生重要的精神支柱，是人们行为的内在动力。只有自信，才能使人自强不息，不达目的不罢休，几乎每个成功者都具有自信心这个最重要的法宝；而自卑只会使人自暴自弃，畏首畏尾，多愁善感，无所追求，从而失却成功的希望。几乎每个失败者都与自信心无缘。著名小说家蒲松龄在科举考试落第后曾写过这样一副自勉联：“有志者，事竟成，破釜沉舟，百二秦关终属楚；苦心人，天不负，卧薪尝胆，三千越甲可吞吴。”他落第不落志，自信心毫无削弱，更加勤勉写作，终于完成了不朽杰作《聊斋志异》。蒲翁的成功，就是自信加勤奋的结果。

心理学的研究表明：人的智力呈正态分布，真正的天才和白痴都是很少的，只占1%左右，我们大多数的“芸芸众生”在智力上的差异是不大的。只要不是白痴，我们每个人的成功概率几乎是相同的，只要选准目标，奋力拼搏，每个人都可以有所作为，有所成就。明白这个道理，我们还有什么理由不树立自信心呢?

请记住：你能行，我能行!

体罚近乎无能

在学校教育中，奖励与惩罚是一对常用的、行之有效的方法。它是指用肯定与否定的评价来巩固和发展学生的优良行为，克服和改正学生的不良行为。奖励是一种阳性强化，分赞许、表扬、嘉奖等；惩罚是一种阴性强化，分批评、劝告、指责、申斥、警告、记过、留校察看、勒令退学、开除等。

在以上惩罚的过程中，有两条未被包括：一是罚钱，二是体罚。罚钱又叫“经济制裁”，在有些学校里仍然在使用，如有些学校规定，上课讲话罚多少，迟到早退罚多少，打架骂人罚多少……我认为，第一，罚钱是绝不可以在校园中存在的。罚钱其实不是罚学生，而是罚家长。罚了钱，孩子自然要挨家长的打骂训斥，这是借家长的手打孩子。第二，罚钱使孩子幼小的心灵蒙上了“金钱万能”的阴影，感受到钱的威力无边，崇拜金钱，甚至会不择手段去寻钱。第三，罚钱往往要有人监督，所以班干部往往就专门盯住谁犯错谁有过，而不去认真听讲，不去关注学习本身。

罚钱不行，体罚行否？答曰：更不行。我认为体罚是无能的表现。一般说来，体罚会在三种情况下出现：一是说而不服，管而不理，教育方法“失灵”；二是教师情绪不好时的冲动，难以控制自己的行为；三是坚信体罚能解决问题，消除危机。如有的人就说：“鞭子本姓竹，不打书不读。”“不打不成才，一打分数来。”

在这样的理念支配下，有些学校和老师便理直气壮地对学生进行惩罚，也有一些国家甚至允许学校运用体罚。如新加坡教育部规定，中小学的校长、副校长和纪律事务长有权对学生实行体罚，其方式是用尺子或藤条来轻打学生的手掌或臀部。

尽管如此，我还是认为体罚是不能应用于教育的。第一，体罚并不能使学生真正心悦诚服，不能从根本上感化学生的心灵。俄国教育家皮罗果夫说过一句很有意思的话："抽打，是为激发人的羞愧感而采用的一种过于粗暴的强制手段。而羞愧感是一种在温室里培育出来的娇嫩的花朵。它一旦落入粗暴之手，就会立即枯萎。抽打会使人产生恐惧，这是无疑的，但是这种恐惧并不能起感化作用，也是靠不住的，它只能掩盖内心的邪恶。抽打只能改造那些精神脆弱的，用甚至不那么危险的方法也可以改造过来的人。"第二，体罚往往使人自暴自弃，滋长仇恨的心理。明代教育家王守仁也有精彩的论述："鞭打绳缚，若待拘囚。彼视学舍若囹圄而不肯入，视师长如寇仇而不欲见，窥壁掩覆，以遂其嬉游，设诈饰诡，以肆其顽鄙。偷薄庸劣，日趋下流。是盖趋之于恶，而求其为善也，何可得乎？"第三，体罚往往容易使学生模仿暴力。当他成年以后，或者当他们面对比自己更弱小的教育对象时，他们会毫不犹豫地挥拳相向。

因此，即使是法律"允许"体罚的新加坡，也对体罚做了许多限定：体罚只能作为教育的最后手段用于男生（也就是说不允许体罚女生）；体罚时必须有第二位教师在场作证，详细记录学生的违规行为、执行体罚的时间和执行人的姓名；要将体罚事因通知家长，等等。这样一来，可能真正实施体罚时已经怒气全消了。

教育是心灵的艺术，只有心与心面对，心与心交融，才能取得真正的实效。皮肉之苦只能是饮鸩止渴，所以，"体罚近乎无能"，这大概也是教育的基本定律了。

读书改变人生

很多年前，我读苏霍姆林斯基的著作时看到这样一句话，它使我刻骨铭心："无限相信书籍的力量，是我的教育信仰的真谛之一。"

许多年过去了，我对这句话的理解与日俱增。是的，如果说人类的物质文明可以通过建筑、工具等物化的形态保存和延续，那么人类的精神文明如何保存和延续呢？一个刚刚诞生的新生儿，在他成长的过程中，精神世界又如何与身体的发育、成熟一道与时俱进呢？我认为读书是实现以上目的的必由之路。书籍是传承文明的桥梁，是延续文化的中介。充实而有意义的人生，应该伴随着读书而发展。

在一定意义上说，读书就意味着教育，甚至意味着学校。苏霍姆林斯基曾经说过，学校，首先意味着书籍。“学校里可能什么都足够多，但如果没有为人的全面发展及其丰富的精神生活所需要的书，或如果不热爱书和冷淡地对待书，这还不算是学校；相反，学校里可能许多东西都缺乏，许多方面都可能是不足的、简陋的，但如果有永远为我们打开世界之窗的书，这就是学校了。”

苏霍姆林斯基还具体阐述了阅读不同书籍对学生的影响，其实也是从另一方面阐释了“读书改变人生”的哲理。

阅读描写杰出人物的书，往往决定一个人的前途；

文学作品是影响人的心灵的有力手段；

阅读自然书籍是发展思维和认识能力的需要，是适应科学技术高速发展的需要；

不论哪类书籍的阅读，都是课堂教学的智力背景；

课外书籍的阅读，是了解和影响学生个性的门径，它还能够减轻学生的课业负担……

所以，他号召教育工作者：“应该让学生走进图书馆，让书籍成为青年一代的挚友！”

其实，读书正如饮食，不同的饮食往往造成人不同的营养结构，不同的书籍也同样造成人不同的精神结构。还是这位大教育家说得好：要培养一个人，设计一个人的个性，就努力帮助他从小学建立起自己的“小藏书箱”，建立起他独特的读书体系。

纵观世界各国，凡是崇尚读书的民族，大多是生命力顽强的民族。全世界读书最多的民族是犹太人，平均每人每年读书 64 本。作为犹太人聚居地的以色列，它的人文发展指数（将出生时的预期寿命、成人识字率和实际人均国内生产总值等衡量人生三大要素的指标合成一个复合指数）居全世界第 21 位，是中东地区最高的国家。酷爱读书，不能不说是犹太人在亡国两千年之后，又能重新复国的重要原因；酷爱读书，不能不说是犹太人在复国之后，能迅速建成一个现代化国家的重要原因；酷爱读书，不能不说是犹太人在流离失所中诞生了马克思、爱因斯坦和门德尔松等无数杰出的思想家、科学家和艺术家的重要原因；酷爱读书，不能不说是犹太人不仅在全世界的富豪中名列前茅，而且在历届诺贝尔奖得主中也有惊人比例的重要原因。一句话，酷爱读书使犹太人成为一个优秀的民族；热爱读书的国家，必定是不断向上的国度。

而我们中华民族，自古以来就是一个崇尚、热爱读书的民族。只是随着科举制度的出现，读书人的阅读视野渐渐狭窄化了。现在的应试教育也在很大程度上挤走了学生读书的空间和时间，学校中无书可读的现象远未销声匿迹，学生无暇读书、不想读书的情形也不少见。除了几本干巴巴的教科书，学生几乎不再有也不再读其他书。这就使他们的精神世界逐渐枯萎，他们的人生色彩逐渐黯淡。这是令人痛心、发人深省的。

"读书改变人生"，我想以曾读到的一位普通作者——黑龙江青年阿穆尔的一篇文章来与大家一起领略、品味这个定律的意义和价值。他这样写道：

> 我在少年时期读了一本苏联小说《明天到海洋去》。这本小说叙述的是一所中学的学生假期到黑海上航行的故事。读后久久不能平静，幻想着有朝一日到远方，到世界的每一个地方漫游。长大后，我特别钟情于旅游，游览过不少名胜古迹、名山大川。是《明天到海洋去》点燃了我投入大自然怀抱的热情和激情。
>
> 后来，我做过汽车搬运工、更夫，烧过锅炉，卖过烧饼，还当过编辑、秘书、代课教师，进过机关工作；我在乌苏里江边承包过土地，在俄罗斯当过倒爷，在北京做过小报记者。现在，我成了一名自由撰稿人、自食其力的劳动者，我为此感到骄傲。是书给我提供了生活基础，它是我的衣食父母。1996年，我在北大荒承包土地时，白天干活，晚上点起蜡烛，读随身带着的帕斯捷尔纳克的《日瓦戈医生》。2000年，我在北京漂泊时，一边忙着记者工作，一边忙里偷闲读《李普曼传》……书能改变人的一生，性格、爱好、禀赋、气质、思想和观念，以及对生活的理解。

学无止境，行者无疆，书陪伴着阿穆尔成长，也祈愿它能一生伴你左右！

课堂属于学生

人类从事科学研究、探求新知的过程从一个侧面看也是发现常识、逼近常识、接受常识、利用常识的过程。像“地球绕太阳转”，可以说是一个最“常”不过、妇孺皆晓的知识，然而它由“异端”变为常识，却经过了怎样一个漫长而惊心动魄的过程啊！

在这个意义上，“课堂属于学生”这个道理的普及与“地球绕太阳转”十分相似。

当然，围绕“课堂属于学生”，虽未曾有过血腥的、惨烈的争论场面，但你能说它所面对的反对势力没有“地心说”一派那么强大和顽固吗？恐怕不能。“地心说”早已见鬼去了，而在明里暗里对“课堂属于学生”观点持不合作、反对抑或挑战态度的却大有人在。可以说，这也正是导致课堂改革推进不力、大面积教学效率长期低迷不前的一个非常重要甚至决定性的原因。

构筑理想课堂的目的何在？当然是为了学生增长知识，为了学生成长进步，就好像构筑一个屋子的目的是让主人遮风避雨，取暖防寒。我们说屋子属于主人，谁都不会持有异议；那么说课堂属于学生，又有什么理由投去一瞥怀疑的目光呢？

有人说，难道课堂就不属于教师？问得好！但它的“潜台词”（“课堂属于教师”，“师为主，生为客”）及其所蕴含的观点或许就是课堂没能“回归”主体（学生）的根本障碍所在。

表面上看，“课堂属于教师”没有什么错。但一旦我们认识到，如果没有学生，课堂和教师就失去存在的必要和意义，那么我们就会清醒地发现，学生才是课堂的终极目的对象，而教师只是实现目的的手段和途径，或者比喻为桥梁和纽带。

作为“中介”的教师是不具备主人资格的，是不应该获得“归属”权利的。那么他的角色应怎样定位呢？我想，既然教育是为人（学生）更好地生存，那么，把教师定位于“护卫者”“服务者”“促进者”“协作者”等角色是很合适的。

课堂属于学生，但“学生不是一只筐，什么都可以往里装”，课堂必须有学生高度的参与，而且要做到全员参与（不是个别尖子学生的参与）、全程参与（不是一时半会的参与）和有效参与（不是形式主义的参与）。课堂教学绝不能是教师的表演（更不能是他的“独角戏”），不能是事先预设程序的再现。我个人主张，在一般课堂上，学生参与（这里指发言与其余听讲之外的活动）时间不能少于二分之一。

课堂属于学生。既然如此，他就不应该有下人的拘谨、奴仆的胆怯、童养媳的压抑。他应该投入自由轻松的氛围，他应该享受汩汩而来、欲罢不能的诗意和幸福。而现实中，我们的许多课堂如战场，强调的是纪律严明，要求的是正襟危坐，学生如履薄冰，战战兢兢……我曾把某些教师比作“教育警察”。更有甚者，有的教师在学生的眼里竟变成了“教育的魔头”。有他们的存在，课堂就不是学生的“家”，纵使是“家”，也是一个冰窖般让学生畏而远之的“家”。于是，他们只能成为“一个不想回家的人”。

课堂属于学生。因此，课堂应该是学生生活和生命的重要组成部分，也是学生未来生活技能的操练场，是学生未来人生阅历的实习地。所以，在课堂里，我们不仅要让他们学到知识，还要让他们学会生活，为他们营造必要的交际场，让他们学会交往，甚至学会“理论”，学会争吵。“赤橙黄绿青蓝紫”，少了一色，就无七彩生活；“酸甜苦辣咸”，少了一味，也无五味人生，哪怕你给予他们的永远是火红的热情，是蜜糖的甘甜。所以，真正的课堂还要让学生拥有多种生活的体验、多种情绪情感的体验，让学生拥有解开疙瘩、战胜挫折的经历，品尝“苦乐年华”的滋味。

课堂属于学生。孩子把小手背在身后，一直以“坐如钟”的姿势纹丝不动地看着教师，盯着黑板，或者当教师问题一出，大家异口同声……这是多么令人醉心的教学场景，是多少公开课赢得满堂喝彩的教学镜头，但我以为，这恰恰是对人性的善意嘲讽，甚至是对人性的恶意戕残。好的课堂永远是人性的、人道的，而上述课堂却剥离了人之为人的本质和特征，又哪里能实现还课堂于学生的教育追求？在这样的教学情景中，课堂非但不属于学生，而且也不属于人类。所以，“课堂属于学生”的要义之一就是“课堂属于每一个鲜活的、富有个性的生命体”。

性格主宰命运

在我的心理学教育和研究历程中，乌申斯基的一句话让我难以忘却："教育中的一切都应该以教育者的人格为基础，因为只有人格才能影响人格，只有性格才能形成性格。"是的，性格在人的整个发展中起到极其重要的作用。

性格有几个内在层次：生活原则层就是人的世界观、人生观，它是一个人对自然、社会、人生的总的看法，最稳定，处于支配地位，是性格的主导因素；对现实的态度层包括对别人、对自己、对事物的态度，是性格的核心和实体，是比较稳定的，它受制于生活的原则，但却制约着活动方式；活动方式层是个体心理活动的表达方式，是性格的表现特征，它主要包括一个人的认知、情感、意志等方面的特征，相对地说，它的可变性较大。

创造、创新是新世纪的教育主题，也是永久的教育话题，这一切离不开人的创造性性格，而创造性性格在目前中小学教育中却严重地缺失。对中小学师生的大量调查表明，多数人不知道如何才能拥有创造性性格。我在长期的思考中发现，创造性性格类型的人有着极其相似的特征，那就是勤奋努力、科学安排时间、虚心进取、有强烈的好奇心、具有怀疑精神、个体独立以及对错误容忍、观点灵活并且具有不寻常的价值观念，等等。这些特征对于每个教师来说，对于成长中的中小学生来说，是否重要，当然不言而喻。

由此，我想到了我国当代著名历史学家张舜徽的故事。张教授有着独立的性格特征，他集"恒心、毅力、耐性、信念、傻气"于一身。在这种性格影响下，他 19 岁时读《资治通鉴》，日尽一卷或两卷，经过七个月，读完这部 294 卷的大书，并且还写了简明的札记。年龄稍大后，又决心读《二十四史》，于是他不畏艰难，不避寒暑，整整花了十年时间，终于将这部 3259 卷的大书读完，而且都用朱笔圈点，读得很仔细。1946 年，张教授任教的兰州大学买到明刻本《皇朝经世文编》，504 卷，收录 424 家的政治论文 3145 篇。他趁暑假休息的机会，经过 50 天的伏案，把它浏览了一遍。我还想起苏霍姆林斯基倾其所有，使个人藏书达 1.9 万册……这就是顽强性格的力量和顽强性格的魅力。

面对这无数的成功者，有人会说他们有着这样那样的优越条件，强调着自己好像有着什么先天性的不足，不适合走向成功，不适合拥有那份更美的命运。这种想法有着极大的危害性、传染性。研究表明，在人的心理发展中，客观条件的影响呈递减趋势，而主观因素则呈增长倾向，两者表现为逆向效应。其条件是个体的自我意识水平正常发展，也就是说，个体的主观努力随着年龄的增长而愈显重要。虽然人的自我意识在个体早期就已有萌芽，但此时还更多地表现出不自觉性和受动性。随着青春期的到来，自我意识日益增强，从而更多地表现出自觉性和能动性，更倾向于支配环境和他人。苏联心理学家鲁宾斯基说:“一个人要增进其体力，发展其智力、道德力量和意志力，只有通过自身的努力才能成为可能。”

所以说性格是决定命运的关键，我们每个人也应该重视自己性格的设计与养成。在这方面，不妨学学托尔斯泰。托尔斯泰在十多岁时就给自己制定过“性格修养计划”，立志使自己成为一名扬善惩恶的文学家。他在晚年回忆人生历程时，每每提到自己年轻时代的这一性格修养计划，说它在一生中经常起到提醒、督促、推进自己从事创作的作用。

21 世纪是新的世纪，是充满生机的世纪，更是中国人创新的世纪。愿我的这一“定律”能唤醒充满灵性的个体，使之拥有更美的性格，打造绝美的命运。

特色就是卓越

几年前听到一个故事，情节已经记不大清了，大致是这样：一位建筑公司的老总要从一班普通工人中物色一名管理人员，工地负责人和他在工地转了一圈，问他有没有合意的人选。老总说，我要那个穿红色工作服的人。他解释说，大家都穿蓝衣服，只有他例外……有特色的人往往有追求，有成就。后来的事实证明老板的想法是正确的。

我想，特色就是卓越，特色就是鹤立鸡群，就是万绿丛中一点红。

有人可能表示异议，说:“如果一所学校培养出一大批青年‘嬉皮士’，这是其他学校没有的，你能说这种特色就是卓越吗？”假如有这样的问题，我不准备回答。因为我所说的特色当然是正面的、积极的、符合教育发展方向、代表未来教育希望的。毫无疑问，这就像学校要培养国家建设所需的人才而不是庸才、奴才和“危险品”一样天经地义。

特色最根本的要义就是不同寻常，或者说它的本质属性是差异。目前的中国基础教育在“差异性发展”方面做得还非常不够。我曾经到过辖区范围内一所省重点中学搞调研，校长汇报工作一套又一套，我提问：“你认为你们学校最大的特色是什么？”他想了半天，最后说是优异的教学质量和在同类学校中一流的升学率。质量当然是学校的生命线，升学率也很重要，但我以为，重点中学之间的比较和竞争不应该再聚焦于这些方面，它们是等式两边的相同量，可以同时画掉。

当然不能去怪罪这位校长和其他校长，因为他们所置身的大背景就是不利于甚至有碍于特色形成和发展的背景。确实，在我们的教育现实中，还存在着古希腊神话中的那张“魔床”，所有的学生、教师、校长和学校都必须与“魔床”的长度保持一致，短则补之，长则截之。有如此统一的模子或范式去规定，去制约，你还能期望出现“不拘一格降人才”的可喜局面吗？有人说：“上帝造人本来不一样，可是现行的教育却与上帝对着干。”这话言重了一点，但也基本反映了中国教育的最大弊病和症结。

呼唤特色，追求特色，铸造特色，应该是当代中国教育的主题之一；没有特色的教育就像千篇一律的文章，像千人一面的群体，是没有美和卓越可言的。

当然，特色或个性与共性不是“不共戴天”的。特色或个性寓于共性之中。像前面所举的那所重点中学，如果没有较高的教学质量和较高的升学率这两点共性作为基石和保证，那么，你即便有丰富多彩的第二课堂，即便在科技发明、艺术表现等方面出了一批苗子，我们也很难说你就是我们理想和期待中的好学校，很难说你的办学业绩就是卓尔不群的。问题是，你不能满足和停留在这两点上，而要以更广阔的视野和更豁达的胸襟去发现、包容和造就有差异的学生、有风格的教师、有特色的学校。从这个意义上说，共性是基础，特色是超越。

原苏州六中是一所基础相对薄弱的学校，校长为此苦恼，向我讨计。经过一番考察、思考和论证，我认为它应该在特色方面做文章，而这篇文章的“切题处”或者说“突破口”可以选在艺术教育上。后来该校朝这个方向做了不懈努力，学校的品位不断攀升，现已通过国家级示范性普通高中省级验收。很难想象，没有特色的营造，它能以“三级跳”的速度和气势后来居上、令人瞩目！同样，吴江市同里第二小学在写字教育方面倾注了特别多的心血和努力，该校的学生都能写一手很漂亮的字，学生整体写字水平在全国同类学校中处于一流水平。艺术或书写水平的提高也必然带动学生综合素质的提高，必然不断丰富他们的人文精神内涵。所以，特色绝不是一种孤立的存在，它是报春的蜡梅，在它的后面必然呈现“千树万树梨花开”“万紫千红春满园”的喜人景象。

特色能助你提升品质，追求卓越。你或许在埋怨生源不好，教师平平，学校落后，在曾经令你怦然心动的“特色”面前徘徊，在曾经让你翘首期盼的“卓越”门外嗟叹，我要告诉你：“朋友，何必为特色而发愁？”

我愿以一个真实的故事来收笔，并与你一起思考、共勉。

日本一家大公司招聘人才，贴出启事：“本公司只招留级生。”应聘者纷至沓来。经过面试，智商低的不要，不勤奋的不要，因为专注、痴迷于创造发明而耽搁了课程一类的“怪人”却多多益善。

理想创造辉煌

很多学生在作文中都曾把理想、志向、抱负等比做航标、路灯、方向牌，说没有理想的人生是迷茫一片的，没有志向的人生是消极颓废的，没有抱负的人生是浑浑噩噩的。

大家都这样比喻，老实说，落俗套。我倒以为，大俗乃大真，大俗乃大雅，这个看似很俗气的比喻却揭示了理想、志向、抱负等心理学范畴概念的本质特征，包容了它们最主要、最深刻的内涵。现在的问题不是比喻是否落俗，而是这样的道理有没有真正融化到学生生命的血液中，有没有沉积到他们意志品质的基因结构中。

我自以为还有点创造的潜能、创新的禀赋，有时候也在真情流露或表白中说出惊人之语，但一旦说到理想、梦想这一类话题，我都无一例外想到一个故事。说句不谦虚的话，不是我积累的有关故事很少，实在是因为这个故事太耐人寻味，也太催人泪下。这个故事足以把理想的美丽、志向的神奇、抱负的迷人揭示得淋漓尽致，演绎得惊心动魄。

这个故事讲述的是英国内阁教育大臣、盲人戴维的经历。还是在幼儿园的时候，戴维在题为《未来的我是……》作文中描述了自己的梦想，希望长大后当一名英国内阁大臣。他认为，在英国历史上还没有过盲人进入内阁的先例，他要创造历史。长大后，戴维梦想成真，当上了英国内阁教育大臣。他说:“只要不让年轻时美丽的梦想随岁月飘逝，成功总有一天会出现在你的面前。”

事实是最好的教科书。每当我把这个故事讲给我的青少年朋友甚至讲给我们的老师、学生家长听的时候，我都看到一张张为之动容的面庞，一双双为之含泪的眼睛。这或许是一本正式的关于理想的教科书根本无法产生的效应吧!

理想创造辉煌。你有怎样的理想，往往就决定着你将采取怎样的行动，取得怎样的成绩。没有理想，人生的“记分册”上将永远是零或者是一片空白。一个有大成就的人绝不可能“瞎猫碰着死老鼠”——没有一点儿理想，却“蒙”来了成功、成就甚至是辉煌。

戴维幼年的理想在不少人看来与白日做梦无异，但他却梦想成真。我们不难想象他所经历的艰难困苦、坎坷挫折甚至是偏见歧视。没有他的进取不息，奋斗不止，没有他的百折不挠、愈挫愈勇，总之，没有他后天的努力，他就可能永远在黑暗的世界中做一个混混沌沌的盲人，甚至也闹出“盲人摸象”之类的现代笑话。后天的努力怎么形容和比喻都不过分，但在承认和赞美“努力”之“化腐朽为神奇”的功用的同时，我们不应该忘记“努力”的动力源自何处，起于哪里。

答案是理想。

我所讲的理想是能创造辉煌的理想，还必须是“心存高远”的理想，是“不畏浮云遮望眼”的理想，是“少年壮志当凌云”的理想!

爱心产生奇迹

有这样一个真实感人的故事:

25年前，有位教社会学的大学教授，曾叫班上学生到巴尔的摩的贫民窟调查200名男孩的成长背景和生活环境，并对他们未来的发展做一番评估。每个学生得出的结论都是："他们毫无出头的机会。"

25年后，另一位教授发现了这份研究，他叫学生做后续调查，看昔日这些男孩今天是何状况。结果，根据调查，除了有20名男孩搬离或过世，剩下的180名中有176名成就非凡，其中担任律师、医生或商人的比比皆是。

这位教授在惊讶之余，决定深入调查此事。他拜访了当年曾被评估的年轻人，他们请教同一个问题："你今日会成功的最大原因是什么？"结果他们都不约而同地回答："因为我遇到了一位好老师。"

这位老师仍健在，虽然年迈，但还是耳聪目明。教授找到她后，问她到底有何绝招，能让这些在贫民窟长大的孩子个个出人头地。

这位老太太眼中闪着慈祥的光芒，嘴角带着微笑回答道："其实也没什么，我爱这些孩子。"

对教师来说，没有什么比爱心更重要的。

你没有丰富的知识、扎实的功底、精湛的教艺……但你有一往情深的"爱心"，你就会吃别人不能吃的苦，坐别人不愿坐的"冷板凳"，苦读苦练，日积月累，终成大器。特级教师钱梦龙只有初中文凭，魏书生的情况也是这样，但他们却登上了中国教育界的巅峰，是对教育事业痴心不改的"爱"使他们实现了人生飞跃。

你的学生中没有天才，没有一看就聪明过人的孩子，没有英俊少年，有的是表现平平、看不出有多大"出息"的一群少年，甚至是一班调皮大王、顽劣不化的主儿，是一考就"大红灯笼高高挂"的"差生"……但你有"化腐朽为神奇"的执着期待，有"没有教不好的学生，只有不会教的老师"的律己精神，有"转化一个后进生与培养一个优秀生一样重要，甚至更重要"的理性认识，一句话，有非凡的爱心，你同样可以培养出一批又一批的优生和俊才。特级教师李镇西自愿把人见人厌的"差生"要到自己班级，在"转化"和促成方面写下了一篇篇瑰丽的教育诗章；孙维刚在名不见经传的北京二十二中为清华大学等重点高校输送了许多学生，同样是充盈胸间、激情荡怀的"爱"让他们体会和领略到教育的美丽和幸福。

你的学校没有气势磅礴的教学大楼，没有让莘莘学子足不出户就可以神游天下的互联网，甚至没有像样的课桌椅，但你有“跟困难做斗争其乐无穷”的精神，有“黄土高坡也能长出参天大树”的信心，有“鸡窝里飞出金凤凰”的不灭梦想，你就会迎难而上，变不利为有利，造就一个个敢于放眼天下、胸怀全球的“国际化的现代中国人”。我曾经到过一些老少边穷地区进行教育考察，一方面为他们的贫困落后而揪心，另一方面也为那些“咬定青山不放松”的“教育人”的可贵精神和他们创造的非凡成绩而感叹。“匹夫不可夺”的“爱心”让他们也拥有了一份独特的风景和辉煌。

教育的爱心是空气，是阳光，是土壤，是水源，是食粮，是布匹……你可以把它比喻为人类生存和发展必不可少的一切，而且绝不过分。所以，老一辈教育家夏丏尊说：教育没有情感，没有爱，如同池塘没有水一样。没有水，就不能称其为池塘。没有情感，没有爱，也就没有教育。著名特级教师霍懋征也说：没有爱就没有教育。

可是，在我们教育的现实生活中，缺乏爱心的现象太多了！

学生有不遵守纪律的行为（注意：有些行为是否违纪值得我们静下心来认真思辨，譬如上课没有举手就发言，譬如跟教师或家长顶嘴，还譬如对异性同学有好感，写了一封流露好感的信，等等），不是循循善诱，而是充当“教育警察”，毫不留情，横加呵斥，甚至挥以老拳；学生有化解不开的思想症结，不是努力捕捉，认真发现，耐心引导，而是视而不见，甚或冷嘲热讽，大泼冷水；学生成绩有波动，不是和他一起分析原因，热情鼓励，而是公开批评，厉言“敦促”，不使他懊丧不已就好像不能显示严师之威……陶行知说，在我们的冷眼之前，可能就有牛顿；在我们的棍棒之下，可能就有瓦特；在我们的恶语之中，可能就有爱迪生。是啊，从某种意义上说，成才成器是人的潜力发掘和发展的必然，是人的一种不应受到抹杀的天性，有意无意中，我们有许许多多的同仁摧毁了这种必然，践踏了这种天性，“创造”了一个个不该发生、令人痛心的“奇迹”！

如此“奇迹”当然不是我们所希望的，甚至不应该是我们平心静气所能接受的。

我们所企盼的奇迹是按常规、循常理不能发生、出乎意料的“好事”，它只能萌芽于热情，胎动于鼓励，最终诞生于爱心之中。没有这些积极的情绪体验和情感表达，“奇迹”永远不会奇迹般地发生，就像冰窖里不会吐出新苗，蒸笼里不会冒出新生命一样。

任何教师都不会与奇迹无缘。但要与奇迹结缘，你就要弹出爱心的红线，抛出爱心的绣球。这虽然还不是“充足条件”，但肯定是不可或缺的“必要条件”。

不止一例的植物人因为得到亲人的细心呵护而从梦魇中走了出来，重新拥抱美丽的人生。我想告诉你，你的教育对象中没有“植物人”，你的奇迹并不那么难以创造！

说得更直白点儿，我想问：你是否愿意创造教育奇迹，YES or NO？

第十三章　新教育的家教主张

家庭是人类社会最基层的组织，也是人类实现自身发展的最小单位。家庭教育是指在家庭生活中，由父母和其他长者对其子女和年幼者实施的教育和影响。家庭教育由于具有启蒙性、个别性、生活性、随机性、隐潜性等特点，在儿童成长过程中具有非常独特的意义。它不仅与学校教育相互补充，而且不可替代。在现代社会，人人都可以在家里学习，有的教育家甚至预测在网络化时代，可能学校的功能会弱化，而家庭的功能则会强化。父母养育孩子的工作被描述为人的成年阶段最具有挑战性、最复杂的工作和人类社会最重要的任务。苏霍姆林斯基就说过：生活向学校提出的任务变得如此复杂，以至如果没有家庭的高度的教育素养，那么不管教育付出多大的努力，都收不到完满的效果。我的坚定信念是，教育学应当成为众人的科学——不论是教师还是家长。我们应该竭力给每个家长都授以最起码、最基本的教育学知识。

新教育需要新父母

目前，我国学生家长的文化素质不断提高，但整体上来看，他们对如何为人父母、如何进行科学有效的家庭教育，在观念、知识、方法、能力等方面均存在许多不如人意的地方。父母们往往是在用昨天的知识教育今天的孩子，却要让孩子去面向明天。我们认为，父母不教育孩子，孩子会变坏；父母用错误的方法教育孩子，孩子则可能会变得更坏。父母是儿童的第一任教师，家庭是儿童永远的学校。瑞典教育家哈巴特说过：一个父亲胜过一百个校长。法国教育家福禄倍尔说：母亲摇动摇篮的手是推动地球的手。父母的文化素质、价值观念、情感态度、亲子关系、教养方式甚至一言一行对儿童的成长都会产生深远影响。

新教育实验认为，没有学生父母的发展，就没有学生的成长。未来社会的健康发展取决于未来一代的精神风貌，良好精神风貌的形成来自教育，而教育内部又在很大程度上取决于家庭中的父母教育。通常，优秀孩子成为优秀人才的背后，总能找到温馨和谐家庭的影子；同样，一个人形成不健全的人格，也可以从其家庭中找到充满冲突和矛盾的因素。现代社会普遍关注的焦点是学校教育，父母考虑更多的也是学校教育，却忽视了父母本人才是子女成长的真正的教育基础，才是决定子女命运的关键。家庭教育对人的成长起着奠基性的、终身性的作用。新教育主张要教给孩子一生有用的东西。而家庭教育主要是行为习惯、情感价值、人格心灵、意志品德等方面的教育，这些教育对孩子一生具有极其重要的作用。如何提高广大父母的家庭教育水平，促进家庭教育与学校教育的和谐发展也是新教育实验的一个重要组成部分。

为此，新教育实验曾经专门成立“优化家校合作”课题组，把家校合作作为新教育六大行动的“6+1”来推进，后来成为新教育的十大行动之一。我们还与江苏《莫愁》杂志社联合举办了“莫愁新父母学校”。学校宗旨为：通过整合各方教育资源，全面推进新教育实验，促进新教育实验学校尽快全面建成高质量、高水平、有特色的学校，促进家庭、学校相互合作共同发展，通过全面培训学生父母，促进全面建成学习型家庭、学习型文明社区，促进构建青少年全方位、和谐健康的成长环境，实现《莫愁》杂志社传播家教新理念、提升家教新水平的办刊理念，实现新教育实验“追求理想，超越自我”的教育目标，坚持以人为本，科学发展，和谐发展，可持续发展，促进“教育社会”的形成，促进“和谐社会”的建设。

新父母学校的核心理念为：学校应该成为学生、教师共同成长的地方。家庭、学校作为未成年人成长的最重要的两个场所，家长与教师应该是同事关系，家庭要与学校一起共同承担学生的知识进步、人格塑造、情感培养、意志养成以及价值观、世界观、人生观形成的责任。相对于学校，家庭更需要学习，学习正确的家教观、儿童观、成长观，学会了解孩子、走近孩子，学会与老师相互沟通进行合作。

新父母学校设校长一名，由新教育实验学校校长兼任，全面负责学校各项工作。设校长助理一名，具体承担学校联系、协调、沟通、检查、考核等事宜。另设名誉校长、顾问若干，由政府分管领导、家教专家、社会知名人士、学生父母代表等组成。学校下设委员会。委员由学生父母代表担任，原则上每个教学班设一名学生父母代表，由父母自荐或班主任推荐、校长决定。委员可连任，学生毕业后委员职务自动解除。委员会在新父母学校的领导下参与处理学校各项常规工作。有条件的学校可以进一步发挥学生父母委员会在参与学校依法民主管理、加强新父母学校自治管理等方面的作用。

新父母学校是新教育实验的一个重要组成部分，学校每学年要制订一次学生父母培训计划、活动方案，并安排师资、落实经费、配备教材读物等。

学校每学期至少召开一次全校委员会会议，各年级或班级定期召开年级、班级父母会议，加强教师、父母、学生相互之间的沟通了解，充分尊重广大父母的意见建议，积极争取广大父母的信任支持。学校定期举办面向学校所有父母的培训活动，形式可以为系列讲座、现场咨询等，对学生父母进行系统培训，切实有效地传播先进家教观念、科学家教方法。家庭教育培训的基本内容包括：树立为国教子的思想，自觉履行教育子女的职责；重在教子育德，提高子女思想道德水平，培养子女遵守社会公德习惯，增强子女法律意识和社会责任感；关心子女的智力开发和科学文化学习，培养良好的学习习惯，要求要适当，方法要正确；培养和训练子女的良好生活习惯，鼓励子女参加文娱体育活动和社会交往活动，促进子女身心健康发展；引导子女参加力所能及的家务劳动，支持子女参加社会公益劳动，培养子女的自理能力和劳动习惯。

学校定期举办由父母、学生参加的亲子交流、对话、娱乐、修学、旅游等活动，向父母推荐家教书刊，组织读书会、征文评比、演讲比赛、座谈会、联欢会等活动，倡导父母与孩子相互学习、共同成长、共享成长。学校根据学生父母受训成绩、家教实践情况、子女成长情况等每学年评选一次先进父母、优秀家庭，并进行物质、精神奖励。积极参加各级政府组织的家庭教育工作评优活动。

新父母学校各项活动所需经费应纳入学校正常开支预算之内，可接受社会捐赠，也可征得莫愁新父母学校学生父母委员会同意，向学生父母收取相关费用，专款专用，并定期向父母公示支出情况。要积极发挥学生父母委员会的协调沟通自发自愿的作用，促进新父母学校自我管理自我发展。

尽管莫愁新父母学校的项目由于负责人工作的变动没有深入和坚持下去，但“新教育需要新父母”的理念已成为新教育人的共识。2011 年 11 月，新教育又成立了“亲子共读研究中心”，把父母与孩子的共同阅读作为新父母成长的重要内容，每天早晨的“新父母晨诵”等项目已正式开展。而全国 30 个城市的“萤火虫亲子共读”工作站也开展了许多线上线下的亲子共读活动。2012 年，该中心更名为新父母研究所，全面开展新父母学校，父母书目研制、亲子共读等项目。2013 年，“家校合作共建”正式成为十大行动之一，开始了新教育家庭教育探索的新时期。

家庭教育是最容易出错的地方

为什么说家庭教育是最容易出错误的地方？因为我们的父母大多没受过专门训练。无论是小时候还是长大恋爱成家，无论是在学校还是在社会，很少有人对我们说怎么做父母。即使有人说过，也只是长辈们。他们或许会说“棒打出孝子”“不打不成才”……这些在生活中流传的观念对吗？这需要我们去反思。要做驾驶员需要到驾校学习几个月才能拿到执照，而要做父母几个月能学会吗？父母不同的语言、行为、教育会在孩子的身上留下不同的烙印，没有经过专门训练的父母难免会出错。

同时，现在独生子女的父母们普遍望子成龙、望女成凤，普遍希望把自己未曾实现的梦想强加在孩子身上。这样的心理易使家庭教育偏离方向。父母与孩子间有天然的感情联系，特别是母子一体，自然产生期待，把自己没实现的、没做成的都转而寄希望于孩子来完成，难免不切实际。一本《哈佛女孩刘亦婷》卖了几百万册，“虎妈”“狼爸”的受追捧，正是父母们这种心理的反映。父母的过度关心、过度照顾剥夺了孩子成长的空间。《扬子晚报》的记者调查发现，现在的大学生不知道怎么安排生活，其实，他们中的很多人从小到大不需要考虑任何事情，怎么会有成长呢？走向另一个极端的过多限制、过多干涉也会阻碍孩子潜能的释放。我们常常居高临下地对待孩子，以“家长”自居：“你是我生的，我让你听，你不听，找揍！”如此家庭教育缺失了“人格平等”——《联合国儿童宪章》规定的根本精神，怎能使孩子健康成长？

在当今社会中，很多父母忽略了自己的教育职责。由于社会普遍关注的焦点是学校教育，父母考虑更多的也是学校教育，忽视了他们自己才是真正的教育基础，才是决定孩子命运的关键。俗话说：三岁看大，七岁看老。孩童时代所受的教育影响着人的一生，儿童对世界的最初认识源于父母，家庭教育的影响对人刻骨铭心。父母们惯有的家长概念在英文中其实是个贬义词，含有“家长制”、非民主的意思。民主、平等是教育的前提，而要孩子完成一件事必须让他们真正地理解、接受，才能去做好。对教育职责的漠视、教育理念的偏颇自然导致家庭教育易出错。

没有父母的成长，就没有孩子的成长

父母是孩子的榜样。通常，优秀孩子成长为优秀人才的背后，总能找到温馨和谐家庭的影子；而一个人形成不健全的人格，也可以从其家庭中找到充满冲突和矛盾的因素。

父母们把孩子送到小学、中学时，总喜欢对老师说：“这孩子全交给你啦，拜托啦！”其潜台词是“与我无关啦”。其实，绝对不是如此就行的。撬动地球的手，就是推动摇篮的手。好的家庭往往伴随着父母与孩子的共同成长，坏的家庭往往给孩子负面影响。有这样一个真实的故事可以印证。张家港一位初二的孩子星期日晚在家复习迎考，他父母邀了几个朋友来家里打麻将，其响声搅扰了孩子，孩子无奈地说：“11 点多了，还打，我明天怎么考试？”麻友们正在兴头上，对孩子的话不予理睬。孩子生气了，就将电视打开，并把音量调大，弄得左邻右舍上门抗议，他父母觉得丢了面子，将他打了一顿。孩子连夜出走……

朋友们常问我每周有多少时间与孩子在一起，我说由于工作忙，我与孩子交流并不很多，但只要孩子看到我时，往往不是在看书，就是在写作。无言之教的力量是巨大的，身教远大于言教。父母有多少时间在家读书，家中有多少书，培养出的孩子境界是不一样的。2004 年，中国出版社协会做了一项调查：我国有 45% 的家庭无一本藏书，无一个书柜；韩国有 96.8% 的家庭平均有 500 本以上的藏书。没有书香家庭，哪有书香校园、书香社会？父母不进步又怎能指望孩子成才？

学习型的家庭中，父母与孩子是共同成长，甚至相互影响的。他们往往有一些成功的影响方式，如亲子共读、亲子通信、讲述成长故事等。父母的成长和孩子的成长一样，是没有止境的过程。父母的不断进步、不断学习，其影响是无形而深刻的。

品德重于学问，状态大于方法

生活中看人常常是一俊遮百丑。有了高分数、好成绩就被看做好孩子。事实上，影响终身发展的因素中，分数并不是最重要的，起着制约作用的是品德、品格，是做人的快乐。所以，家庭教育最重要的任务是建筑人格长城，点点滴滴的影响，将会为人格的健全发展奠定厚实的基础。我们注意到，不少父母过多关心学习，只要考出好成绩，什么要求都答应，什么愿望都满足，什么承诺都兑现。品德低下却不被关注，有些孩子说谎，拿家里东西或别人东西，以自我为中心，不考虑别人感受。这样的教育理念、方式令人忧虑。

我的孩子小时候也拿过家中东西，但我们让他知道犯这种错误受到的惩罚远远超过考试的失败，让他知道爸爸妈妈不是很看重分数，而是很重视品德，努力使他成为一个诚实谦和的人。行为习惯的养成也是很重要的。我的孩子小时候整天丢三落四，今天买的尺子明天丢，到三年级骑车上学，钥匙也常丢，常要我们送。后来我们决定：钥匙再丢，要他自己跑回来拿备用钥匙。四年级还这样，他自己把车扛回了家。那得花多少时间和精力呀！但换来的是钥匙再也不丢了。所以，父母们应充分重视品德习惯的养成教育。

生活毁灭人是无声无息的，有如滴水穿石；同样，生活成就人也是无声无息的。只有关注生活的细节和进程，只有成为生活的主人，才能被生活所成就。新教育实验有句口号："状态大于方法，方法大于苦干。"现实情况恰好相反，是"苦干大于方法，方法大于状态"。实际上，人与人最大的差距是状态。有了状态就有了方法，有了状态就想做事，就有可能成功。

复旦大学曾有一位研究生跳楼自杀，他曾是某省的文科高考状元，应当说学习成绩是出类拔萃的，可又怎么样呢？父母白养了他，对社会也没有贡献可言，还不如考不上大学留在身边的子女。一位学者说过，哲学家与普通工人的差距远小于野狗与家犬的差距。哲人与工人的差距是分工造成的。一个单位里同工种的人的差距是状态造成的。有些人聪明，但他无所事事，怨天尤人，他就无所成。所以说，最重要的是状态，是精神状态。凡有助于精神状态培养的，就要去做；凡无助的，就要少做或不做。

把童年还给孩子

大家经常感慨：现在的孩子没有童年、没有快乐，只要进了学校就没有好日子。在进幼儿园前，父母们怀着许多梦想，让孩子弹琴、画画、唱歌、跳舞……一进学校，进了考试圈，很多父母就退出先前的游戏。当然，学习也不是为了给孩子快乐，而是寄托了父母自己的许多梦想。逐渐地，现实让他们梦破，到了初中，那些美丽的幻想中的爱好便被赶尽杀绝，剩下的是“苦”。正如孩子们所说：“起得最早的是我，睡得最晚的是我，最苦的是我，最累的是我，是我，是我，还是我。”是的，每天早晨天没亮就匆匆赶在路上的是孩子，每天夜晚熄灯最晚的还是孩子。现在的孩子真比农民还苦啊！他们没有享受到应有的幸福！

幸福是一种体验，享受着教育的幸福，这是教育的一种境界。追问孩子幸福吗？答案是不。可孔子《论语·学而》首篇就说：学而时习之，不亦说乎！学习应当是快乐的呀。为什么不能让孩子在游戏、活动、玩耍中学习呢？为什么关在书房才叫学习呢？我们的父母要重视孩子的心理快乐指数，别让范进重现！

无限相信孩子的发展潜力

新教育实验有一个重要的理念：无限相信教师与学生的潜力。人的潜力是巨大的，上帝让每个人来到这个世界上的时候，都赋予他一个成功的机遇、成功的可能，每个人都应该而且可能做得最优秀，做得最卓越。世不弃人，只有自弃之人；世无完人，应该发现自己。所以，教育最重要的事情就是要相信孩子，相信他们每一个人都能够书写自己的精彩；就是要发现孩子，发现他们的潜能和个性，让他们真正地成为自己。

我们曾经看过中国残疾人艺术团表演的舞蹈《千手观音》，假如不知道她们的背景的话，很难相信这些人都是聋人。她们听不到音乐，只能用心去感受，这让我们正常的人去做恐怕也不是件容易的事情。

我曾经到苏州一所爱心学校，他们所有的教育对象差不多都是脑瘫儿，其中也有一些是智障人，智商较低。目前，我们的教育还没有好的办法让他们成为正常的儿童。但是，我注意到，有的父母就不信这个邪，他们一直在努力，逐步地让自己的孩子变成一个正常人。广西有一位母亲通过努力把自己的脑瘫儿变成了正常的孩子，现在这个孩子就在普通学校读书。这位母亲为了帮助更多的智障人，就办了一所培智学校。尽管办得很艰难，面临着破产，几乎把自己所有的家产都搭进去了，但她还是坚持着。更早些时候，我在《南方周末》看到了北京的一位脑瘫儿母亲的故事。她的孩子已经十九岁了，十九年来，母亲每年都要写一大本观察日记，孩子进学校后，她每年都有一个与老师的交流本。慢慢地她让孩子学会了弹钢琴，学会了与人交往，医学宣布不可能的事情都在这位母亲的身上变成了可能。中国人民大学的荣晓明教授用自己的父爱，把一个脑瘫儿送到了美国的著名大学。这样的名字还有许多，周婷、舟舟、易巍……

每一个孩子都是天使。所以我对许多父母和老师说，你一定要相信孩子的潜力，你给他一个舞台，他就能给你一个精彩；你给他一点空间，他就能为你创造无数辉煌。我有一个学生叫苏静，20 岁出头就因为班级所有的孩子都能够写诗而出名了。如果我们不听苏静老师的课，你很难相信一个刚刚教了两年书的老师，她的班上所有的孩子都能写诗。事实上每一个孩子都能够写诗，只不过你不是苏静，你没有苏静那样的信念——每个孩子本质上就是诗人。苏静不仅在自己的学校和班级做到了，在全国许多学校，她都进行过这样的尝试。因此，千万不要对自己说不可能，凡事皆有可能；也千万不要对孩子说“不”，人人都可能成功。

不仅对孩子，对老师也是如此。很多校长见到我说，我们的老师基础太差，素质太差。我说，你千万不要有这样的想法。事实上，老师基础再差，都是可以成长的。我们新教育实验中就有许多关于老师成长的故事。例如，有个快要退休的普通农村女教师，她的学校参加了新教育实验。校长要求老师们读书、写日记。考虑到种种因素，学校对 45 岁以上的教师不提要求。但这位女老师看到年轻教师都在读书、写日记，她不甘心，于是也开始读书，开始写心得，还开始学电脑。她在《51 岁的我》中说，参加新教育实验以后才感受到教师的意义，才知道了什么是教育。她说“我教了一辈子的书都不知道什么是教育，现在我才大约知道了什么是教育”；“我教了一辈子的书都没有找到青春的感觉，现在似乎才有了青春的活力”。2003 年，她被评为“教育在线”网站的“青春偶像”。教师如此，父母也是如此。许多父母为了教育孩子，自己也成了专家。聋哑女孩周婷婷成长为美国著名大学的高才生，正是其父周弘赏识教育的杰作。在一定意义上可以说，是女儿周婷婷成就了父亲周弘。

其实，最好的教育是不教之教，是帮助每一个人认识他自己，成为他自己。在人生的旅途中，最后成就人生的人只能是自己，因为只有自己才是命运的主人。历史上有许多差不多被别人判为“死刑”的人物，如爱迪生、张海迪、乙武洋匡等，他们都没有屈服命运的虚假安排，把曲折作为上苍对于自己的磨难与考验，相信自己同样能够做出精彩的业绩，写出辉煌的人生。他们做到了。乙武洋匡说，“决不服输，因为无手无脚”，就是他们的精神写照。

让孩子有一样属于自己的东西

父母在培养儿童智力的同时，切不可忽视非智力因素的培养，应该使年轻一代具有远大的目标、广泛的兴趣、热烈的情感、坚强的意志、独立的个性。

人最幸福的事是让他喜欢一件事情，哪怕是种花、养小动物，使业余时间和精力有所寄托。每个孩子在家庭中、学校中都应有个兴趣爱好。现在有种观点认为分数高的孩子就好，其他孩子都是失败者。其实，现在孩子学的东西太难了，有的是一辈子都用不上的知识，有什么价值？教育应该让孩子有一样自己喜欢的东西，那么即使他考不上大学，也会有健康幸福的人生。每个孩子都应有幸福的理由，不同的孩子有不同的特点。很多优秀人才并没有接受过正规大学的教育，但他们在成长过程中，学到的诸如善良、勤勉远远超过读大学的收获。每个孩子都可以有不同的成长道路，让他喜欢一件事，会影响孩子一生的生活质量。一个人的精神生活是否快乐，往往取决于他是否真正地热爱某一件事。

让读书成为孩子的生活方式

读书，是孩子们净化灵魂、升华人格的一个非常重要的途径。对于孩子的成长而言，主要任务就是读书。但现在学生除了读教科书之外恰恰很少读书。凡是读书多的孩子，一般来说，其视野必然开阔，其精神必然充实，其志向必然高远，其追求必然执着。

孩子的早期阅读对于他们的成长具有特别的意义。因为人的精神饥饿感形成的关键期是在青少年时代。经过大量阅读的孩子，每天都会阅读，以满足精神的需要、精神的饥饿感。没有这样阅读训练的孩子就没有精神需要，就不会形成精神的饥饿感。你让他读书他也不会读。所以，我们许多人现在每天不读书，就感到精神饿得慌。高尔基就有类似的感受，他说一个读书的人看到书就像一个饥饿的人扑在面包上，那就是精神的饥饿感。虽然他没有读过正规的大学，但是他在《我的大学》里面就是把阅读作为他的大学，就像一个饥饿的人看到面包一样。精神饥饿感对人的精神成长是很重要的。这也是我们作为知识分子，能够不断地去阅读、不断地去充实自己的一个很重要的精神来源。在基础教育阶段，在孩子人生的起始阶段，阅读是非常重要的。

新教育实验主张儿童适当远离电视，因为儿童在成长的最关键时期如果养成了对电视和网络的依赖症，将是很危险的。只有当孩子对书的兴趣远远大于对电视和网络的兴趣的时候，只有当孩子对书产生依赖的时候，才能对网络、电视有一种自然的远离的体验。他觉得书中的世界比那些要精彩得多，从书中得到的快乐比别的地方得到的快乐多。我们都希望培养出这样的孩子。

宁静才能致远。读书的人生活不一定富裕，但他可能是精神富翁。真正的好书，特别是经过大浪淘沙淘下来的最伟大的好书，是值得尽早进入孩子们的心灵的。但是，最好的书不一定适合某个阶段的儿童，每一本好书都有它相对特定的、最适合的阅读时机和阅读对象。我觉得选择好阅读时机和阅读对象同样很重要，同时开展丰富多彩的阅读活动也很重要。因为，孩子要读书当然不像看电视、玩电脑，不像做其他的游戏那么轻松，这毕竟是一个智慧挑战的过程，因此怎样开展各种各样丰富多彩的活动就很重要。

新教育实验特别关注父母与孩子的“共读”。亲子共读，是父母与孩子一起成长的重要途径。克里希那穆提曾经说过，许多父母由于全神贯注于他们自己的问题中，“于是把使孩子幸福的责任推给教师”。的确，许多父母因为生存的压力、工作的压力、住房的压力，把所有的精力都放在了为生计奔波上，他们对“家”的理解，已经仅仅是宽敞一点的房子和宽裕一点的经济，而把教育子女的任务大部分推卸出去，交给了学校，甚至听任孩子在社会上、在网吧里不知不觉地接受一种现世的低俗文化和道德教育。而那些重视对孩子进行教育的父母，也仅仅把教育视为提高学业成绩，或者以参加兴趣班、艺体班来提高用来相互竞争的“综合素质”，并没有多少家庭在进行真正的全人的教育。

最好的家庭教育，应该从“亲子共读”开始，从父母与孩子的分享开始，从父母与孩子的共同活动开始。据调查，能够经常和孩子一起读书的家庭，即使在北京这样文化教育最发达的城市，其比例也不足20%。没有父母与孩子的亲子共读，孩子就处于一种人生的盲目之中，他们敏感的小心灵就非常容易被另外的不良的声音所捕获。

台湾地区的家长们普遍地知道：“浇花要浇根，教人要教心，从小培养儿童注意周遭的人和事物，要有所感觉、感触、感动或感恩，这是教育的真正本质。阅读对于儿童来说是他生活的一部分，因为阅读使他对事物的看法更精确，使他对生活事件更敏锐，使他对人与自然产生感情，从而对人生秉持有意义和有价值的操持。因此，‘读好书’比‘读多书’更重要，‘如何读’比‘大量读’更重要，‘读适合的书’比‘读好书’更重要，每一个学习的关键期要有其适合引导的图书可阅读。”因此，在一定意义上可以说，父母与老师的任务就是选择和导读，而且和孩子们一起来共读，就像哲学大师卡缪说：

请不要走在我的前面，因为我不喜欢去跟随；
请不要走在我的后面，因为我不爱充领导；
我只期望请你与我同行。

越来越多的事实证明，亲子共读是一个孩子的智力和人格获得充分发展的必要保证。国外的许多研究也可以看出，有早期亲子共读经验的家庭，儿童的发展与终身成就远远超过没有早期阅读经验的家庭。这样的故事，在《朗读手册》中可以随时看到。亲子共读，从科学上来说，就是用最温暖的方法，用最不着痕迹的方法，让孩子掌握"阅读"这种人生最重要的学习武器。而且，因为学会了阅读，他会爱上阅读；因为爱上了阅读，他会在今后的学习上持久地领先，在一生的学习、工作中取得成功。

而比这个更重要的是，通过亲子共读，通过父母亲的口向孩子传递那些最重要的语言密码，父母与孩子就真正成为一家人，而不仅仅是生活在同一个房间里的陌生人。

事实上，这样的陌生人家庭在今天的中国大地上已经非常普遍，在这样的家庭里，父母们操着另外一套语言，讨论他们的工资，讨论他们同事的是非、股市的涨落，而孩子们则迷恋他们的"还珠格格"和"五阿哥"，再大一点，则用的是网络上令成年人陌生、惊讶和恐慌的符号和"火星文"。他们完全生活在两个不同的世界里。

这样的家庭发展到了极致，就会出现危机。几年前，广东瑶台一位16岁的少年残忍地杀害了自己的母亲，砍伤了自己的父亲。我们无须再去追究这种频频发生的家庭悲剧后面的细微原因，作为一个时代的社会现象，我们不得不认识到，父母与孩子因为不存在共同的语言，没有相互沟通的心灵密码，已经成为一个时代的危机。

我们一直认为，与孩子一起成长，是家庭教育最重要的理念。克里希那穆提说："正确地教育我们自己，非常重要。关切我们自己的再教育，远比为了孩子的未来幸福和安全焦虑来得更迫切。"[①] 而恢复亲子共读传统，在家庭中实现共读共写共同生活，是实现每一个家庭的幸福生活的可靠途

---

① ［印］克里希那穆提：《一生的学习》，张南星译，116页，北京，群言出版社，2004。

径。我们应该提倡从“亲子共读”开始，从每一个家庭开始，来真正实现一个民族复兴的希望，一个拥有共同价值和理想的未来社会的希望。亲子共读的父母们本身又需要我们教师——教育的专业人士——去加以引导。学校应该成为社区的文化中心，学校应该领导父母亲一起来实现对青少年的教育。

让日记伴随孩子成长

写日记是个好习惯。通过写日记，可以让孩子对自己的学习、生活进行总结和深入思考；可以锻炼他们观察生活的能力和驾驭语言的能力，提高他们的写作水平；可以让子女倾诉自己的情感，调节自己的情绪；可以培养他独立的个性和独立处理事情的能力；可以锻炼他的意志，开阔他的心胸，净化他的心灵。不仅孩子写、老师写，父母也可以写，这方面成功的例子很多。有的甚至彻底改变了一个孩子、一位父母、一所学校的状态。因为要想写得精彩，就必须活得精彩，做得精彩。

在让日记伴随孩子成长方面，我有切身的体会。和所有“望子成龙”的家长一样，我们也无时不为孩子成长过程中的点滴成绩而喜悦、骄傲；无时不为孩子成长过程中的小过失而烦恼、焦急。孩子成了家庭的晴雨表，我们与孩子真可谓同甘共苦、休戚与共。

与其他家长稍有不同的是，我们试图把更多的理性自觉渗透到孩子的成长过程中。我们想让孩子有一个属于自己的童年，不要过早地卷入成人的世界，过早地感受外部的压力。在我们的理性活动中，我始终对日记有一种特殊的感情。如前所述，我一直认为日记对孩子的成长至少有四方面的意义：

可以培养孩子的写作能力，可以培养孩子的良好行为习惯和意志力，可以让孩子练就一手好字，可以培养孩子自我教育的能力。

基于这样的认识，从小学一年级起，我和我的爱人就开始让儿子朱墨写日记，尽管开始只是用拼音，但只有两三行字的“日记”也着实让我们兴奋不已，我们知道，这是他自己记录人生的开端。

和许多贪玩的孩子一样，他也不太喜欢接受每天写日记的束缚。从四年级起，随着作业的增多，他就不断与我们“讨价还价”，并且写下了一些“埋怨”甚至“诅咒”的日记。但我们坚守阵地，软硬兼施，尤其是我爱人毫不退却，总算让他坚持了下来。

与对日记的态度相反，朱墨对于读书却是情有独钟。差不多在写日记的同时，他就与书结下了不解之缘。《上下五千年》《三国演义》《西游记》《格林童话》《莎士比亚戏剧故事集》等中外名著，成为陪伴他的最好的朋友，多少慰藉了现代儿童的孤独的心灵。他能给我们生动地讲述许多书中的故事，尤其是中国历史故事。读书对于丰富他的生活、提高他的写作水平起到了潜移默化的作用。我们惊喜地发现，儿子的日记内容越来越丰富，越来越富有童趣，观察越来越细致，文字越来越优美。读书与日记成为相得益彰的两项活动。

我们及时从中选择了一些写得较好的日记向有关报刊投稿，结果大多发表或获奖了。这无疑极大地激发了儿子写日记的兴趣和热情。后来，朱墨先后出版了《老虎拉车我来坐》《我和老爸是哥们》《背起行囊走天下》《一个人的朝圣》《梦之队》等许多个人著作，应该说与写日记的习惯是有关系的。

所以，我们希望父母和学校老师更多地关心日记教育，使孩子真正成为自我教育的主体。

一个普遍的事实是，正因为父母觉得自己不是天才，所以特别期望自己的孩子是天才。只要父母与孩子一起成长，尽管我们不是天才，但我们完全可以成为天才的父母。

第十四章　新教育的管理法则

新教育实验的理念和行动已经被越来越多的学校所认同，越来越多的学校加盟了新教育实验。

应该看到，参加新教育实验的学校最初是怀有不同的动机、想法的，在实验的过程中也有不同的做法，有赶时髦的，有半途而废的，有坚守的，有创造的。

新教育实验是民间的改革，没有任何行政的权力。它依靠的是共同的理想和追求，是“尺码相同”的情感和信念。但既然参加了新教育的共同体，就要遵守和服从共同体的游戏规则。所以，新教育共同体的游戏规则如何制定，如何让新教育不断走向卓越，是一个重要的课题。

新教育管理的铁律：“底线＋榜样”

“底线＋榜样”是新教育实验的管理铁律。

所谓底线，就是最基本的要求。如在全校或者所有部门中推广阅读、写作等项目或者举措时，必须规定一个大家都可以接受的“底线”。这个底线要定得足够低，低到老师或者学生们认为这太容易、太简单，甚至不做到它都说不过去。而管理的秘诀正在于，它总是表扬从这个底线中涌现出来的优秀者。

这些优秀者，这些最大程度超越底线的人，就是新教育实验所说的“榜样”。用榜样激励新的榜样，以故事引发新的故事，让细节推动新的细节。用榜样的精致引来更多精致，用榜样的精彩引来更多精彩，用榜样的专注引来更多专注，新教育就会像滚雪球一样不断发展。

“一朵具体的花，远胜过一千种真理。”榜样的力量是无穷的。我曾经在一次新教育实验区的工作会议上说过，新教育不是靠它的概念写进历史，也不完全是靠它的理论写进历史，而是靠它的榜样写进历史，靠它的故事写进历史。新教育的发展，在一定意义上不取决于研究中心出多少学术成果，而取决于新教育能够出现多少榜样，其中走得最快的榜样能达到怎样的高度。榜样的高度，代表了新教育在实践领域的高度，因为榜样是相对而言比较完美地实践研究成果的人或团队。其实，榜样的高度不仅代表着新教育在实践领域的高度，同样也代表着我们在理论上的高度，因为选择怎样的榜样去言说，本身反映了我们的理论水平和学术视野。

一个好的老师在他自己的成长历程中都有自己的榜样——像孔子那样做老师，像雷夫那样做老师，像克拉克那样做老师……这样，我们自己才能不断地前行。如果这些老师就在我们的身边，他的影响力会更大。

四川师范大学附小的一位老师，在听了新教育的榜样教师常丽华的故事以后写了一段话，很让我感动。她说：我本来以为做小学老师还能怎样？听了常丽华老师的故事以后，我知道自己可以有另外一种活法，可以找到自己人生的方向，可以发现自己存在的意义和价值。一名小学老师的生命同样可以很伟大，同样可以很骄傲，同样可以写出自己的尊严，同样可以写进中国教育的历史。我觉得，这就是新教育榜样教师的力量。这个力量，可能比他在大学四年学的知识还要强大。

无论是实验区的行政推动，还是实验学校校长的领导推进，甚至是一个实验老师在班级的新教育实验，都必须建立自己的“底线”。这个底线必须非常清晰明了，必须所有的人都能做到，必须便于操作和检查。如新教育小学在推进晨诵项目时制定的底线是：利用学校项目组提供的晨诵资源，至少每一个星期进行一次晨诵，晨诵之后，至少在相关专帖上写一句，写明何时何班学了哪首诗。当然，最好将其中的具体过程和感受记录下来，但这些都不做强求。能够记录这些过程和感受的，后来自然就成了“榜样”。

教育局、学校、教研室应该为榜样教师提供强大的行政资源支持（例如资金、时间、活动场所、课程安排以及培训机会等）；

教研室为榜样教师提供强大的学术支持尤其是学术资源的支持，包括搜集整理相关实验资源，对实验进行指导并协助攻关等；

榜样教师在两方面的支持下开展实验，并将经验和教训随时反馈给教研室，方便教研室汇总各种资料并做出学术判断；

教研室和榜样教师的卓越工作（例如形成若干便于推广的榜样课程并积累成熟的资源包），又为教育局制订实验方案和工作计划提供参考。

事实上，在河南焦作、山西绛县和石家庄的桥西区，我们都已经看到了这样的培养榜样、让榜样言说的做法。甚至在这些地方，让榜样担任更加重要的职位，到校长、所长、局长的岗位上发挥更大的引领作用，已经激励着更多的普通老师在坚持底线的同时，超越底线，成为榜样。

新教育：从优秀到卓越

吉姆·柯林斯写的《从优秀到卓越》对于新教育实验的管理非常有借鉴意义。

柯林斯和他的研究团队，针对“那些业绩平平的公司，如何才能实现从优秀到卓越的跨越”的问题，用长达 5 年的时间进行了一项规模巨大的研究。他们阅读了近 6000 篇文章，记录了 2000 多页的访问内容，创建了 3.84 亿字节的电脑数据，对 1965 年以来《财富》杂志历年 500 强排名中的 1400 多家公司进行了深入研究。

研究结果令人震惊——只有 11 家公司实现了从优秀业绩到卓越业绩的跨越，包括雅培、吉列、金百利·克拉克、富国银行、菲利普·莫里斯等公司，它们在 15 年的时间里，平均累积股票收益是大盘股指的 6.9 倍（而像 GE 这样举世闻名的大公司也只有 2.8 倍），也就是说，如果你在 1965 年向这些公司中的一家共同基金投资 1 美元，到 2000 年，这只股票的收益将增长 471 倍，而市场上一般的股票基金只增长 56 倍。

这些实现跨越的公司为什么会比那些公司中的巨星，如英特尔、可口可乐等企业表现得更优异？柯林斯将这 11 家公司与那些实现跨越但并不能持久的公司和未能实现跨越的公司进行了对照研究，分析了实现这一跨越的内在机制，提出了“卓越组织长盛不衰的规律”。他认为，就像工程学的实践在不断演化、改变，而物理学原理却相对不变一样，卓越企业也有它永恒的物理学。

这个物理学其实就是训练有素的人、思想和行为，具体来说，就是第5级经理人、先人后事、直面残酷的现实、刺猬理念、训练有素的文化和技术加速器。

那么，卓越的教育、卓越的学校有没有自己“永恒的物理学”呢？新教育如何实现从优秀到卓越的发展呢？柯林斯的思考，能够给新教育人带来怎样的启示呢？

（一）优秀是卓越的大敌

优秀是卓越的最大敌人。柯林斯说：我们没有卓越的学校，主要是我们有优秀的学校。我们没有卓越的政府，大抵是因为我们有优秀的政府。很少有人能过上美满的生活，基本原因是过上好生活很容易。绝大多数公司始终未能成为卓越的公司，是因为它们绝大多数都是优秀的公司。

为什么说优秀是卓越的敌人？柯林斯指出，那些发起革命、推行激动人心的变革和实行翻天覆地重组的公司，几乎都注定不能完成从优秀到卓越的飞跃。“无论最终的结局有多么激动人心，从优秀到卓越的转变从来都不是一蹴而就的。”在这个过程中，根本没有也不可能依靠一次决定性的行动、一个伟大的计划和一劳永逸的创新。相反，这个转变的过程就好像无休无止地推着巨轮朝一个方向前进，轮子不停转动，累积的动能愈来愈大，终于在转折点有所突破，一跃而过。

究竟什么是卓越？柯林斯专门用一章讨论卓越的定义，对在没有商业目标的情况下成功的标准进行了分析。他指出，商业组织是看投入1块钱能够赚回多少，而社会机构的问题是：对于投入的资源来说，“我们是否出色地完成了自己担负的使命，产生了足够的影响？”

这些影响主要表现在三个方面，一是“杰出的成就”，反映在组织能否完成自己的社会使命，工作的成果是否明显，效率是否高。新教育人也应该思考，我们能够做得更好吗？我们对实验学校的服务到位了吗？

二是“独特的影响”，即能否为自己所服务的人群带来独特的贡献，地球上其他组织不能轻易替代自己的角色。新教育人的独特性和不可替代性表现在什么地方？

三是“历久弥新的活力”，即能够在相当长的时间内保持卓越表现，不受特定机遇、环境或者计划的限制，在遇到挫折的时候能够迅速应对，并且变得更加强大。

如何确定这些影响？作者提出了一个值得新教育人思考的评价方法。他指出，重要的是我们必须积极寻找各种证据——无论是定量的还是定性的证据——来跟踪自己的事业进展。“假如这些证据主要是定性的，那你就要像辩护律师那样，寻求各方面证明的契合；假如这些证据主要是定量的，那你就要向实验室的科学家学习，对数据进行认真收集和处理。”

我认为，之所以说优秀会成为卓越的敌人，不是优秀本身的问题，更不是优秀的错，而是“优秀”的心态会让人们满足，让人们没有危机的意识，让人们习惯地按照传统的方式运转。也正如作者所说，对于卓越的追求是一个动态的过程，永远没有终点，“一旦你以为自己已经非常卓越，那滑向平庸的过程也就开始了”。新教育是否已经“优秀”，也许会有不同的看法。但是，如果我们以“优秀”自居而停滞不前，我们将永远无法到达卓越，这是柯林斯告诉我们的真理。

（二）谦逊而坚韧：“第 5 级经理人”的启示

“第 5 级经理人”是柯林斯提出的一个非常重要的概念。他用一个金字塔形的结构加以说明：

> 第 5 级经理人：将个人的谦逊品质和职业化的坚定意志相结合，建立持续的卓越业绩。
>
> 第 4 级经理人：坚强有力的领导者。全身心投入、执着追求清晰可见、催人奋发的远景，向更高业绩标准努力。
>
> 第 3 级经理人：富有实力的经理人。组织人力和资源，高效地朝既定目标前进。
>
> 第 2 级经理人：乐于奉献的团队成员。为实现集体目标贡献个人才智，与团队成员通力合作。
>
> 第 1 级经理人：能力突出的个人。用自己的智慧、知识、技能和良好的工作作风，做出巨大的贡献。

第5级经理人与其他管理者不同。这些人不事张扬，默默无闻，“都不爱抛头露面，但同时又表现出不惜一切要使公司走向卓越的坚定意志”。第5级经理人与第4级经理人的区别在于，他们最关心的是事业、运动、使命和工作，而不是自己。“他们抛开自我的需要，投身到建立卓越公司的宏伟目标中。他们不是没有自我或自身利益，实际上他们个个都胸怀大志，但是他们的雄心壮志都是将公司的利益放在第一位，而不是首先考虑自己的利益”。

在柯林斯的著作中，他提出了谦逊加意志等于第5级经理人的公式。同时他认为，这些人往往具有双重人格：平和而执着，谦逊而无畏。他用林肯、史密斯、莫克勒等人为例，指出在他们“谦虚、羞涩的个性和笨拙的举止”后面，往往有着钢铁般的坚强的意志力量；在他们温和的外表下往往“隐藏着一种内在的强烈的情感，一种尽可能追求完美的献身精神”。

第5级经理人还有一个重要的特点：他们永远会寻找比自己更优秀的人，并且非常乐于看到别人的成功。他们是一群永远愿意为别人铺上红地毯的人。这些体现了他们具有的一项关键品质：“公司的利益永远是第一位的，公司的成功高于个人的财富和名誉。他们希望看到公司在下一代经理人的领导下取得更大成功。哪怕大多数人都不会知道，没有他们的努力就没有公司今天的成功，他们也甘之如饴。”

相反，在那些没有从优秀成长为卓越的四分之三的对照公司中，柯林斯发现有的经理人为他们的接班人留下了隐患，或选择无能的接班人，或两种情况都有。

柯林斯为什么对谦虚的品质特别看重？我认为他的思想中有中国儒家甚至道家的影响。当然，他的思想是服从于他的研究结论的。因为在他研究的那些毁灭或者持续平庸的公司中，至少有2/3出现过自我意识过于强大的领导。他指出，与对照公司以自我为中心的领导风格相反，实现跨越的公司的领袖从不谈论自己。在采访时，他们常常乐于谈论公司和其他经理所做的贡献，但当被要求谈谈他们自己时，他们经常会说：“我不希望让人觉得我是个重要人物。”或者说：“公司里有很多人比我更能胜任这项工作。”这并不是他们虚伪的谦虚，因为无论是与他们共事的人，还是写文章报道他们的人都不断地使用诸如“安静、谦逊、平和、沉默寡言、羞涩、和蔼、温顺、不爱抛头露面、不惹眼、不自以为是”等词来形容他们。

为了形象地说明第 5 级经理人的谦逊品质，柯林斯用了“窗口与镜子”的模式来表示。他告诉我们，在一切顺利的时候，第 5 级经理人向窗外看，把功劳归于自身以外的因素，如果没有特定的人或者事件，他们就把功劳归于运气。同时，如果事情不顺利，他们就会朝镜子里看，主动承担责任，而不是埋怨运气。

与谦逊同样重要的品质是永不放弃的意志。第 5 级经理人往往会被创造业绩的渴望所驱动和感染，他们是一群为理想而愿意献身的人。只要能够使公司走向卓越，“他们会卖掉厂房或者解雇自己的兄弟”。其实，这又非常类似于中国的儒家文化推崇的外圆内方的个性。

在该书的社会机构版中，柯林斯强调了领导必须“把谦逊的个性与职业献身精神结合起来的能耐”。他认为，非商业机构普遍存在着复杂的内部治理机制和分散的权力结构，因此，在社会事业中，需要更多的真正的领导才能。这里没有商业机构中的等级森严，没有太多的金钱与利益瓜葛，人们有比较充分的选择权利。所以，在社会事业或者像新教育实验这样的公益事业中，真正的领导力意味着在人们有其他自由选择的时候，他们仍然愿意跟你走。

柯林斯把两个看起来似乎矛盾的东西作为卓越领导的品质，这是过去的管理心理学和领导心理学没有深入研究过的。但是，它经过柯林斯的“考古发掘”，成为我们今天的重要财富。新教育人，尤其是我们的管理团队，应该按照这个基本的原则重新塑造我们的管理文化。一方面，我们当然要追求我们的理想，永远不放弃；另一方面，又要保持谦逊的心态，学会在成功时看窗外，在挫折时看镜子。我一直说，我们每一个人都是新教育的过客。我们应该让新教育成为永恒的事业，应该不断寻找比自己更优秀的人加盟我们的团队。当我们老了的时候，看到新教育的事业辉煌时，也能够像一位第 5 级经理人所说的那样，“希望有一天我能站在自家的阳台上，看着世界上最卓越的公司说：我曾经在那儿工作过”。

（三）“永远寻找最优秀的人”

柯林斯的研究小组原来以为，实现跨越的公司会从建立一套新构想、新策略入手，为公司提出一个新的方向、新的愿景和新的战略，然后寻找合适的人才，朝着这个方向前进。但是，在研究的过程中他们发现，这些卓越的公司往往并不是从“确定目的地”开始，而是从“选人”下手的。首先让合适的人上车（不合适的自然请下车），然后才决定往何处去。

之所以这样做，是基于三个重要的原因：第一，如果你是从“选人”而不是“做事”开始的话，就更加容易适应这个变幻莫测的世界。如果优秀的人在一起，改变方向就非常容易。

第二，如果你有合适的人在车上的话，那么如何激励和管理他们就不再是问题。“合适的人是不需要严加管理或勉励的；他们会因为内在的驱动而自我调整，以期取得最大的成功，并成为创造卓越业绩的一部分。”

第三，如果车上坐的是不合适的人，不论你是否找到正确的方向都无关紧要，因为你还是不能拥有卓越的公司。“光有远见卓识，而没有了不起的人，那也无济于事。”柯林斯通过对于富国银行和联邦国民抵押协会的案例分析，得出了上述结论。他引用了马克斯韦尔的一段话：“我不知道将会把公司带到何方，但我知道只要以合适的人才为起点，通过问他们一些正确的问题和让他们进行热烈的讨论，我们完全可以找到一条令公司繁荣昌盛的道路。”

柯林斯特别强调了人才的群体作用。他认为，公司不应该成为某个奇才的个人舞台。“1 个天才与 1000 个助手”的管理方式，往往不能使公司可持续发展。把公司的发展完全寄托在一个人身上，风险太大。

关于报酬的问题，柯林斯认为：重要的是给何人付酬，而不是如何支付。报酬的高低不是公司卓越与否的关键。非常有意思的是，他们的研究发现，“实现跨越的公司主管所获得的报酬在总数上竟略低于那些仍处于中等水平的对照公司”。

为什么这么说呢？柯林斯指出，这只不过是“先人后事”原则的一个具体体现：排在第一位的不是你支付报酬的多少，而是你将支付给何人。如果你有合适的雇员在车上，在他们力所能及的范围内，“他们会为创建一个伟大的公司而竭尽全力，不是因为这样做会有什么好处，而是因为他们根本无法想象除此之外他们还能做什么”。他们的本能要求他们能够建功立业，成就一番事业。他们不会因为报酬问题而向你折腰，正如他们的呼吸不受你控制一样。实现跨越的公司明白这样一个简单的道理，合适的雇员不会计较报酬的多少，只要认定是对的，他们就会全力以赴。

柯林斯对于人的道德品质非常重视。他发现，在挑选合适人才的问题上，那些卓越的公司往往看重的是道德品质的好坏，而不是学历背景、知识技能。因为这些公司知道，知识和技能是可以教会的，而“诸如性格、职业道德、基本智商、完成任务的决心以及其他的价值观，或多或少是天生的”。

在选择人才的问题上，柯林斯发现，这些卓越的公司崇尚的是“严格，但不冷酷无情”的文化。为此，他总结出了三条非常实用的用人原则。原则一：若无法确定，则宁缺毋滥，保持观望态度。那些真正实现卓越的公司，尤其是他们的最终飞跃，靠的并不是市场，不是技术，不是产品，而是“招聘并留住好的员工”。如电器城的圣诞节标语竟然不是推销商品的广告，而是“永远寻找最优秀的人”！而布鲁卡特在讲述公司从中等到杰出的伟大转变的五个关键因素时则说：“第一是人才，第二是人才，第三是人才，第四是人才，第五还是人才。”电器城与竞争对手的不同在于：对手的目标是尽快地发展，而他们的首要目标是“建立一支业界最好的职业管理队伍”。

原则二：一旦发觉换人之举势在必行，就当机立断。柯林斯指出：如果你发觉某人非要严加看管不可，那你一定是用错人了。因为好的部下是不需要管理的。虽说指导、教导以及领导都是必要的，但严格的看管却是万万行不通的。他认为，实现跨越的公司不会追求这样一个领导模式：“先普遍撒网，后重点培养。”而是走这样的一条路线：“我们会事先花上大力气进行严格的人员挑选。一旦找对了人，就会想方设法把他们留在自己身边。如果不合适了，我们也会诚实地去面对，这样我们可以继续我们的工作，他们也可以继续他们的生活。”

柯林斯提出，让不合适的人留在公司，既是对其他人的不公平，也是对当事人的不公平。对于其他人来说，他们会发现：“自己做牛做马，原来是在为差劲的同事背黑锅。”而对于他们自己来说，“要知道让那些你明明知道不会有结果的人多待上一分钟，就无疑是在践踏他们宝贵的生命”。

那么，怎么判断这个人是否合适？柯林斯提出了两个办法：一是问自己：如果只是雇佣的关系，你还会雇佣他吗？二是有一天他来告诉你：他即将离开公司，你是大为失望还是相当释怀？

实用原则之三：将杰出人才用于抓住天赐良机，以图发展，而不是解决你的最大难题。柯林斯发现，实现跨越的公司具有这样的习惯：把人才用于有最佳发展机会的事业上，而不是用于解决各种麻烦。而对照公司的行事风格恰恰相反，他们并没有认识到这样一个事实：解决现成的问题，只会使公司变好，而只有抓住机遇图发展，才能使公司卓越。

柯林斯提出，坚持先人后事的原则，是拥有卓越公司和美好生活的关键。因为无论我们取得多大的成就，如果我们大部分时间不能与自己热爱和尊敬的人在一起工作、生活，人生的快乐就会少许多。其实，我们喜欢工作，有时候更因为喜欢一起工作的人。

在《从优秀到卓越》的社会机构版中，柯林斯提出，人才的问题在商业机构比较容易解决，因为毕竟还有金钱的作用。但是在社会事业的组织中，由于不能提供特别高的待遇，甚至那些志愿者还是无偿服务，选人的问题就更加重要也更加困难。但是，社会事业有自己独特的优势：追求生命的意义。

社会事业的这些使命有着激励人们的热情与投入的魅力。他通过解剖温迪·科普创办“为美国而教”的案例，提出了社会组织选拔人才的三个方面要点。其中特别强调选拔过程要严格。他认为，越是严格，就越有吸引力。待遇有时候并不像想象的那么重要。

柯林斯关于先人后事的论述是全书最精彩的内容。他非常推崇帕卡德法则：任何公司，其收益的增长始终无法快于它为实现此增长和维持卓越而去吸引足够人才的能力的增长。的确，如果有人问我：对于新教育来说，最重要的几项任务是什么？我也会说：“第一是人才，第二是人才，第三是人才，第四是人才，第五还是人才。”新教育事业能够发展到今天，是新教育共同体成员共同创造与努力的结果，与最初一起创业的骨干团队的奋斗更是分不开的。这是一群拥有理想和激情的年轻人，是一群富有牺牲精神的年轻人。我一直为他们而自豪和感动。但是，总的来说，新教育的“英雄主义”色彩还比较明显，真正的团队文化还没有形成。因此，还没有真正地进入稳定发展时期，或者更尖锐地说，还没有真正摆脱危险期。任何陶醉和满足，都可能使新教育寸步难行。

在新教育发展进入高原平台以后，在参加的学校和个人激情退却之后，在新教育面临新的挑战和机遇的时候，我们如何整合人力资源，如何打造新教育的优秀团队，就更显得迫在眉睫。因此，我们首要的任务，就是吸引最优秀的人才进入我们的团队，让那些最优秀的人上车。这就需要我们的核心团队具有敏锐的眼光和开阔的胸怀，发现那些比自己更优秀的人才加盟我们的队伍，为他们铺上红色的地毯，甘于为他们做人梯，乐于为他们的成功喝彩。

（四）做一个把复杂问题简单化的“刺猬”

柯林斯从赛亚·伯林的《刺猬与狐狸》一文中受到许多启发。这是一个古希腊的寓言：狐狸知道许多事情，而刺猬就知道一件大事。狐狸行动敏捷、力量强大、阴险狡猾，刺猬却行动迟缓、思维简单。刺猬在狐狸各种进攻面前总是采取同样的对策，但是总能够战胜狐狸。原因就在于刺猬的深刻和简单。狐狸往往同时追求许多目标，把世界作为一个复杂的整体来看待；而刺猬则把复杂的世界简单化——缩小成为一个四周带尖刺的圆球。其实，刺猬比狐狸要聪明，因为它懂得“深刻思想的本质是简单”。

不是吗？马克思的阶级斗争，爱因斯坦的相对论，亚当·斯密的劳动分工学说，弗洛伊德的潜意识论，不都是那么简单而深刻吗？

柯林斯发现，实现跨越的公司与对照公司的本质区别，表现在两个基本方面：第一，实现跨越的公司把战略建立在对热情、能力、动力三个主要方面的深刻理解上——就是柯林斯所称的三环；第二，实现跨越的公司把它们的理解转化为一个简单明确的理念来指导所有工作——就是“刺猬理念”。那些没有跨越的公司，他们的思想往往是分散的、不集中的、不连贯的。

刺猬理念是一个简单、明确的概念，它来自对以下方面的深刻思考和理解。那些卓越的公司，会经常问自己这样的问题：

1. 你能够在什么方面成为世界上最优秀的。同样重要的是，你不能在什么方面成为世界上最优秀的。这个富有洞察力的标准远远超越了核心竞争力。仅仅拥有一项核心竞争力，绝不意味着你能成为世界上最好的。相反，你能做到最好的，可能不是你现在从事的行业。

2. 是什么驱动你的经济引擎。所有实现跨越的公司都拥有穿透性的洞察力，对如何最有效地创造持久、充足的现金流和利润率了如指掌。它们特别注意到一个标准——每“X”所获利润——对它们的经济产生的最大影响（在社会部门是每“X”的现金流量）。

3. 你对什么充满热情。实现跨越的公司对引发它们热情的活动全力以赴。这里的问题不是刺激热情，而是发现什么使你热情洋溢。柯林斯把上述三个问题用三个交叉的环来表示。他指出，为了得到一个发展成熟的刺猬理念，我们需要全部的三环——工作的天赋、工作的动力和工作的热情。他说："如果你从事你永远不能实现卓越的工作而赚了很多钱，你将只能建立一个成功的公司，而不是卓越的公司。如果你成为某方面的权威，而你对它没有真正的热情，你就不会一直处于领先地位。最后，即使你对想要的充满激情，但是如果你不能实现最好的或者它不能创造经济效益，虽然你会享受到很多乐趣，但是你不能创造辉煌的成就。"

刺猬理念告诉我们，一个要成为最优秀的目标、一种要成为最优秀的策略、一种要成为最优秀的意图或者一个要成为最优秀的计划，这些虽然重要，但是更重要的是对你能够在哪方面成为最优秀的理解。只有这样的认识，才能使我们"决心完全专注于我们能够超过别人的几件事上，而不是分散精力去做我们不擅长的，以满足我们的虚荣心"。

其实，新教育实验也应该思考这样的问题，我们值得做的是什么？我们能够超越别人的核心竞争力是什么？我们具有什么"不可替代"的品质和能力？

同时，刺猬理念告诉我们，在具有专注的品质的同时，应该有一套关于卓越的严格标准。新教育人同样应该明白，我们的实验"在哪方面真正有潜能成为最优秀的"，然后持之以恒地去做。

当然，在明确了自己应该做什么，并且坚持去做的同时，"激情"是一个非常重要的关键词。柯林斯提出，在所有实现跨越的公司里，"激情变成了刺猬理念的一个关键部分"。如果我们不能创造激情，也就不能刺激人们感觉激情。"激情"同样是我们新教育人的关键词。在我们新教育的词典中，理想与激情从来就是最重要的主题。

在《从优秀到卓越》社会机构版中，柯林斯更加进一步明确了许多重要的思想。首先，他对于"刺猬理念"的核心阐述得更加清晰。他说：刺猬理念的含义就是，一个组织应该清楚自己的长远目标，知道最好的实现方法，并且坚定不移地对那些不符合既定目标的机会说"不，谢谢"。也就是说，新教育应该更加专注，有所为，有所不为，才能真正实现自己的长远目标。

其次，柯林斯提出，许多社会事业的组织对于"经济引擎"的概念不以为然，似乎社会事业就是不与金钱沾边。他认为，这样的态度是非常"令人不解"的。因为对于这些组织来说，"赚钱当然不是目的，不过要想完成自己的使命，仍然不能离开经济上的支持"。当然，他主张在社会机构中可以把“经济引擎”修改成为“资源引擎”，因为在社会事业中，我们不仅需要资金来付账单，而且需要其他的资源，如“时间投入、情感投入、帮助、热心和虔诚等”。

最后，柯林斯对于社会事业的三个重要资源进行了分析。他提出，时间、金钱和品牌是社会事业最重要的主题。时间，意味着我们能否在没有报酬或者报酬低于商业机构的条件下，吸引那些愿意参与的人，贡献他们的力量（找对人）。

金钱，意味着我们通过什么方式能够保证社会机构正常运转。柯林斯小组研究了 44 个不同领域的非商业组织的经济结构，结果发现有非常大的差异。他用一个 2×2 的矩形图来表示，其中一个坐标代表慈善捐助和私人捐助，另外一个坐标代表商业活动的收入。不同的社会事业机构运用不同的方式，可以有四种典型。不管什么样的方式，其基础还是增加了“刺猬理念”的重要性，也要求社会事业机构比商业机构的眼光更长远、更有见地、更加清晰。也就是说，我们更加应该思考这样的问题：“我们在哪些方面能做得最好？这对我们的资源引擎的类型意味着什么？”

关于品牌，不能不说到柯林斯提出的“飞轮”效应。他认为，从优秀公司向卓越公司的转变是一个累积的、循序渐进的过程，绝对不是一蹴而就的。卓越的公司不是靠一次决定性的行动、一个伟大的计划、一个关键的发明创造或者一个偶然的好运气造就的。相反，他们是依靠“一个行动接一个行动，一个决策接一个决策，飞轮一圈接一圈地转动——它们的总和就是产生了持续而又壮观的效果”。他的研究发现，转变的整个过程“仿佛是在推动一个庞大而沉重的飞轮”朝同一个方向旋转，经过艰苦的努力，数天、数星期甚至数月的工作，几乎感觉不到任何进展。终于，巨轮开始转动了一点。你不能停步，要继续转动，让巨轮转完一周。然后你继续努力，就会发现，飞轮越转越快，每增加一周，都会增加势能，速度会更快。最终，会在一点上实现突破。

对照公司却遵循着另外一个截然不同的模式，柯林斯用“厄运之轮”来表示。他指出，这些公司不仅不通过飞轮逐圈旋转来积累动量，反而设法忽略积累阶段直接跳跃到突破阶段。当面对令人失望的结果时，他们又摇摆不定，翻来覆去地改变飞轮转动的方向。柯林斯提出，在商业生活中，飞轮的主要动力在于财务回报与资本供给之间的关系。但是，在社会事业中，主要的动力应该是“品牌的声誉”。既要创造能够看得到的现实成果，又要产生无形的情感影响，“这样，支持者们不但会认可你的使命，而且相信你有能力完成既定的使命”。

他用哈佛大学、美国癌症学会、大自然保护协会等为例，说明其实人们对于这些机构并不一定有深入的了解，但是他们的品牌和声誉“可以帮助人们为自己所关心的一些事情放心地慷慨解囊”。

因此，新教育人也必须用心经营自己的品牌，珍惜自己的声誉，坚持自己的价值，关注那些符合自己的刺猬理念的事情。柯林斯说，实现跨越的公司一般需要四年的时间获得刺猬理念。我相信，只要我们坚持不懈地推动新教育的飞轮朝着同一个方向旋转，新教育的飞轮就会不断积累能量，也会实现真正的突破。

（五）创造卓越的小气候

在一个技术主义横行的时代，柯林斯很惊奇地发现，在被访问的卓越公司中，80% 的公司主管都没有把技术列为公司转型期内必备的 5 大要素之一。即使一些公司提到了技术，平均起来，技术也只排在第 4 位。在 84 位被访问的主管中，只有两人认为技术是最重要的因素。因此，他坚持认为，技术本身不能使一个优秀公司发展成卓越的公司，也不能阻止灾难发生。

柯林斯写下了这样一段发人深省的话：无论技术如计算机、电信、机器人和互联网有多么了不起，“技术本身并不能够引燃优秀公司向卓越公司转变的火焰”。没有哪一种技术可以带领你达到第 5 等级。没有哪一种技术可以把不合格的人转变成合格的人才。没有一种技术可以训练你面对严酷的事实的能力，或者是灌输给你坚定不移的信念。没有一种技术能够代替对三环的深刻理解，并将这种理解转化到一个简单的刺猬理念中去。也没有一种技术可以创造出训练有素的文化来。

文化远比技术重要。那么，什么是“训练有素的文化”？柯林斯提出了以下四点：（1）建立一种在框架下实现自由和责任的文化。（2）这种文化中的人们自律性高，愿意全力承担责任。他们将“去掉所有疲疲沓沓的毛病”。（3）不要将训练有素的文化与暴戾的纪律维护人混为一谈。（4）坚决遵守刺猬理念，近乎坚守宗教信仰式地关注三环理论的中间环节。

另外，建立“戒律”和系统地清除任何无关事项也同样重要。在《从优秀到卓越》社会机构版的结语部分，柯林斯特别强调了卓越的“小气候”

的问题。他提出了一个所谓的“斯托克代尔悖论”：你既要抱有自己最终会取得伟大成就的信念，又要冷静面对现实的残酷环境。哪怕环境条件有多么不理想，你都要考虑今天该做什么，去创造卓越的小气候。他说，无论是什么机构，问题的关键不是商业活动与社会事业的不同，而是卓越与平庸的差距。在同样困难的环境下，我们都可以创造出属于自己的小气候。

新教育人应该记住：“卓越不是环境的结果，而是明智的选择和严格的要求所产生的结果。”因此，选择最好的人才（“训练有素的人”），明确追求的目标并且考虑它的不可替代性（“训练有素的思想”），坚持不懈地围绕一个方向努力（“训练有素的行为”），这就是“训练有素的文化”的主要内涵，也是营造卓越小气候的关键。在2007年元旦的新教育会议上，我们已经开始讨论建立新教育团队文化的问题，希望在此基础上，我们能够真正形成新教育的文化。

新教育实验区的管理

随着新教育实验的发展，我们越来越觉得实验区是新教育的一支非常重要的力量，是主力军，是实验推广的重要载体。服务好实验区、做好实验区的管理工作，是新教育管理的重中之重。有人说，民间的教育改革还是模糊地管理为好。要不要这么精致？我想是需要的，真正能走得更远的团队，必须有比较严密的组织，才能有战斗力。

新教育实验区推进最重要的经验在哪里？就是用新教育的理念、思想和行动来改造和构建实验区的日常教育教学。新教育实验怎么才能成为一棵常青树？怎样才能真正地不因为人事的变更永远做下去？在很大程度上取决于它有没有成为日常教育教学生活的组成部分，有没有成为课程体系的有机组成部分。新教育一旦进入了，它就成为你生命的一部分，区域生命的一部分，学校生命的一部分，教师生命的一部分。以绛县为例，坚持再做几年新教育，假如教育系统发生人事改变也没关系，绛县人也一定会把新教育做下去的。因为新教育已经成为绛县教育不可分割的血肉部分，它已经扎根在教师的心中，物化在教育生活中，落实在课程中，体现在行动中。所以，我们必须把教科研和新教育的研发推广一体化。

绛县教研室分别成立了若干个新教育实验项目的开发组，制定了各项行动的操作手册，凝结成了几百万字的文字材料。理想课堂的框架都是教研室提供的，教研室成员和骨干教师共同备课。绛县做得如此深入人心、深入课堂的最重要原因，就是有一个专门的机构在研究推进新教育。新教育实验要是和教研室分离，和教科室分离，和日常的教育教学生活分离，就不行了。这是一些比较好的实验区给我们的最大启示。

在新教育实验区，教科研要为新教育服务。有的实验区由局长挂帅，但是管理没有具体抓手，没有具体人在做，最终效果不理想。

把新教育的行动、思想和理念课程化，对于实验区的建设和发展是很重要的，新教育不进入课程是没有生命力的。现在晨诵已经成为绛县的一个课程，每天保证 20 分钟的与黎明共舞，每天中午 40 分钟的午读也是进入课程的，下午还有一节阅读课，逐步固化了。从长远发展来说，新教育人肯定要开发自己的课程，比如读写绘。绘本要真正进入课程，若干年以后，我们可能有自己的小学语文课本，这个语文课本不是拼凑而成的，而是独立开发的。一个学科成熟了，我们会开发另一个学科。当然这可能需要 5 年、10 年、20 年甚至更长的时间，但是我们会沿着这条路走下去。新教育应该走向课程，在对现在的课程进行改造的基础上前进。从长远来看，应该有新教育的课程体系。用新教育的行动思想和理念去构建实验区日常的教育教学生态是非常重要的。

如何有效推进实验区的建设？我认为应该把握以下几个关键点：

一是遵守实验规程。新教育实验区的管理规程不仅是规范实验区，也是规范我们自己。这个规程还不能作为一个定论，需要在实践中不断完善。规程是大家共同的约定，用制度来规范是最重要的。

二是规范新教育用语。新教育有些重要的提法是新教育价值和新教育文化的有机组成部分，比如“过一种幸福完整的教育生活”，有些地方就讲“过一种幸福的生活”，完整是对幸福的补充，像这样一些新教育最核心的东西不要去变。比如“构筑理想课堂”，我们提出“有效教学框架”，有些地方提出“有效课堂”，有些地方还提出“高效课堂”，这与我们的理念是不一致的。“高效”并不是我们追求的唯一的目标，没有体现新教育的有效课堂的“三重境界”：知识、生活和生命的共鸣。既然我们做新教育实验，就应该统一用新教育的有效教学框架。我们尽可能地统一新教育的用语，发出一致的声音。对新教育用语先吸收消化，再创造，在没有正式定论之前，我们可以去讨论。我想这也是规范新教育实验用语的重要方面。

三是积累实验资料。积累资料非常重要，为什么？有一位在美国获得福布莱特奖学金的中国学者写了一篇研究新教育的文章，被美国教育学会采纳，要做一次讲演，于是向我要资料。我感到很困难。新教育实验这么多年来有资料、有数据，但是不成系统。你说我们新教育实验有多大的变化？但是不能光说它变了，凭什么这么说？需要数据和材料证明。没有数据，要把材料拿出来；没有材料，要把口碑拿出来，学生、家长、校长怎么说的。这几年我们更多呈现的是结果，没有呈现变化。我希望看到对比的材料，例如：过去教师是什么样子，现在教师是什么样子；过去的学生学习是什么样的状况，现在是什么状况。新教育是行动，但是做研究的人需要资料。无论是从叙事研究还是从教育科学研究来说，资料的积累都是非常重要的。这种资料应该是固化的，山东临淄教研室的于春祥主任给了我一本书，可能不一定很完备很成熟，但它就是一种资料的积累——《区域推进新教育实验的理论和实践探索》，里面记录了临淄区很多的经验。每个实验区要善于积累资料，过几年把这些资料用书籍记录下来，一些经验可能不成熟，但是没关系，我们不断地积累，会渐渐地成长起来。出书时统一用新教育的标识，实验区、实验校、实验老师都可以用，但是用的时候要经过新教育研究院的认可，出版的图书也要及时地寄给我们。我们也可以送给一些做新教育研究的人，把新教育作为博士论文、硕士论文的人现在越来越多，我们要给人家提供一些研究资料。因此，我们的资料积累、交流、分享是十分重要的。实验区之间的交流本身也非常重要，实验资料做出来后要相互交流，比如焦作的简报出来了，给其他实验区寄几份。另外，要形成一个实验区内部交流的机制，比如实验区联盟这样的组织，每个实验区轮流坐庄任主席，便于内部交流。现在实验区之间的交流已经开始了，这个实验区到那个实验区去参观学习，尺有所短，寸有所长，每个实验区都有自己的办法，我们要及时交流，分享彼此的经验。

四是关注新教育实验动态。新教育实验是在不断变化之中的，研究中心的足迹，新开发的课程，包括“网师”每天发布的东西，至少每个实验区、实验校都应该关注，但是现在我们每天发布的很多东西大家关注度不高。我们还要及时关注新教育研究院办公室、研究中心发出的通知。另外，各种媒体对新教育的报道，要及时地发给新教育研究院办公室，让我们掌握。

五是遵循“底线＋榜样”模式。没有底线，就没有基本品质的保证，加盟新教育，就意味着你已经认同我们的底线。这个底线，不是填一个申请表的问题，加盟新教育以后，我们就要给你提出底线。新教育研究院可以提出我们认为的底线，这个底线是针对全国新教育实验提出的。各实验区还会制定不同的新教育管理底线，尤其优秀的实验区更是这样。“底线＋榜样”这个探索，是从实验区自发产生出来的一个非常好的管理模式。每个实验区的管理者，包括教育局领导和学校的校长要制定底线、关注底线、检查底线、评估底线。新教育实验区管理规程完善的时候，可以把底线写上去。实验区和实验校要及时发现榜样，榜样的力量是巨大的，尤其是老师身边的榜样。

新教育研究院要努力为实验区服务，为大家把区域的实验做得更扎实，提供智力的支持、精神的支持和资源的支持。同样，实验区、实验校越主动，得到的帮助就越多。

附录1 “新教育实验”入门指南

新教育实验是由朱永新教授发起的，基于草根行动，追求理想教育的改革，目前形成了管理科学、参与广泛、成效显著的特点。积极要求参加新教育实验的实验区、学校和个人很多，为了使大家全面了解新教育实验的情况和加入新教育实验的步骤，现简要说明如下。

一、实验前期了解

1. 实验基本情况

请参阅如下文章，以了解新教育的基本理念和基本情况——

01：《新教育：过一种幸福完整的教育生活》

http：//bbs.eduol.cn/disPost.asp？boardid=72&FileName=10381317272.html

02：《过一种幸福完整的教育生活——新教育实验素描》

http：//bbs.eduol.cn/disPost.asp？boardid=72&FileName=10453205972.html

03：《共读　共写　共同生活》

http：//bbs.eduol.cn/disPost.asp？boardid=72&FileName=11045035672.html

04：《知识、生活与生命的共鸣》

http：//bbs.eduol.cn/post_114_932745_0.html

05：《书写教师的生命传奇》

http：//bbs.eduol.cn/dispost.asp？boardid=114&postid=937659

06：《文化，为学校立魂》

http：//bbs.eduol.cn/dispost.asp？boardid=114&postid=949362

07：《以人弘道：活出中国文化的根本精神》

http：//bbs.eduol.cn/dispost.asp？ boardid=46&postid=897759

08：《缔造完美教室》

http：//bbs.eduol.cn/thread-1121836-1-1.html

09：《新教育团队架构》

http：//bbs.eduol.cn/dispost.asp？ boardid=72&postid=316052

2. 研究成果

朱永新著：《新教育》，漓江出版社，2014。

朱永新著：《中国新教育》，中国人民大学出版社，2012。

朱永新著：《新教育演讲录》，中国人民大学出版社，2012。

朱永新著：《新教育对话录》，中国人民大学出版社，2012。

朱永新著：《写在新教育边上》，中国人民大学出版社，2012。

朱永新著：《走在新教育路上》，中国人民大学出版社，2012。

许新海著：《做新教育的行者》，福建教育出版社，2010。

许新海著：《教育生活的救赎》，山西教育出版社，2010。

新教育实验总课题组编著：《一生有用的十二个好习惯——新教育实验“每月一事”项目操作手册》，天津教育出版社，2009。

铁皮鼓编著：《构筑合宜的大脑——新教育实验教师专业阅读项目用书》，天津教育出版社，2009。（后改版更名为魏智渊编著：《教师阅读地图——新教育实验教师专业阅读项目用书》，漓江出版社，2014。）

马玲编著：《手心里的光——新教育实验项目用书》，天津教育出版社，2009。（后改版更名为《孩子的早期阅读课——新教育实验项目用书》，漓江出版社，2014。）

常丽华著：《在农历的天空下——新教育实验晨诵项目“在农历的天空下”课程实践》，天津教育出版社，2009。（后改版更名为《24节气诵读古诗词——新教育实验晨诵项目“在农历的天空下”课程实践》，漓江出版社，2014。）

干国祥编著：《构筑理想课堂——新教育实验构筑理想课堂项目用书》，天津教育出版社，2009。（后改版更名为《理想课堂的三重境界——新教育实验构筑理想课堂项目用书》，漓江出版社，2014。）

新教育研究院主编，储昌楼、刘恩樵编著：《新希望工程——新教育实验年鉴 2002—2006》，文化艺术出版社，2011。

新教育研究院主编，刘恩樵编著：《过一种幸福完整的教育生活——新教育实验年鉴 2006—2007》，文化艺术出版社，2011。

新教育研究院主编，朱寅年编著：《共读共写共同生活——新教育实验年鉴 2007—2008》，天津教育出版社，2009。

新教育研究院主编，许新海、吴勇、钱珏编著：《知识、生活与生命共鸣——新教育实验年鉴 2008—2009》，文化艺术出版社，2010。

新教育研究院主编，陈连林、杜涛编著：《书写教师生命的传奇——新教育实验年鉴 2009—2010》，天津教育出版社，2011。

3. 媒体报道

中央电视台、新浪网站等对新教育均有相应主题报道，可参阅 http：//www.eduol.cn/html/dongtai/ 中的相关内容。

《那些新教育的花儿》（2011 年 5 月版，福建教育出版社），童喜喜著，全面介绍了从事新教育实验的那些优秀的改革者，并以他们的行动佐证了新教育的精神。

《中国教育学刊》杂志 2010 年第 12 期刊登许新海的署名文章《新教育，导向素质教育理想家园》，为课题研究做了中期总结，被人大复印资料《中小学教育》2011 年第 5 期全文转载。

《校长》杂志 2012 年第 2 期以 12 万多字的篇幅隆重推出《新教育十二年》专辑，该专辑介绍了新教育实验的理念、具体课程以及团队发展情况，完整呈现新教育实验当下的实践状态。

《江苏教育》杂志 2011 年第 5 期刊登张俊平、朱永新、许新海、陈连林、李庆明、杨东平撰写的系列文章《新教育，理想教育的民间行动》，全面介绍新教育实验在“十五”和“十一五”期间所进行的研究和取得的成效。

《教师博览》2011 年第 1 期刊登童喜喜署名文章《对话朱永新：唯一不能放弃的就是新教育》。

《中华儿女》2012 年第 7 期刊登署名系列文章《新教育实验者》。

4. 新教育实验网站

教育在线首页：http：//www.eduol.cn/

教育在线博客：http：//blog.eduol.cn/

教育在线论坛：http：//bbs.eduol.cn/

新教育基金会：http：//www.nef.org.cn/

新教育网络师范学院：http：//bbs.eduol.cn/2010–2/28/111058368112.html

5. 新教育实验足迹导航（http：//bbs.eduol.cn/2007–12/6/12272109288.html）

新教育甘肃行（2007.10 甘肃宕昌）

灵山—新教育贵州行（2007.10 凤冈 · 苍南新教育志愿者）

灵山—新教育山西绛县行（2007.11）

灵山—新教育江苏灌南行（2007.12.22—28）

彩色乌鸦朝南飞——新教育苍南行精粹版

新教育实验区培训模式介绍——以“灵山—新教育山西绛县行”为例

关注西部，分享教育——新教育培训理念及模式在西部农村教育论坛引起共鸣

种一棵三叶草——新教育实验海门行

烟花三月下扬州——新教育小学开放周叙事

一年时日君须记——“灵山 · 北川新教育”“5 · 12”地震一周年公益行动

诗意地栖居在大地上——新教育小学晨诵课程之农历的天空下专帖

我们在这里歃血为盟——新教育实验教师专业发展项目诚邀正式加盟者

专业发展加盟者年度作业 · 相约星期五讨论通知：绘制你的专业阅读地图

6. 新教育实验榜样帖

01：榜样教师专题帖

小舟成群：小虫成蝶（一年级上学期）

http：//bbs.eduol.cn/dispost.asp? boardid=65&postid=235076

陈美丽：向着明亮那方——三（2）班的男孩女孩

http：//bbs.eduol.cn/post_72_301815_1.html

大杨树：大杨树上的毛毛虫——焦作市解放区环南一小一四班（2011年秋冬）

http：//bbs.eduol.cn/dispost.asp？boardid=65&postid=890905

快乐小荷：从头再来（一三班专帖）

http：//bbs.eduol.cn/post_65_302108_1.html

桃花仙子：山娃娃和山妞妞——一（丙）班孩子成长专帖

http：//bbs.eduol.cn/post_65_302408_1.html

02：其他榜样帖（http：//bbs.eduol.cn/list_72.html）

榜样学校帖：江苏宝应实验小学新教育实验旅程

榜样"晨诵"课程帖：与黎明共舞（新教育晨诵专帖）

课程实验榜样：常丽华的"在农历的天空下""四五年级古典诗词课程"

榜样"读写绘"专帖：彩虹之上——宝应县实验小学读写绘专帖（2011秋冬）

区域实验榜样：绛县实验区新教育实验记录

二、实验接触考察期

1. 推荐学校观摩

有条件的市、县、区，或学校、个人可向新教育研究院提出申请，由研究院推荐到就近的新教育优秀实验区、优秀实验学校参观考察。

2. 开放周观摩

新教育研究院依托新教育地方研究中心和榜样学校定期举办新教育开放周活动，有意参加的学校可派人参与观摩，有关对外观摩的公告会在新教育在线论坛提前发布，可参阅 http：//bbs.eduol.cn/2012-3/10/7103422540.html，欢迎随时关注。

联系人：杜涛（15852866977）

三、参与加盟期

对新教育实验有了一定的了解后，请根据本区域或学校的实际情况，决定是否愿意和能够参与进行实验（包括实验个体教师）。实验学校的申请审批一般分为两个阶段，即实验加盟区、校阶段和实验区签署协议阶段、实验校挂牌阶段。

有意加入新教育实验的区域可直接与新教育研究院洽谈，接受研究院安排的新教育专题培训；学校则填写《新教育实验加盟校实验申请表》，提交新教育研究院课题管理中心备案，有意加入实验的区、校经过新教育研究院确认，即被视为参与实验，成为新教育实验加盟区、加盟校。加盟区、校每年定期向新教育研究院课题管理中心提交实验计划和实验总结报告。对于加盟区、校，新教育研究院将定期寄发实验简报和其他实验材料，并欢迎参加由新教育研究院组织和推荐的新教育实验的各种培训和研讨会等。

新教育研究院根据实验加盟区、校的实验效果和实验积极性，择优审批确定为协议实验区和实验挂牌学校，由新教育研究院与之签订协议和免费颁牌，并予以公布。实验区、校要严格按照新教育研究院对实验区、校的相关管理细则进行管理。

详细情况及表格下载，请见新教育在线论坛的《实验申请/实验区培训申请》帖子（http://bbs.eduol.cn/dispost.asp？ boardid=88&postid=306869）中的跟帖。

新教育重视实验的记录和实验材料的积累，所有参与实验的学校和教师实验个体，从参与实验时起，要立即在教育在线网站“新教育实验区、校、个体”论坛（http://bbs.eduol.cn/list_88_1.html）建立实验专题帖，以便接受新教育研究院实验研究与管理团队实验观察评定，并参与实验研讨和交流。

新教育实验的实验区、实验学校、实验个体（实验共同体）不是终身制，可以视情况予以终止与撤销。

首先，实验区长期未能按照计划为实验开展提供条件、保证实验正常开展的，新教育研究院有权终止该实验区的实验，并书面通知该实验区负责单位及其上级教育主管部门。同时，实验区也有权自行终止实验，但需要提前两个月向新教育研究院提出书面申请。实验区如果有损害“新教育实验”及其执行机构新教育研究院的声誉和行为，新教育研究院将撤销该实验区资格，并视情节轻重追究当事人相关责任。

其次，实验加盟校和实验挂牌校及实验个体和教师实验共同体在加盟实验一段时间后，可以随时无条件终止撤出实验，但要告知新教育研究院课题管理中心；如在应该提交实验总结日期后的半年内没有提交实验总结及相关实验课题成果的，新教育研究院将视为自动撤出实验。

四、实验课题申报管理

新教育实验是全国教育科学“十五”“十一五”规划重点课题和中国教育学会“十一五”“十二五”规划重点课题。每年都要进行一到两次实验课题的项目申报，具体情况请见实验论坛（http：//bbs.eduol.cn/2012-2/17/14350128888.html）。

新教育研究院课题管理中心联系方式：江苏省海门市嘉陵江南路399号海门市教育局转江苏省新教育研究会（226100）王领琴

日常工作联系人：赵丽芳（13861968330）

电子邮箱：ktglzx@163.com

五、实验执行机构

新教育研究院

地址：江苏省苏州市苏州工业园区若水路1号新教育办公室

邮编：215006

电子邮箱：xjyyjy@163.com

新教育研究院办公室负责人：杜涛（15852866977）

附录2　新教育实验网络师范学院招生简章

教育在线网站（www.eduol.cn）创办于2002年，既是大型综合教育网站，又是由朱永新教授发起的新教育实验的网络平台，经过多年的发展，已经成为影响了千千万万一线教师的著名教育网站，一大批老师通过网站获得了成长，网站也因此被誉为中国教师的“网络师范学院”。

为了进一步发挥网站的作用，也为了推动更多老师更快地成长，我们拟以新教育实验的理念为指导，以新教育实验系列课程（儿童课程、教师专业发展、理想课堂）为主要课程内容，以新教育研究中心团队为核心力量，联合一批优秀的新教育实验者，在已经试运行了一年的“海拔五千——新教育教师读书会”的基础上，筹建一所更为严谨自觉的新教育实验网络师范学院并面向全国招生。

新教育实验网络师范学院校长为朱永新教授，执行校长为干国祥，魏智渊任教务长，由新教育研究中心团队负责课程实施。

招生对象

新教育实验网络师范学院面向一切在职教师、基层教研员、其他教育研究者，以及立志于教育的师范生开放，寻找并欢迎所有与新教育“尺码相同”的人。

新教育的“尺码”是：

虽同样身处浮躁的时代，但不肯放弃早已被许多人弃如敝屣的理想，而是始终怀着一颗真诚的心，勇于承担身为教师的责任，在自己或者希望在自己的教室里，守护着最初的纯真愿望；

追求真理，求知若渴，愿意亲近那些真正伟大的书籍，尤其是那些能够帮助我们理解教育、理解人性，解决问题的专业书籍，并且甘心承受一次次的“打击”，勇于不断地自我否定，将专业修炼视为终身之事；

希望自己的生命经由教学，经由学生的成长，而不是经由公开课、论文、职称评定等获得意义。

我们拒绝以下老师加盟新教育实验网络师范学院：

愤世嫉俗，空谈民主与自由，习惯于归咎于政府、环境甚至家长、学生，而缺乏经常性的自我反思、缺乏担当的虚无主义者；

以成就自己的名利为核心，热衷于公开课、发表论文，视共同体为索取资源之所，而非通过奉献彼此丰富之地的功利主义者。

培养目标

新教育实验网络师范学院，希望通过持久的努力，使学员达到下列目标：

1. 拥有高度职业认同，理解新教育理念以及系列课程，并且能够积极地运用于教育教学，尤其是能够设计和践行真正意义上的新教育课程。

2. 拥有合理的知识结构，深刻理解若干本教育学、心理学以及相关专业根本书籍，有一定的教育叙事能力；更重要的是，逐渐形成知性阅读能力，形成反思教育教学的专业框架并达到初步自觉。

3. 不但能够胜任自己的教学，而且能够达到优秀甚至卓越。

总之，新教育网络师范学院希望通过“经典研读 + 案例学习”的方式，培养出大批真正热爱教育，扎根教室，能够以素质教育的方式将学生引向卓越的教师。

招生说明

新教育实验网络师范学院入学采用申请制，需要准备的入学材料有：

1. 入学申请书。需要详细说明加入新教育实验网络师范学院的缘由。

2. 推荐信。可找熟悉的网师学员推荐自己，并说明推荐理由。网师学员在网师的学习越出色，申请通过的可能性越大。无推荐信也可，但申请书就需要附更详尽的能证明自己适合网师要求的材料。

3. 报名表。（见附表，网站可下载 word 版）

4. 个人阅读史或教育史，不少于 3000 字。（教育在线网站有样例可供参考）

5. 在教育在线论坛注册并建立个人专帖，注册名建议用实名，必须用汉字网名，禁止用英语网名，或含英文字母的网名。

6. 准备好上述材料后，以附件的形式发往网师公共邮箱：478396338@qq.com。邮件标题应为“网师入学申请 · ***（真名），***（注册网名）”，附件请放入一个文件夹并压缩，文件夹命名格式应为“***（真名），***（注册网名）”。

网络师范学院是公益性质的，不收取任何学费，也不从事任何性质的商业活动。如果有实验区自行组班，可单独商议管理办法。

课程设置

新教育网络师范学院的课程设置非常灵活，基本课程则分为必修课程、选修课程以及毕业课程。

必修课程分为公共必修课程和学科必修课程。公共必修课程以根本书籍研读为主，也包括一些实践类书籍研读，涵盖哲学、心理学、教育学、课程理论及实践等领域。学科必修课程主要包括本学科的根本书籍、实践类书籍研读，以及课例研讨等。学科必修课目前主要开设语文和数学两科，其他学科以后或将陆续开设。

选修课程视具体情况开设。

毕业课程，是指学员在完成网师其他课程后，必须运用在网师的学习经验，在自己的班级或岗位上设计并实践一个课程，并有相关的记录和分析。

课程团队

新教育实验发起人朱永新教授、新教育研究中心干国祥主任担任课程指导。

教师专业发展项目主持人魏智渊（网名“铁皮鼓”）担任课程总负责。

讲师主要由新教育研究中心成员、网师优秀学员，以及有志于教育公益的专业人士组成。

聘请优秀学员担任各课程组长。

学习方式

新教育实验网络师范学院的学习，是基于教育在线网络平台以及QQ群等。日常资源的下载与上传，个人作业的收取以及提交，集体讨论学习等均通过网络来完成。授课时间通常安排在晚上7—9点之间，学习频率由学员自主选择，也可无限延长学习时限。

到高年级后，将以内蒙古鄂尔多斯罕台新教育实验小学和北京丰台二中附属新教育小学为依托，邀请部分优秀学员开展现场的实习与合作。

学制及毕业

新教育实验网络师范学院是一所基于网络的虚拟的公益性质的教师专业发展共同体，学员选修完全部课程并合格即可毕业。

这是一所具有后现代特点的网络师范学院，打破常规，注重问题解决，强调创造，强调共同体及合作，允许自选课程以及跳级，在此过程中，有一部分优秀学员会转化为教师。

学员必须提交毕业课程论文才能毕业，毕业课程论文要求呈现完全由学员设计并在自己的班级里实践过的新教育课程。若是在校生，则仍需要提交课程设计。

学员毕业后，可继续参与网络师范学院硕士班、博士班的深造。

网络师范学院颁发毕业证书，毕业证书仅具有荣誉性质和证明性质。

联系方式

联系人：孙宏春

联系邮箱：478396338@qq.com

咨询 QQ：478396338（身份验证的问题为：您咨询网络师范学院吗？答案为：是）

入学指南：http：//bbs.eduol.cn/2010-2/28/111058368112.html

新教育实验网络师范学院

2012 年 6 月

附录3 “新教育实验”大事记

1999年9月，朱永新走进江苏武进湖塘桥中心小学，提出新教育实验的部分观点。

2000年2月，朱永新的专著《我的教育理想》出版。该书初步提出新教育实验的主张。

2002年6月18日，朱永新等创办的教育在线网站（www.eduol.cn）开通。网站后来成为新教育实验的网络平台。

2002年10月，朱永新的《新教育之梦》由人民教育出版社出版。“新教育实验”的构想基本形成。

2002年10月9日，教育在线网站的新教育实验论坛成立。

2002年10月28日，昆山玉峰实验学校成为第一所新教育实验挂牌学校。

2002年12月19日，昆山玉峰学校举行新教育实验沙龙。

2002年12月23日，《人民政协报》开辟《教育在线周刊》。

2002年12月29日，朱永新参加苏州金家坝、同里二小等第二批新教育实验学校授牌仪式。

2003年3月27日，朱永新到吴江市实验小学做“呼唤上天入地的教育科研”讲座。在讲座中，提出了新教育实验的几个定位，还从营造书香校园、师生共写日记等7个方面介绍如何开展新教育实验。

2003年4月2日，朱永新在江苏海门全面阐述新教育实验的理论内核。

2003年5月，新教育实验首次发布《关于加入新教育实验的具体方法与要求》。

2003年5月20日，经新教育实验课题规划领导组研究决定，诚招各地实验负责人，课题的研究采取实验区（省级实验区、市级实验区、县市级实验区）—实验校—实验人的区域垂直管理体制。

2003年5月23日，新教育实验提出成立十大行动“专业组”的构想，以十大行动为核心的分项专业组成立。

2003年7月18—21日，新教育实验首届研讨会在昆山玉峰实验学校召开，近500

位来自全国各地的一线教师参加了盛会。

2003 年 9 月 13 日，朱永新应邀到天津市做关于新教育实验的报告，《天津教育报》《天津日报》连续用整版的篇幅宣传新教育实验。

2003 年 11 月 9—10 日，第三届 21 世纪教育沙龙在苏州市会议中心举行，活动主题为“营造书香校园”。同时发表《全民族阅读宣言》，分别推出了针对小学生、中学生、大学生和教师的四种“推荐书目 100 本”。

2003 年 12 月 22 日，全国教育科学规划领导小组办公室下发通知：朱永新主持的“新教育理论的实践及推广研究”课题被列为全国教育科学“十五”规划重点课题。

2004 年 2 月 20 日，《中国教育报》发表报道《朱永新和他的“新教育实验”》。

2004 年 3 月 28 日，由新教育实验总课题组与江苏《莫愁》杂志社联合主办的全国首家莫愁新父母学校在苏州工业园区娄葑第二中心小学成立。

2004 年 3 月 30 日，《新华日报》《服务导报》《扬子晚报》以及 4 月 6 日的《苏州日报》对全国首家莫愁新父母学校的成立进行了报道。

2004 年 4 月 11—12 日，全国教育科学“十五”规划重点课题“新教育理论的实践及推广研究”开题会暨新教育实验第二次研讨会在江苏省张家港高级中学和常州武进湖塘桥中心小学举行。来自全国各地的新教育实验学校代表、教育教学研究人员、新闻单位记者等近 600 人参加了会议。

2004 年 4 月 24 日，新教育实验总课题组部分成员在昆山玉峰实验学校举行特别会议。会议期间做出了关于设立新教育实验秘书处、新教育在线改版计划、新教育在线博客建设、筹建新教育实验学校校长联谊会、建立莫愁新父母学校等多项决议，并决定缓行“构建学校特色”行动，增添“构筑理想课堂”行动。

2004 年 4 月，《人民教育》第七期以《教育随笔：改变教师的行走方式》为题，报道新教育实验。

2004 年 4 月，《南风窗》全面报道新教育实验，将其定位为以“人的教育”为旨要的“新希望工程”。

2004 年 5 月 13 日，《人民日报·华东新闻》第三版以《新教育实验：塑造理想的人》为题，对新教育实验主持人朱永新进行专访。

2004 年 5 月 30 日，《新民晚报》以《“新教育实验”能走多远？》为题专门报道新教育实验。

2004 年 6 月 21 日，新教育实验总课题组在苏州市工业园区新城花园小学召开实验工作协调会议。

2004 年 6 月 27 日，中央电视台第 12 频道就新教育实验问题对朱永新、李镇西进行专门访谈。

2004年7月31日至8月1日，第三届新教育实验研讨会在江苏省宝应县召开。本次活动由翔宇教育集团承办，主题为“新教育、教育在线和教师成长”。

2004年8月初，反映新教育实验基本理念的《朱永新教育文集》（十卷本）由人民教育出版社出版。

2004年8月中旬，第二届教育在线西部支教活动在陕西延安、定边，宁夏中宁、石嘴山举行。

2004年9月，石家庄桥西区向新教育实验总课题组申请成立新教育实验区，整体推动新教育实验。

2004年10月6日，江苏昆山玉峰实验学校新教育实验工作室落成，总课题组、项目组工作会议在此召开。

2004年12月，诺贝尔物理学奖获得者李政道教授为新教育实验工作室题词。

2005年1月15日，全国300余位新教育实验者和关注者云集苏州市沙洲小学，参加了由新教育实验总课题组主办，《苏州教育研究》编辑部、沙洲小学承办的“构筑理想课堂”活动。

2005年1月，朱永新主编的“新教育文库”第一辑“我的教育故事丛书”（共5本），由福建教育出版社出版发行。

2005年2月20日，新教育实验总课题组在苏州工业园区第三中学会议室召开工作会议。

2005年7月12—14日，第四届新教育实验研讨会在四川成都召开。主题是“新德育”。朱永新、杨东平、石中英、王晓春、李镇西、卢志文、章敬平等参加会议。

2005年11月16日，教育部陈小娅副部长等领导考察昆山玉峰实验学校新教育实验。

2005年12月16日，新华社《国内动态清样》发表通讯《朱永新探索“新教育实验”推进素质教育》。

2005年12月24—25日，第五届新教育实验研讨会暨“北国之春——全国新教育实验与教师专业化成长研讨会”在吉林市第一实验小学召开。

2006年2月9日，铁皮鼓（魏智渊）加盟新教育，成为新教育专职专业人员第一人。

2006年3月7日，朱永新做客搜狐网，谈“新教育实验——十大行动推动教师成长”。

2006年4月15日，朱永新当选为由中国教育电视台等评选的中国教育十大英才。

2006年4月23日，上海东方卫视《今日的中国》栏目播出访谈新教育节目《他要改变中国的教育——朱敏怡访谈朱永新市长和程方平教授》。江苏昆山市新教育实验区正式成立。

2006 年 4 月，干国祥随灵山慈善基金会的赵一平、张磊，无锡祥符禅寺的无相禅师前往遵义，考察新教育实验推广的可能性。

2006 年 5 月 3 日，新教育实验项目组会议在上海翔宇教育集团总部召开。会议讨论了新教育实验的“十五”发展规划，决定成立新教育研究中心，干国祥、马玲等参加新教育团队。

2006 年 7 月 13—15 日，第六届新教育实验研讨会在清华大学礼堂召开。会议提出了新教育的重要理念“过一种幸福完整的教育生活”。清华大学附属小学、中关村第一小学、六一中学承办了会议。在本次会议上，无锡灵山实业有限责任公司与新教育签约合作。

2006 年 8 月 11—17 日，新教育首届“‘毛虫与蝴蝶’——儿童阶梯性阅读专题研修班”在苏州召开。新教育实验第一个综合项目“毛虫与蝴蝶”诞生。

2006 年 8—9 月，灵山——新教育贵州行公益项目正式启动，新教育研究中心干国祥、魏智渊、马玲、张硕果、朱雪晴、高丽霞等对贵州湄潭、凤冈两县数百名教师进行了专业培训。培训后，志愿者们深入山村学校，进行了为期一个月的田野研究与支教活动。

2006 年 12 月 25 日，《光明日报》发表《“新教育实验”四年覆盖 24 个地区，其魅力何在？》。

2007 年 1 月 1 日，新教育实验在苏州教育局举行元旦论坛。

2007 年 1 月 16 日，教育在线举行新教育网络沙龙第一期活动：“晨诵、午读、暮省——新教育儿童生活方式”。

2007 年 3 月 1 日，朱永新做客人民网，谈《新教育实验——过一种幸福完整的教育生活》。2007 年《中国教育蓝皮书》收录专文《新教育：过一种幸福完整的教育生活》。

2007 年 3 月 21 日，华东师范大学出版社出版了朱永新的《写在新教育的边上》。

2007 年 7 月 12 日，由朱永新、吴国平主编，赵一平、朱寅年、魏智渊执行主编的《一次梦想的远征——灵山新教育贵州支教 2006—2007》由四川出版集团天地出版社出版。

2007 年 7 月 14—16 日，新教育实验第七届研讨会在山西运城举行，此次大会的主题是：共读、共写、共同生活。会议正式提出了新教育儿童课程“晨诵、午读、暮省”。

2007 年 7 月 28 日，新教育研究院第一次联席会议在翔宇教育集团宝应实验中学召开。朱永新、卢志文、许新海、干国祥、王海波等参加会议。

2007 年 9 月 1 日，新教育小学在翔宇教育集团宝应实验小学正式成立，朱永新任校长，干国祥任执行校长。

2008 年 1 月 1 日，新教育研究院在苏州举行新教育实验元旦论坛。

2008 年 2 月 24 日，铁皮鼓（魏智渊）在教师专业发展论坛（http：//bbs.eduol.cn/list_112_1.html）正式发帖征集新教育教师专业发展项目实验者，并设计发布了申请表以及协议书，新教育教师读书会正式启动，这是新教育实验网络师范学院的前身。

2008 年 5 月初，北川县教育局局长尚勇带队到新教育小学考察新教育实验，决定在北川全面推广新教育。

2008 年 5 月 12 日，汶川大地震，尚勇局长遇难。应北川教育同人的呼唤与求援，新教育团队在短时间内聚集物资和人员，尤其是针对灾后儿童的录音盒、图画书、童书、玩具、生活用品等，赶在灾后重建之前（灾后十天），奔赴第一线，在八一帐篷学校开始了持久的抗震救灾活动。新教育为灾后儿童特别研制的儿童课程，在四川灾区获得了广泛好评，受到了灾区教师和孩子们的喜爱。

2008 年 7 月 11—13 日，新教育实验第八届年会在浙江苍南举行，主题是“构筑理想课堂”，来自全国的近 1000 名教师参加了这次盛会。朱永新做了年会主题报告《知识、生活与生命的深刻共鸣》，大会提出了新教育实验课堂以有效教学框架为基础，以三重课堂境界为追求的观点。会议期间，四川北川县、河南焦作市被新教育研究院批准为新教育实验区。

2008 年 9 月 20—22 日，新教育研究院研究中心干国祥、魏智渊、马玲三人到北川进行新教育培训。此次培训的主题是：让灾区儿童享受新教育，让新教育携手灾区教育。

2008 年 12 月，“新教育实验与素质教育行动策略的研究”课题被列为全国教育科学“十一五”规划重点课题。

2009 年 1 月 1 日，新教育元旦论坛在苏州东吴饭店举行。会议总结了 2008 年新教育走过的历程，明确了 2009 年新教育的发展方向，并就新教育发展的一系列问题进行了具体而深入的讨论。

2009 年 1 月 5 日，由出版商务周报社、中发协非国有书业工作委员会联合主办的“2009 民营书业发展年会暨新华文轩杯 2008 第三届民营书业评选颁奖典礼”在北京举行。新教育研究院荣获年度“阅读推广奖”。

2009 年 2 月 20 日，中国教育电视台《教育人生》栏目以“朱永新——理想教育的践行人”为题对新教育实验进行了专题报道。

2009 年 3 月 15—18 日，应韩国政府“Brain Korea”项目邀请，朱永新在韩国全北大学做“新教育——过一种幸福完整的教育生活”专题讲演。

2009 年 5 月 28 日，朱永新应邀出席广西柳州市教师阅读年颁奖仪式，并做“改变，从阅读开始”专题报告。

2009 年 5 月 30—31 日，卢志文在北京参加首届“中国—印度论坛”研讨会，介绍“新教育在中国”。

2009 年 7 月 10—12 日，第九届新教育实验年会在江苏海门召开，朱永新做“书写教师的生命传奇”主题报告。来自全国新教育实验区、实验学校的 1000 多名代表参加了会议。

2009 年 7 月 14 日，新教育实验网络师范学院招生简章正式发布并开始接受报名，原读书会成员自动转入网师。

2009 年 7 月，新教育实验操作手册《构筑理想课堂》《构筑合宜的大脑》《手心里的光》《农历的天空下》《一生有用的十二个好习惯》正式出版发行。

2009 年 7 月，《共读共写共同生活：新教育实验年鉴（2007—2008）》出版。年鉴记录了新教育实验 2007 年至 2008 年所走过的实验历程。

2009 年 7 月，朱永新的《新教育》一书由漓江出版社出版。

2009 年 9 月 4 日，新教育实验网络师范学院正式开学授课，学院借助教育在线（www.eduol.cn）网络平台，以新教育实验的理念为指导，希望培养出大批真正热爱教育、扎根教室、能够以素质教育的方式将学生引向卓越的教师。朱永新任学院院长，由新教育研究院研究中心负责课程实施。

2009 年 9 月 18 日，“海峡两岸基础教育论坛”在南京举行，朱永新、卢志文参加论坛，分别做题为《前行、攀升与飞翔——教师专业发展初论》和《校长视野下的教师专业发展》的主题演讲。

2009 年 10 月 31 日，《新教育》报正式恢复，第 14 期出刊。《新教育》报是新教育实验的宣传载体，主要报道新教育实验动态、实验成果以及各新教育实验区域的风采。

2009 年 12 月 16 日下午，由腾讯网组织举办的腾讯教育年度盛典在北京举行，朱永新当选“回响中国”年度致敬之风云人物。

2010 年 1 月 2—3 日，“从优秀走向卓越——2010 新教育发展元旦论坛”在苏州新区妇女儿童活动中心举行。朱永新做“新教育，如何从优秀到卓越”主题讲演。召开新教育联席会议和新教育理事会，推选卢志文为新一届理事会理事长。

2010 年 2 月 21 日，江苏省民政厅批文同意江苏昌明教育基金会（新教育基金会）成立。基金会成立，标志着新教育自此有了属于自己的支撑实验发展的筹资造血机构。基金会由朱永新、卢志文、王海波发起成立，以促进师生“过一种幸福完整的教育生活”为宗旨，援助教师专业成长，服务学校发展，传播新教育理念，推广新教育实验成果。

2010 年 3 月 26 日，人民教育出版社举行《朱永新教育文集》（十卷本）的韩文版赠书仪式。国家图书馆、国家版本图书馆、韩国大使馆、北京大学、清华大学、中国人民大学、中央教育科学研究所等单位接受捐赠。

2010 年 4 月 5 日，《半月谈》(内部版)第 4 期发表周盛平的署名文章《中国教育：批评之外的创新者们》，报道新教育实验“刷新教育理念”。

2010 年 4 月 10 日，焦作新教育实验展示会在中国卓越校长、局长峰会上举行。朱永新应邀做主题讲演并考察焦东路小学、团结街小学、马村工小、人民中学、焦作新教育之家等。

2010 年 4 月 16—19 日，新教育研究中心干国祥、杨超、王云一行赴内蒙古鄂尔多斯市东胜区进行新教育田野研究与培训。

2010 年 4 月 21—22 日，应浙江平湖新教育实验区邀请，新教育研究院研究中心干国祥、王云、杨超赴平湖指导新教育实验。

2010 年 7 月 9—11 日，全国新教育实验第十届研讨会在河北石家庄市桥西新教育实验区举行。本次会议围绕“学校文化”的主题开展活动，2300 多人参会。朱永新做了“文化为学校立魂”的主题报告。桥西区展示了 12 所学校的文化，会议吸纳浙江缙云、安徽霍邱、甘肃庆阳为新教育实验区。

2010 年 7 月 10 日，中国教育学会“十一五”规划重点课题《新教育实验的研究》在河北会堂衡水厅召开结题大会，课题顺利结题，并获优秀等级。

2010 年 7 月 30 日，第六届剑桥沙龙公开讲坛在哈佛大学燕京图书馆举行，朱永新就中国教育体制改革问题进行讲演，并介绍了中国新教育实验进展。

2010 年 8 月 17—18 日，新教育研究中心干国祥、魏智渊赴内蒙古鄂尔多斯市实验区商议新教育小学筹备事宜。

2010 年 8 月 26 日，新教育研究中心迁至鄂尔多斯市东胜区罕台镇，新教育小学成立。8 月 29 日，新教育小学举行开学日。

2010 年 9 月 1 日，人民教育出版社国际出版合作 30 年纪念活动暨《朱永新教育文集》版权输出日本签约仪式在北京举行。人民教育出版社与日本东方书店签订了《朱永新教育文集》版权输出日本合同。

2010 年 9 月 24—26 日，许新海等一行四人和香港陈一心家族基金会项目负责人到云南楚雄实地考察由该基金会捐赠的新教育研究会“书香校园建设”楚雄学校项目。

2010 年 9 月 25 日，“新教育 · 读写月报”论坛更名为“新教育实验杂志”论坛，同时增设“新教育实验媒体报道”论坛，版主为陈连林、刘恩樵、杜涛。

2010 年 9 月 30 日，新阅读研究所成立，隶属于新教育研究院，是国内第一家专门从事阅读研究的公益性学术研究机构。研究所名誉所长为朱永新教授，执行所长为王林先生。

2010 年 10 月 8 日，新教育基金会第一批新员工正式入职。

2010 年 12 月 4 日，由 21 世纪教育研究院、新教育研究院与南都公益基金会等多家机构联合举办的第二届“地方教育制度创新奖”颁奖典礼暨高峰论坛在北京召开。江苏海门市教育局、山西绛县教育局由于在推进地方教育制度创新和新教育实验上成绩显著，获得地方教育制度创新提名奖。

2010 年 12 月 15 日，由腾讯网主办的 2010“回响中国”教育年度盛典在北京香格里拉酒店隆重举行。朱永新获得 2010“回响中国”腾讯教育微博意见领袖称号。

2011 年 1 月 12 日，新浪网 2010 中国教育盛典在北京北辰洲际酒店举行。朱永新与俞敏洪、徐小平、孙云晓等获得了 2010 微博风尚人物奖。

2011 年 1 月 16 日晚，新教育基金会启业仪式暨慈善晚宴在上海隆重举行，150 多位嘉宾出席活动。共筹得善款 128.18 万元，所得款项悉数捐赠新教育基金会。昌明教育基金会（简称“新教育基金会”）是 2010 年 2 月在江苏省民政厅注册成立的一家非公募基金会。基金会的宗旨是倡导新教育文化，促进新教育实验的发展，让更多的师生过一种幸福完整的教育生活。基金会的使命是成为促进新教育实验发展和推动中国教育创新的助推器。（基金会名称：江苏昌明教育基金会；开户银行：中国建设银行股份有限公司苏州工业园区支行；账号：32201988836051517693）

2011 年 4 月 21 日，新教育研究院新阅读研究所组织专家研制的“中国小学生基础阅读书目”在国家图书馆正式发布。

2011 年 7 月 8—11 日，佐藤学、严文蕃等来自美国、日本等国家的教育研究者以及 800 多名新教育人汇聚江苏常州湖塘桥中心小学教育集团，参加新教育实验国际论坛。

2011 年 9 月 17 日，全国新教育实验第十一届研讨会在鄂尔多斯市东胜区举行。全国各新教育实验区千余名分管教育的区长、教育局局长、校长和教师参加会议。本次年会的主题为“新教育与中国文化”。

2011 年 11 月 5—6 日，第五届“二十一世纪中国儿童阅读推广人”论坛暨阅读嘉年华活动在深圳中央教科所南山附属学校举行。来自全国各地的儿童阅读推广教师近 300 人参会。新教育研究院下属机构新阅读研究所参与承办了会议。

2011 年 11 月 19—21 日，新教育“晨诵、午读、暮省——一种回归朴素的儿童生活方式”专题培训活动在河南焦作举行。

2011 年 11 月 23 日，新教育亲子共读研究中心成立，童喜喜担任负责人。

2011 年 11 月 25—26 日，由新教育研究会和新教育研究院主办、海门市教育局承办的全国新教育实验海门开放周“缔造完美教室，书写生命传奇”暨完美教室专题研讨会在江苏海门实验区隆重召开。

2011 年 12 月 10 日，主题为“教育，因你而改变”的第四届新浪 2011 中国教育盛典在北京万达索菲特大酒店举行，朱永新荣获“2011 年度微博风尚教育人物”奖。

2011 年 12 月 15—16 日，绛县新教育实验区举行第四届开放周活动。

2011 年 12 月 30 日，由中国教育报、中国教育新闻网联合举办的 2011 年度“推动读书十大人物”评选活动在《中国教育报》上揭晓，新教育人陈东强名列其中，时朝莉获得提名。

2012 年 1 月 6 日，《人民日报》17 版《文教周刊》发表了朱永新的长篇文章《改变，从阅读开始》，讲述了新教育的阅读观。

2012 年 1 月 17 日，由新闻出版总署全民阅读活动组织协调办公室组织 15 家中央媒体和网站开展的 2011 年度“大众喜爱的 50 种图书”，在北京揭晓最终书目。朱永新《给中国教育的 100 条建议》入选。

2012 年 2 月 4 日，朱永新在北京龙泉寺做了题为“过一种幸福完整的教育生活”的讲座。

2012 年 4 月 10 日，朱永新被国家新闻出版总署聘请为“全民阅读活动形象大使”。柳斌杰署长亲自为其颁发聘书。朱永新表示要继续为阅读呐喊，为国家阅读节、阅读基金等鼓与呼；继续为阅读研究、研制中国各个人群的基础阅读书目；继续为阅读行走，推进书香校园建设。

2012 年 6 月 1 日，朱永新考察内蒙古鄂尔多斯罕台新教育实验小学，研究北京丰台新教育小学的发展问题。

2012 年 6 月 20—21 日，山东省诸城新教育实验区分别在文化路小学和舜王小学举行新教育实验推介会，诸城市近 800 名实验骨干教师和分管领导参加推介和培训活动。

2012 年 7 月 14—15 日，全国新教育实验第十二届研讨会在山东临淄隆重举行。来自全国各地的新教育专家，35 个新教育实验区、80 余所新教育实验学校的近 1800 名新教育代表参会，共商新教育发展大计。大会围绕“缔造完美教室”这一主题开展了系列研讨活动。

2012 年 9 月 28 日上午，任城新教育实验区启动仪式暨专家报告会在山东济宁任城实验中学隆重举行。

2012 年 10 月 5 日，“‘佛教名人’关爱教育——慈善书画作品义展”开幕式在无锡灵山梵宫隆重举行。本次活动由《佛教文化》杂志社携手新教育基金会及灵山慈善基金会共同举办。

2012 年 10 月 12 日，山东莱芜市新教育实验“缔造完美教室”项目培训现场会在莱芜市实验小学举行。

2012 年 10 月 20—22 日，由新教育研究院主办，宁波市教育局、宁波市中小学教师培训中心和宁波市效实中学承办的 2012 新教育国际高峰论坛在浙江宁波隆重举行。本次论坛的主题是“教育的文化价值”，全国各地的 400 多名新教育代表以及来自美国、日本、澳大利亚等国家的教育研究者汇聚甬城，共同交流新教育实验成果，探讨教育改革问题。

2012 年 12 月 1—2 日，2012 全国新教育实验区工作会议在安徽省霍邱县隆重召开。

2012 年 12 月 25 日，新教育研究院院长卢志文先生前往甘肃庆阳实验区指导新教育实验工作。

2013 年 3 月 3 日，新教育培训中心迎来首批培训对象——南京市栖霞区中小学校长，这标志着该培训中心正式启用。

2013 年 3 月 17 日下午，“禅林妙笔，丹青菩提——妙禅法师禅画展”在北京国艺美术馆开幕。本次禅画展由新教育基金会、光明日报书画院联合主办。展出了被誉为“禅画第一僧”的妙禅法师的禅画作品 55 幅。新教育基金会理事长卢志文，向来宾介绍了新教育实验的核心价值观与公益情怀。

2013 年 3 月 21 日，著名教育专家、被誉为“中国的苏霍姆林斯基”的成都市武侯实验中学校长李镇西博士应邀莅临海门，为海门全体高中班主任进行新教育实验完美教室项目培训。

2013 年 3 月 21 日，浙江萧山新教育实验区教育局党委委员夏国良一行 12 人来到海门，与新教育研究院院长许新海等一起讨论新教育年会筹备工作方案，这标志着 2013 年新教育年会工作的全面启动。

2013 年 3 月 22 日，山东莱芜市实验学校、高新区实验学校、莱芜市吴伯箫学校、莱芜市汶水学校、上游中学等八所学校建立“八校教研联盟”。

2013 年 4 月 4 日下午，江苏省教育学会副会长叶水涛赴海门实验区访问，新教育研究院院长，海门市教育局党组书记、局长许新海会见了叶会长一行，并与他就新教育的理论与实践、历史与发展进行了深入的交流。

2013 年 4 月 27 日上午，由新教育研究院、新教育研究会主办，海门市教育局、海门市中小学教师研修中心、海门市新教育培训中心承办的全国新教育实验海门开放周暨“研发卓越课程”专题研讨会在江苏省海门中学开幕。

2013 年 4 月，囊括新教育研究院副院长、成都武侯实验中学校长李镇西 12 卷著作的《李镇西教育作品》由光明日报出版社出版。

2013 年 5 月 15—17 日，山东省莱芜市举行新教育实验开放周活动。

2013 年 5 月 18 日，日照经济技术开发区教育局在银川路小学举行“新教育行动策略研究工作室”启动仪式。

2013 年 5 月 23—24 日，以“促进教师发展　构筑理想课堂”为主题的石家庄市小学教学工作现场会暨新教育实验开放周活动在桥西区隆重举行。

2013 年 7 月 3 日，在新教育基金会、新教育研究院的大力支持下，教育在线组织部分骨干网友赴福建沙县举行“走进乡村学校公益培训（第 2 期）”活动。全县及周边县市近 300 名中小学语文教师参加了本次培训。本次活动被老师们赞为“大山深处的播种”。

2013 年 7 月 6—7 日，北京丰台二中附属新教育实验小学举行了一年级期末庆典活动。学校名誉校长朱永新教授、美国马萨诸塞大学波士顿分校教育学院教育领导学系主任严文蕃教授观看了部分班级的期末庆典，丰台教委张立新主任莅临指导，王志江总校长全程参加了活动。庆典得到了领导与来宾的一致好评。

2013 年 7 月 13—14 日，全国新教育实验第十三届研讨会在杭州萧山举行，来自全国 40 个新教育实验区、1300 多所实验学校的代表，以及部分知名教育专家和 11 位美国中小学校长，共计 1300 余人齐聚萧山，分享新教育实验带来的成果和喜悦，共同探讨卓越课程发展之路。

2013 年 8 月 2—3 日，日照市新教育实验学校校长高级研修班在日照师范学校举行，市教育局副调研员赵春峰出席会议并讲话，来自全市 249 所新教育实验学校的校长、业务校长及部分新教育骨干教师参加了此次研修。

2013 年 8 月 18 日下午，全国新教育培训中心在南通海门举行揭牌仪式，正式投入运行。

2013 年 9 月 10 日 0 点，正式启动新教育基金会感恩乡师图书馆计划。该计划拟用一年的时间征集 81 名申请人，在他们指定的乡村小学、乡镇初中或县城中学捐建 81 个图书馆。

2013 年 9 月 22 日，日照市召开新教育实验工作调度暨开放周筹备会议。

2013 年 9 月 23 日，教育在线“走进乡村学校公益培训（第 3 期）”在革命老区徐州贾汪举行。

2013 年 9 月 24 日下午，南京市栖霞区教育局召开新教育实验推进会。

2013 年 9 月 23—25 日，来自北京、南京、泗阳、郑州等地的新教育考察团共 130 多人，在海门全国新教育培训中心进行为期三天的现场培训。

2013 年 9 月 29 日，新教育实验发起人朱永新，在新教育研究院院长许新海，新教育研究院常务副院长陈东强等陪同下赴苏州市新教育实验区视察新教育实验情况，并与苏州市教育局顾月华局长、李婧娟副局长等实验区领导协商、部署了明年新教育年会筹备工作的初步方案。

2013 年 10 月 24—29 日，新教育理事会副理事长兼秘书长、新教育研究院常务副院长陈东强，在研究院办公室主任杜涛陪同下在山东济宁任城、诸城新教育实验区调研指导。

2013 年 11 月 8 日，新教育实验发起人朱永新赴新教育实验区——大禹故里北川调研，新教育研究院常务副院长陈东强，副院长李镇西博士，北川羌族自治县委常委、宣传部部长周福兰，县政协副主席王成如，教育体育局党委书记、局长邓勇陪同调研。

2013 年 11 月 9 日，由新教育研究院主办、成都市武侯区教育局承办的“阅读的力量——2013 年新教育国际高峰论坛”在四川大学附属中学拉开帷幕。此次论坛是新教育开展的第三届国际高峰论坛，是新教育实验与世界教育高端碰撞的又一次盛会。

2013 年 12 月 15 日，应甘肃省庆阳市教育局邀请，新教育研究院组织专家团队在庆阳市陇东学院大礼堂举行了新教育专题培训活动。

2013 年 12 月 28 日，由新教育新阅读研究所与正略咨询联合组织专家研制的“中国企业家基础阅读书目”在北京正式发布。这份书目向中国企业家推荐了 100 本对企业家成长和企业发展有所帮助的优秀图书。新教育实验发起人朱永新、新教育理事会副理事长兼秘书长陈东强等出席发布会。

2014 年 7 月 11 日，由新教育研究院、苏州大学教育学院共同主办的“中美艺术教育高峰论坛”在苏州大学敬贤堂隆重召开。

2014 年 7 月 12—13 日，全国新教育实验第十四届研讨会在美丽的古城苏州成功举行，来自全国 47 个新教育实验区的 1600 多名教师代表参加了本次会议，来自美国和澳大利亚的代表团成员也作为嘉宾参与了本次盛会。

2014 年 9 月 2—4 日，全国“新孩子乡村阅读公益行”首站活动在焦作启动。此次名为“新孩子乡村阅读公益行”的全国性公益活动，由新教育新父母研究所和二十一世纪出版社联合举办。该活动将在全国遴选 100 所有志于用阅读改变教育的农村学校，为每所学校捐赠价值 10 万元共计 1000 万元的图书，以解决乡村学校优秀童书紧缺的实际困难。

2014 年 9 月 18 日，由新教育新阅读研究所联合北京十一学校，组织专家历时 3 年研制完成的“中国中学生基础阅读书目”在北京正式发布，同时还发布了中国幼儿、小学生基础阅读书目修订版，并推出了《中国人阅读书目 · 导赏手册》。“中国中学生基础阅读书目”分为初中、高中两个子书目，各精选了适合中学生阅读的文学、人文、科学经典图书 100 种。

2014 年 10 月 4 日，新教育第三届理事会第六次会议在苏州召开，新教育实验发起人朱永新、新教育研究院院长许新海、新教育基金会理事长卢志文、新教育研究院常务副院长陈东强、新教育研究院副院长李镇西、新教育基金会理事储昌楼等参加。

2014 年 11 月 8—9 日，由新教育研究院主办、日照市教育局承办的“相约美丽日照，构筑理想课堂——2014 新教育国际高峰论坛”在日照市新营小学成功举办，来自国内外的教育专家、学者、教师 900 余人齐聚日照，共商新形势下“构筑理想课堂”的大计。

2014 年 12 月 14 日上午，由江苏省教育学会主办、新教育研究会和海门市教育局承办的全国新教育实验海门开放周暨“中学构筑理想课堂”研讨会隆重开幕。开幕式由江苏省教育学会副会长叶水涛主持，来自全国 15 个省（自治区、直辖市）的 700 多名新教育同人参加了开幕式。

2015 年 1 月 9—10 日，由中国教育学会与新教育研究院联合举办的新教育实验“缔造完美教室”叙事研讨会在北京师范大学举行，参与本次研讨会的嘉宾有国家教育咨询委员会委员、国家总督学顾问陶西平，新教育实验发起人朱永新，教育部基础教育一司司长王定华，北京师范大学教育学部部长石中英等来自全国的 800 多位教育界同人参加了本次研讨会。

2015 年 3 月 22 日，新教育基金会（江苏昌明教育基金会）理事会暨换届大会在温州翔宇中学召开。新教育实验发起人朱永新，新教育基金会理事长卢志文，新教育基金会副理事长王海波，新教育基金会理事、昆山千灯中心小学校长储昌楼，21 世纪教育研究院副院长熊丙奇等理事会成员参加会议。

2015 年 4 月 13 日上午，由新教育研究院、新教育研究会主办，海门市教育局、海门市新教育培训中心承办的全国新教育实验海门开放周暨“新生命教育”研讨会在海南小学开幕。来自辽宁、河南、四川、贵州、黑龙江、山东等 10 个省（自治区、直辖市）的新教育同人参加了开幕式。

2015 年 4 月 17 日，由中国教育新闻网、亲近母语公益发展中心、新教育基金会、春桃慈善基金会和心平公益基金会联合发起的第二届“阅读改变中国”年度评选活动，多位新教育人被评为 2015“阅读改变中国”年度人物。

2015 年 4 月 18 日上午，首届新教育实验学术委员会成立会议在海门市海南小学召开。

2015 年 5 月 21—22 日，由新教育研究院主办、奎屯市教育局承办的 2015 全国新教育实验区工作会议隆重召开。新教育实验发起人朱永新、新教育研究院院长许新海、新教育研究院常务副院长陈东强，以及来自全国 40 多个实验区的 300 多位新教育同人参加了会议。

2015 年 7 月 11—12 日，全国新教育实验第十五届研讨会在四川省金堂县召开。本届研讨会由新教育研究院、中国陶行知研究会新教育分会、新教育基金会主办。来自美国、中国的教育专家、学者以及全国各地新教育实验区政府领导、校长和教师代表共 1700 多人参会。

2015 年 7 月 19 日，由江苏省徐州市教育局主办，新沂市教育局、新沂市教师进修学校承办的新教育实验大型专题报告会在新沂市影剧院召开。

2015 年 11 月 14—15 日，2015 新教育国际高峰论坛在河南省郑州市管城回族区举行，就卓越课程的研发进行深入研讨。新教育实验发起人朱永新，新教育研究院院长许新海，新教育研究院常务副院长陈东强，郑州市人民政府副市长刘东，管城回族区委常务委员、宣传部部长杨洁，河南省教育厅职业教育与成人教育处处长高培华，管城回族区人民政府副区长安惠萍等领导，以及来自美国、德国、芬兰等国家的专家和各地的新教育同人共 1000 多人参会。

2015 年 11 月 22 日下午，新教育实验“每月一事”专题研讨会在江苏海门实验区举行。

2015 年 12 月 13—18 日，江苏海门举行全国新教育实验海门开放周暨海门市新教育研发卓越课程推进会。来自山东、河南、浙江、黑龙江、内蒙古等 18 个省（自治区、直辖市）的 1300 多名新教育同人参会。

2015 年 12 月 26 日，第四届全国教育改革创新典型案例推选颁奖暨创新成果展示活动在国家教育行政学院举行，新教育研究院申报的《新教育实验探索幸福完整的教育生活》创新典型案例，被授予第四届全国教育改革创新典型案例特别奖。新教育研究院常务副院长陈东强代表研究院参加本次活动，并接受国家教委原副主任柳斌颁奖。

2016 年 1 月 2 日，新教育元旦论坛在苏州大学红楼会议中心举行，本次论坛由苏州大学新教育研究院主办。苏州大学教育学院院长、苏州大学新教育研究院院长许庆豫博士主持论坛。新教育实验发起人朱永新教授，新教育研究院院长许新海博士，苏州大学博士生、硕士生及新教育友人近 70 人参加活动。许新海院长以“探索最美好的教育，遇见更美丽的生命”为题介绍了 2015 年新教育研究院的工作进展和 2016 年的工作计划。

2016 年 1 月 3 日，新教育第三届理事会第九次会议在江苏昆山千灯中心小学南校区举行，新教育实验发起人朱永新，新教育理事会副理事长、新教育研究院院长许新海，新教育理事会副理事长兼秘书长、新教育研究院常务副院长陈东强，新教育理事会副理事长、新教育研究院副院长童喜喜，新教育研究院副院长李镇西等近 20 位新教育理事参加会议。陈东强秘书长主持会议。

2016年1月10日，由新教育研究院新阅读研究所组织评选的2015中国童书榜在国家图书馆发布。著名作家张炜的《寻找鱼王》获得年度最佳童书，其余获奖童书包括为纪念抗战70周年而作的《南京那一年》，以及原创绘本《跑跑镇》等10本。

2016年2月27日上午9点，《朱永新教育作品》英文版全球首发仪式暨“全面提高教育质量”座谈会在国家图书馆内国家典籍博物馆新闻报告厅隆重举行。这是国内教育家的文集第一次完整地翻译成英文，向世界传播。

2016年4月16日，由邢台县人民政府主办、邢台县教育局承办的朱永新教授新教育实验报告会暨新教育邢台县实验区启动仪式在邢台学院隆重举行。

2016年4月26日，来自全国各地的新教育实验区领导、专家，新教育实验区负责人等500余人齐聚随县神农国际大酒店，参加2016年全国新教育实验区工作会议。

2016年5月17—18日，乡村新教育专题研讨会暨全国新教育焦作开放周在焦作市举行，来自全国的370余人及焦作市新教育实验骨干教师1300余人参加了活动。

2016年5月28—29日，“新教育　新阅读　新课程”全国新教育皇姑实验区开放周暨皇姑区第二届国际儿童阅读论坛在沈阳市皇姑区举行。28日，新教育实验发起人朱永新教授、新教育研究院常务副院长陈东强、副院长童喜喜等领导在皇姑区政府副区长贺燕、教育局局长郭振扬的陪同下先后参观了航空实验小学、珠江五校、岐山一校。

2016年6月14日，新教育实验发起人朱永新教授到宁夏新教育实验学校西夏区回民小学考察。校长海生军向朱永新教授汇报了西夏回小进行新教育实验一年多来，完美教室缔造、每月一事推进、家校合作共建等行动的开展情况和取得的成绩。

2016年7月9—10日，全国新教育实验第十六届研讨会在山东诸城隆重举行，来自全国23个省（自治区、直辖市）的60多个实验区的2000余名代表参加了此次会议。

2016年8月15日，由安徽少年儿童出版社主办的“擦亮每个日子，呵护每个生命”新教育晨诵叙事研讨会在合肥滨湖新区举行，新教育实验发起人朱永新教授亲临现场并授课。合肥市各县（市）区中小学校长、语文教师、学生代表近千人聆听了讲座。

2016年8月25日，栖霞区中小学教育教学工作会议暨2017年全国新教育年会培训和动员会在栖霞区实验初级中学举行，新教育研究院院长、中国陶行知研究会新教育分会理事长许新海应邀参加本次会议并做专题报告，栖霞区教育局副局长吴兴出席活动，栖霞区教育局基教科宋福云科长主持会议。

2016年9月28日上午，2016领读者大会在国家图书馆盛大开幕，来自全国各地的上千名阅读推广人齐聚北京，共话阅读。

2016年10月7日，“家校合作共育新人”新教育家校合作共育第一次研讨活动在新教育南京栖霞实验区成功举办。新教育实验发起人朱永新，国家督学、江苏省教科所原所长成尚荣先生，江苏省教育学会副会长叶水涛，新教育研究院院长、中国陶行知研究会新教育分会理事长许新海等参加活动。

2016年10月13日，新教育研究院所属新家庭教育研究院"家庭教育中的儿童权利"研讨会在北京举行，会上发布了《中国家庭教育蓝皮书（2015）》。《中国家庭教育蓝皮书（2015）》由教育科学出版社出版。该书由新家庭教育研究院院长孙云晓带领的团队精心编辑。

2016年10月13日，持续新教育书目研制，推出基础阅读最新成果：新教育新阅读研究所《中国中小学教师基础阅读书目》《中国新父母基础阅读书目》出版。书目采取"30种基础阅读书+70种推荐阅读书"的方式，内容包括书目研制报告，100种图书的书目表，每种图书的出版信息、推荐理由、内容简介、精彩语录以及延伸阅读等。

2016年10月21日，新教育实验发起人朱永新教授赴泰州姜堰实验区，考察姜堰实验区的新教育实验工作，并以"书写教师生命的传奇——教师成长的理论与实践"为题做专题演讲。姜堰区各学校校长和骨干教师代表等600多人聆听了演讲。

2016年11月20日，2016新教育国际高峰论坛在温州翔宇中学举行，论坛主题为"共话未来学校"。温州市人民政府副市长郑朝阳致欢迎辞，朱永新教授做"未来学校展望"主题报告，卢志文校长做主题分享。为期两天的论坛中，国际国内教育专家、同人不断进行思想碰撞，交流经验与思考，分享美好与创造。

2016年12月5日，全国新教育实验海门开放周暨初中"推进每月一事"研讨会开幕并举行首场报告会。辽宁、山东、河南、安徽、贵州、黑龙江、陕西等16个省（自治区、直辖市），江苏南京、新沂等地，以及海门市的近500名新教育代表参会。

2016年12月23日，全国新教育课程实践项目现场培训会在日照召开，会议的主题是"儿童课程的实施以及方法和策略"。会上，新父母研究所副所长蓝玫老师做了题为《擦亮每个日子　呵护每个孩子——新教育晨诵理论和实践》的报告。

2017年1月7—8日，新教育第四届理事会常务理事会第一次（扩大）会议在上海同济大学经济与管理学院举行。

2017年3月16日，全国新教育实验第十七届研讨会筹备会在栖霞实验初级中学（尧化校区）会议室召开。

2017年4月15—16日，以"新北川新生命新教育"为主题的2017年全国新教育实验区工作会议在北川举行。来自全国20余个省（自治区、直辖市）、65个新教育实验区的700余名代表相聚北川，共同分享新教育区域推进实践成果，交流经验。

2017年4月23日上午，新教育越秀实验区签约仪式在广州市第三中学隆重举行，新教育实验发起人朱永新，新教育理事会副理事长兼秘书长陈东强，中共广州市越秀区委常务委员、常务副区长赖志鸿，越秀区教育局局长陈军等领导出席签约仪式。

2017 年 4 月 24 日上午，由新教育研究院、中国陶行知研究会新教育分会主办，海门市教育局、海门市新教育培训中心承办的全国新教育实验海门开放周暨“家校合作共育”研讨会在海门市东恒盛国际大酒店隆重开幕。上午的报告会由新教育教师成长学院院长、海门市新教育培训中心主任吴勇主持，来自全国的 800 多名新教育同人参会。

2017 年 5 月 8—12 日，蒙古国教育代表团新教育考察培训班在江苏海门举办。这是落实习近平总书记在访问蒙古国时表示要加强人文教育交流合作、推动“一带一路”发展的一次教育交流活动，由新教育实验发起人朱永新牵线引进。

2017 年 5 月 25 日上午，全国新教育实验姜堰开放活动隆重开幕。姜堰区教育局局长武晓明以“向着幸福完整的方向”为题，从“相遇新教育，开启幸福教育的模式”“深耕新教育，长出属于自己的模样”“享受新教育，收获幸福教育的表情”三个方面介绍了姜堰教育与新教育 18 年来相遇、相知、相守的教育情怀。

2017 年 7 月 15 日，全国新教育实验第十七届研讨会在南京栖霞隆重开幕。新教育实验发起人朱永新、江苏省教育厅厅长葛道凯、南京市政府副市长胡万进、栖霞区区长黎辉分别发表了热情洋溢的开幕式致辞。大会颁发了 2017 年度人物、智慧校长、榜样教师、完美教室及卓越课程五个奖项。

2017 年 8 月 6 日上午，“2017 新教育萤火虫之夏暨全国第八届新教育种子教师研训营”在北京清华附小商务中心区实验小学举行。本次活动以新教育实验十大行动为主题，来自山东、湖北、山西、陕西、福建、江西等全国各地的 300 多名新教育种子教师、萤火虫义工、阅读推广教育创新的同人相聚一堂，共话新教育十大行动。

2017 年 8 月 12—15 日，由新教育基金会和海外中国教育基金会主办，银川市师资培训中心、西夏区教育局承办的第二届榜样的力量论坛暨第五届暑期榜样教师研习营在西夏区举行。

2017 年 9 月 13 日，在首都师范大学第二附属中学举办了一场培训活动，邀请新家庭教育研究院副院长蓝玫做主题讲座。来自项目学校的近百名海淀新教育种子教师和干部参加了培训。

2017 年 11 月 11—12 日，全国新教育实验开放活动暨江苏省教育学会新教育实验研究专业委员会研讨会在江苏新沂举办。新教育实验发起人朱永新，徐州市教育局局长吴昊，新沂市领导陈堂清、周树兵，江苏省教育学会副会长叶水涛，新教育理事会理事长许新海，新教育研究院名誉院长卢志文，新教育理事会副理事长陈东强等出席活动。

2017 年 11 月 18 日，由新教育研究院、中国陶行知研究会新教育分会主办，江苏省海门市教育局、海门市新教育培训中心承办的“播下科学的种子——2017 新教育国际高峰论坛”在海门市中等专业学校开幕，来自国内外的教育专家、学者、教师1000余人赴会。开幕式由新教育理事会理事长许新海主持，海门市副市长黄静致辞。

2018年1月7日，2018年度新教育论坛在苏州大学教育学院学术报告厅召开。新教育实验发起人朱永新，苏州大学党委书记江涌，新教育理事会理事长许新海，苏州大学教务部部长周毅、教育学院党委书记蒋晓虹等参加了本次论坛。

2018年1月26日，由新教育研究院新阅读研究所组织评选的第五届中国童书榜在国家图书馆发布，24种年度最佳和优秀童书获奖，年度童书一百佳书目同时发布，评选委员会嘉宾、出版社代表、阅读推广机构以及孩子和家长等200余人参加了童书榜颁奖典礼。国家全民阅读形象代言人朱永新、国际儿童读物联盟中国分会副主席张明舟等出席发布会。

2018年1月27日上午，首场“新教育·新父母·新孩子家庭教育系列公益讲座”在焦作市图书馆报告厅成功举办。做讲座的专家是新教育网络师范学院副院长、新教育教师成长学院副院长张硕果，主题为“父母才是孩子的未来”。

2018年4月14—15日，以“新时代　新教育　新征程”为主题的全国新教育实验区工作会议在江苏如东召开。来自全国各实验区的500多位代表相聚在如东，共同探讨新教育实验区推进策略，分享如东实验区加入新教育近十年的累累硕果。

2018年4月16日上午，由新教育研究院主办、海门市新教育培训中心承办的全国新教育种子教师“共享成长幸福”展示暨“教师专业发展”专题研讨会在海门中南东洲国际学校隆重开幕。来自山东、河南、贵州、甘肃、安徽、重庆、陕西等17个省（自治区、直辖市）的800多名新教育同人参会。

2018年5月14—15日，全国新教育实验理想课堂展示暨海门市实验小学第二届“江海之声”教学研讨活动隆重举行，来自浙江、青海、河北、山东、内蒙古、云南等13个省（自治区、直辖市）及海门本地的500多位新教育人齐聚百年老校，共享理想课堂。

2018年6月1日，新教育实验发起人朱永新赴洛阳市老城区第一小学调研并指导新教育实施情况。

2018年6月20日，由北京市海淀区教育科学研究院、新教育研究院新阅读研究所主办的“海淀区新教育成果展示交流会”在首都师范大学附属小学召开。新教育实验发起人朱永新、海淀区委教工委书记尹丽君、海淀区教育工会主席刘文英、海淀区教委副主任赵建国等领导参加了此次活动。

2018年7月14—15日，由新教育研究院、新教育基金会、成都市武侯区人民政府主办，成都市武侯区教育局承办的全国新教育实验第十八届研讨会在成都市武侯区举行。本次会议研讨的主题是“科学教育”，通过新教育叙事、专家点评、论坛交流、实验校现场考察等形式，进一步展示了全国新教育实验的实践成果。会议还公布了评选出的新教育 2018 年智慧校长、榜样教师、完美教室、卓越课程各 10 名，提名奖各 20 名，年度人物 1 名、提名奖 2 名，并隆重颁奖。

2018 年 8 月 11—17 日，由新教育研究院新阅读研究所、新教育种子计划项目组、新教育萤火虫亲子共读项目组主办，诸城市教育局承办的新教育萤火虫之夏（2018）暨全国新教育第九届种子教师研训营，在山东省诸城市龙源双语学校隆重举办，来自全国各地市的 1300 余名新教育人参加了本次活动。

2018 年 8 月 15 日上午，由新教育研究院主办，海门市新教育培训中心承办的全国新教育实验项目培训活动在海门市光华国际大酒店拉开序幕。

2018 年 8 月 25 日，中国人民大学出版社与数字未来出版社在北京国际图书博览会上举行了《中国新教育》法文版新书发布会。《中国新教育》是《朱永新教育作品集》中的一卷，丛书一共 16 卷，反映了中国教育日新月异的发展变化，并且对中国教育改革的制度、理念、方法等进行了全方位的综合阐述。

2018 年 9 月 28—29 日，“2018 领读者大会暨 CBBY 阅读年会”在北京举行。本次会议由新教育研究院新阅读研究所和国际儿童读物联盟中国分会（CBBY）联合主办。

2018 年 10 月 6 日上午，朱永新教授《回家》新书发布会暨新艺术教育研究院与苏州高新文体集团签约仪式在苏州高新区文体中心隆重举行。

2018 年 10 月 22—23 日，全国新教育实验理想课堂展示暨东洲国际学校首届“生本学习”研讨活动于江苏海门举行。活动由新教育研究院、新教育培训中心主办，海门市东洲国际学校承办，全国各地 500 多名教育同人参加了活动。

2018 年 10 月 28 日，由新教育委托苏州大学组织研发的中国领导干部（公务员）基础阅读书目研制论证会在苏州大学举行。新教育实验发起人朱永新，江苏省政协副主席、南京大学党委书记胡金波，国家新闻出版广电总局原副局长邬书林，中国新闻出版研究院院长魏玉山，中共中央党校教授钟国兴，国家行政学院教授高宏存等嘉宾出席活动。

2018 年 11 月 12—15 日，第四届教博会（中国教育创新成果公益博览会）在珠海举行。新教育实验作为参展方，在教博会公益展馆（H1–54）进行成果展示。江苏泰州姜堰区东桥小学教育集团沙华中总校长、叶荣根副校长携团队作为新教育实验受益方，为新教育代言，向参会者介绍新教育实验教育创新成果。

2018 年 11 月 17—18 日，第八届新教育国际高峰论坛在福建厦门同安一中成功举办，本届高峰论坛由新教育研究院主办，福建省关工委、福建省国资教育投资有限公司联合承办，厦门市同安区教育局、厦门同安一中共同协办。

2018 年 12 月 11 日，“致敬时代 · 赋能未来”2018 网易教育金翼奖颁奖典礼在北京盛大举行。新教育研究院荣获网易“年度教育创新团队”特别奖。

2018 年 12 月 25 日，教育部公布了 2018 年国家级教学成果奖获奖项目名单，朱永新教授主持的《“新教育实验”的教学改革实践》荣获 2018 年基础教育国家级教学成果奖一等奖。国家级教学成果奖是由国务院批准设立的国家级奖励，每四年评选一次，旨在奖励在教育教学实践、改革、研究中取得显著成果的单位和个人。

2018 年 12 月 31 日，由苏州大学新教育研究院主办的 2019 年度新教育元旦论坛成功召开。新教育实验发起人朱永新、苏州大学党委书记江涌教授、新教育理事会理事长许新海博士、吴江区教育局副局长姚敬华、吴江实验小学教育集团张菊荣总校长、江苏省特级教师管建刚，以及部分新教育实验的实践者与研究者参与了本次论坛。

2019 年 2 月 16 日，新公民研究所成立预备会议在北京王府井涵芬楼书店召开，新教育实验发起人朱永新出席。

2019 年 3 月 24—25 日，2019 年全国新教育日照开放周暨“研发卓越课程”专题研讨会举行，1000 多名代表参加研讨会。

2019 年 4 月 12 日，由新教育基金会、亲近母语等机构联合主办的“阅读改变中国”年度颁奖典礼在江苏大剧院举行。三大奖项“年度点灯人”“年度书香校园”“年度阅读推广机构”的 15 个获奖个人（机构）中，林忠玲、俸耀旭、牛宇，陕西安康培新小学、甘肃兰州市东郊学校为新教育实验共同体中努力实践、积极探索的个人及榜样学校。

2019 年 4 月 20—21 日，2019 年全国新教育实验区工作会议在徐州新沂市举行，新教育实验发起人朱永新、中国陶行知研究会副会长兼秘书长吕德雄、徐州市教育局副局长李运生、新教育研究人员等近 800 名教师代表参会。

2019 年 4 月 27 日，新家庭教育研究院和湖南省教育厅、湖南省妇女联合会、首都师范大学共同主办主题为“家校社共育，成就幸福童年”的第三届新家庭教育文化节。

2019 年 5 月 12 日，由新教育研究院主办、海门市新教育培训中心承办的全国新教育实验海门开放周暨“新人文教育”专题研讨会在江苏省海门中南国际学校开幕。

2019 年 5 月 25—26 日，以“面向未来的学校变革”为主题的智慧校长领导力高峰论坛在江苏昆山举行。论坛由北京师范大学中国教育创新研究院指导、新教育研究院主办。

2019 年 5 月 31 日至 6 月 1 日，新教育研究院新网师“构筑理想课堂高研班”在山西太原举行，本次活动由太原市行知宏实验学校承办，来自全国的 180 多人参加。

2019 年 7 月 12 日，中美人文教育高峰论坛在江苏省泰州市姜堰区举行。

2019 年 7 月 13—14 日，全国新教育实验第十九届研讨会在泰州姜堰举行。当年有 17 个实验区、56 所实验学校加盟新教育实验。截至目前，共有 152 个实验区、5216 所实验学校、560 多万师生加盟新教育实验。研讨会由新教育研究院、新教育基金会主办，姜堰区人民政府承办，主题是“人文教育”。全国 2000 多名教师代表参会。

2019 年 7 月 13 日晚，由新教育研究院主办、新教育基金会等机构承办的新教育学校管理研究所成立仪式暨学校管理机制创新研讨会在泰州鹏欣大酒店举行。

2019 年 7 月 16 日，新教育实验发起人朱永新与苹果公司教育副总裁约翰 · 库奇在搜狐媒体大厦，就“学习的升级：技术如何释放终身学习者的潜能”话题展开对话。

2019 年 7 月 18—21 日，新少年国际艺术教育节在苏州高新区文体中心举行。新少年国际艺术教育节，是苏州高新文旅集团联手新教育研究院打造的大型公益活动，旨在建设国际性艺术教育成果展演交流平台。

2019 年 7 月 30 日至 8 月 2 日，新教育星火教师公益培训项目第四届暑假研习班在江苏丹阳举行。丹阳市 300 多名初中语文教师聚一堂，共同参与研习。

2019 年 8 月 4—9 日，全国首届未来教师成长力高峰论坛在洛阳栾川县举行。论坛由新教育教师成长学院、新教育研学中心主办，栾川县教育体育局、上海美醍思文化传播有限公司协办，新教育教师成长学院副院长张硕果主持。全国各地 530 余人参会。

2019 年 8 月 12 日，来自各省（自治区、直辖市）的近 200 名新教育同人汇聚海门，开启了暑期新教育实验项目培训之旅。

2019 年 9 月 10 日，在人民大会堂举行的教师节表彰大会上，新教育荣获 2018 国家级教学成果奖一等奖，许新海理事长代表新教育团队领奖。

2019 年 9 月 22—23 日，全国新教育实验缔造完美教室研讨会暨兰州新教育开放活动在甘肃省兰州市举行。

2019 年 10 月 21 日，朱永新教授一行 6 人赴内蒙古自治区巴彦淖尔市临河区调研新教育实验工作。

2019 年 11 月 9—10 日，2019 新教育国际高峰论坛在洛阳市伊川县召开。会议由新教育研究院主办、洛阳市教育局承办。来自美国各大学的教授严文蕃、琳达 · 齐格勒、约翰 · 齐格勒、蓝云、叶仁敏、本杰明 · 切利等，中国学者檀传宝、冯建军、刘铁芳、张毅等，发表主题演讲，新教育全国各地实验区的 1000 多名代表参加会议。

2019 年 11 月 30 日，由天府书展组委会与中国出版传媒商报共同发起、新华文轩出版传媒股份有限公司协办的“2019 年度全国阅读推广特别贡献人物”评选结果在成都新世纪展览中心发布，国家全民阅读形象大使朱永新荣获“2019 年度全国阅读推广特别贡献人物”。

2019 年 12 月 10 日，新教育研究院与 21 世纪教育研究院、北师大中国教育创新研究院等七家机构同获 2019 搜狐年度“影响力教育品牌”称号。新教育实验发起人朱永新出席活动并发表主题演讲，新教育研究院常务副院长陈东强参加活动并代表领奖。

截至 2019 年 12 月 31 日，新教育基金会 2019 年度共取得各项收入人民币 4 697 028.67 元，其中捐赠收入 4 688 047.85 元（定向捐赠 4 497 014.13 元，非定向捐赠 191 033.72 元），其他收入 8 980.82 元。和 2018 年度收入相比，总捐赠收入同比增长 48.16%。

2020 年初，新冠疫情来袭。面对疫情，新教育人主动应对，积极作为。1 月 30 日起，新教育研究院、新教育基金会及各实验机构接连推出“屏幕上的公益课”网络云课程。

2020 年 2 月，应华东师范大学出版社之约，朱永新教授带领新教育团队编写了抗疫期间中小学教师和校长的心理防护手册——《面对疫情，教育何为？》（免费网络版）。

2020 年 8 月 17—18 日，以“新教育、新管理”为主题的第二届全国新教育智慧校长云论坛在 CCtalk 平台举行。特邀樊登、聂胜哲、吴志祥、卜江等 30 多位嘉宾主讲。

2020 年 9 月 25 日至 10 月 25 日，第四届新家庭教育文化节在线上举行。朱永新、孙云晓，资深媒体人杨澜，北京崔玉涛育学园诊所所长崔玉涛，北京四中原校长刘长铭，北京第二实验小学校长芦咏莉和湖南卫视主持人张丹丹等七位顶级专家“云”集大会。

2020 年 9 月 28 日，“2020 领读者大会”以钉钉直播的方式在网上举办。本次会议由新教育研究院新阅读研究所主办，儿童文学作家梅子涵先生致开幕词，朱永新教授做主旨报告。

2020 年 10 月 24—25 日，全国新教育实验第二十届研讨会在江苏省盐城市大丰区举行。此次研讨会主题为“新时代，新德育”，来自全国的 500 多名代表参会，超过 120 万的新教育人通过网络直播平台观看会议。朱永新教授做了“明德至善绽放人性芬芳”的主题报告。截至 2020 年 10 月，新教育共有实验区 162 个，实验学校 5575 所，参与师生 620 多万。新教育研究院发布新教育 20 年主题歌、20 年专题片、20 年 20 本（套）典藏图书推荐书目。会议期间举办了新教育实验 20 周年成果展。

2020 年 11 月 28—29 日，全国首届新教育示范学校开放日活动在浙江省萧山区银河实验小学教育集团举办。400 多名新教育实验示范学校代表参加活动，近 8 万人线上观摩活动。

2020 年，新教育实验发起人朱永新教授获 2020 年 IBBY-iRead 爱阅人物奖；成为世界“一丹奖名师堂”首位中国教育专家；《中国新教育》等多种著作被翻译成英语、俄语、西班牙语、波兰语、吉尔吉斯语、越南语、马来语等 10 多种语言。

附录4　新教育20年20本（套）典藏图书推荐目录

一、新教育理论

1.《新教育实验：中国教育改革的民间样本》，朱永新著，中国人民大学出版社

梳理新教育实验的发展脉络，全面总结新教育实验的历程与经验，为中国教育探路。

2.《新教育年度主报告》（2本），朱永新编著，山西教育出版社

朱永新教授在2003—2019年历届新教育年度研讨会上所做主题报告的结集。

3.《我的教育理想（增补本）》，朱永新著，漓江出版社

被专家学者及广大教师举荐为教师、校长及其他教育工作者必读名著。

4.《致教师》，朱永新著，漓江出版社

围绕教师关心的重要问题和教师成长的关键问题为教师“解惑”。

5.《我的阅读观》，朱永新著，漓江出版社

近年来推广阅读“第一人”朱永新教授关于阅读的观点和论述，已经成为社会的共识。

6.《未来学校：重新定义教育》，朱永新著，中信出版集团

朱永新教授几十年来从事教育研究的成果，涉及全方位的教育发展预测及重构。

7.《从哪里来　到哪里去——“新教育实验”本体论》，张荣伟著，福建教育出版社

对“新教育实验”进行了系统全面的理论总结。

二、新教育实践

8.《未来因你而来：我和新教育人的故事》，朱永新著，华东师范大学出版社

是对新教育人携手共进的感恩之书，亦是书写新教育人开拓、探索教育的历史之书。

9.《守望新教育》，许新海著，湖北教育出版社

作者以一个区域教育行政部门领导的视角和格局，观察、思考、认同、参与新教育。

10.《变革的力量：海门县域教育生态的蜕变》，许新海著，中国人民大学出版社

江苏海门的教育改革为县域义务教育均衡之路开了先河，奥妙与答案尽在此书中。

11.《让梦想开花——我和“新教育实验”》，李镇西著，山西教育出版社

李镇西老师从事新教育实验多年的经历、感悟与反思。

12.《极目新教育》，傅东缨著，人民文学出版社

如诗如画的描述，入木三分的思辨，高屋建瓴的剖析，对教育的真谛进行了揭示。

13.《教育的幸福：我与新教育20年》，李镇西编著，华东师范大学出版社

记录新教育人20年来并肩前行、携手共进的成长之书、幸福之书。

14.《守望教育的田野：新教育的理想和行动》，余国志编著，华东师范大学出版社

一本全面介绍媒体报道新教育实验的书，为读者了解新教育提供了一条新的路径。

15.“新孩子”丛书（1—6年级，24本），童喜喜著，安徽少年儿童出版社

所有故事均以新教育实验中发生的真实教育故事和优秀教育案例为原型。

三、新教育教材

16.《中国人阅读书目中国幼儿（小学生、初中生、高中生、教师、父母）基础阅读书目·导赏手册》(6本)，朱永新、王林、李希贵编著，中国人民大学出版社

17. 新教育实验操作手册（套）

(1)《相信种子，相信岁月——新教育实验管理操作手册》，新教育研究院编著，湖北教育出版社

(2)《一间可以长大的教室——新教育“完美教室”叙事》，海门新教育研究中心编著，南京大学出版社

(3)《养成一生有用的好习惯——新教育实验“每月一事”操作手册》，新教育研究院编著，湖北教育出版社

(4)《好课程是这样炼成的——新教育实验“研发卓越课程”操作手册》，新教育研究院编著，湖北教育出版社

(5)《让生命放声歌唱——新教育实验晨诵项目用书》，童喜喜编著，安徽少年儿童出版社

(6)《整本书共读：为童年播下美妙的种子》，吴建英编著，福建教育出版社

为“中国小学生基础阅读书目”中的30本基础阅读书量身定制的共读指导设计。

(7)《百幅名画欣赏》，陈铁梅编著，山西教育出版社

满足人们的常识性需求，涵养人文精神和情怀，使人学会欣赏美术作品的方法。

(8)“新教育科学项目学习”丛书

①《新科学教育论纲》，朱永新著，化学工业出版社

全面阐述“新科学教育”的基础理念、基本内涵、发展方向以及实现路径。

②《新教育科学项目学习操作手册》(6本)，郝京华、王伟群编著，化学工业出版社

为学生提供仿真的工程情境，用工程项目的方式组织课程内容和学习经验。

18.《新教育晨诵》，朱永新、许新海、童喜喜编著，安徽少年儿童出版社

对诵读的诗歌进行主题划分、课程设计。

19.《新生命教育读本》，朱永新、冯建军、袁卫星编著，山西教育出版社

丛书旨在系统、科学、有效地帮助孩子学会珍惜生命、热爱生活、过幸福人生。

20.《这样爱你刚刚好，我的N岁孩子》(新父母读本)(20种)，朱永新、孙云晓、刘秀英编著，湖南教育出版社

根据孩子年龄段划分，从胎儿时期到上大学，每个年龄段一本，共20种。

第五版修订后记

行动，就有收获。这是新教育人信奉的精神。

这本书的修订，正好是这句话的最佳注脚。

这些年来，这本书随着新教育的发展，不断丰富着，反复修订着。

这一次的修订，是在美国麦克劳希尔公司推出本书英文版的全面修订基础上，再次进行了较大调整，主要是增加了第十章《新教育的卓越课程》；第五章也改为“新教育的十大行动”，增补了四大行动的内容；加入了新的序言以及大事记等。

考虑到篇幅关系，删除了“新教育的公益行动”和“新教育的社会评价”两章，并且删除了原来的序言以及文中部分内容等。

我一直说，新教育不是我一个人的，而是属于全体新教育人，属于每个需要新教育的人。

同理，这本书也不是我一个人写的，它是由所有新教育人用生命和行动书写，我只是其中一员。

能够和大家一起，一直这样坚持行动下去，把这本书一直完善下去，是我的天命，也是我的幸运。

朱永新

2014 年 3 月 16 日于北京滴石斋